La crianza de los hijos

DE SOBREVIVIR A PROSPERAR

T0321510

La crianza de los hijos
DE SOBREVIVIR A PROSPERAR

CHARLES R.
SWINDOLL

GRUPO NELSON
Una división de Thomas Nelson Publishers
Desde 1798

NASHVILLE   DALLAS   MÉXICO DF.   RÍO DE JANEIRO   BEIJING

© 2008 por Grupo Nelson
Publicado en Nashville, Tennessee, Estados Unidos de América.
Grupo Nelson, Inc. es una subsidiaria que pertenece
completamente a Thomas Nelson, Inc.
Grupo Nelson es una marca registrada de Thomas Nelson, Inc.
www.gruponelson.com

Título en inglés: *Parenting: From Surviving to Thriving*
© 2006 por Charles R. Swindoll, Inc.
Publicado por Thomas Nelson, Inc.
Publicado en asociación con Yates & Yates, LLP,
Attorneys and Counselors, Orange, California

A menos que se especifique lo contrario, las citas bíblicas usadas son de
la Santa Biblia, Versión Reina-Valera 1960
© 1960 por Sociedades Bíblicas en América Latina,
© renovado 1988 por Sociedades Bíblicas Unidas.
Usadas con permiso.

Traducción: *Miguel Mesías*
Adaptación del diseño al español: *www.Blomerus.org*
Diseño de la portada: TOBIAS' OUTERWEAR FOR BOOKS
Diseño de página: Inside Out Design & Typesetting, Fort Worth, TX

ISBN: 978-1-60255-060-5

Impreso en Estados Unidos de América

08 09 10 11 12 BTY 9 8 7 6 5 4 3

Con gran deleite dedico este volumen
a todos nuestros diez nietos:

Ryan, Chelsea y Landon Swindoll

Parker y Heather Nelson

Ashley, Austin y Jonathan Dane

Noah y Jessica Swindoll

Estos maravillosos niños y excelentes jóvenes y señoritas
representan el fruto encantador en el árbol de nuestra familia.
Sus vidas enriquecerán y contribuirán a su generación, gracias
a la gran crianza que han recibido. Cynthia y yo los queremos
profundamente y de corazón a cada uno de ellos.

Contenido

Introducción xi

Contenido

Introducción

---—---

$\mathscr{H}$ace años leí un artículo en *Los Angeles Times* que traía una carta de la columnista Ann Landers, y que me pone a pensar incluso hoy. Una madre escribió la carta cuando tenía setenta años, habiendo criados cinco hijos. En respuesta a la pregunta "¿Valió la pena?" ella respondió:

No. Los primeros años fueron difíciles. Enfermedades, rebelión, falta de motivación (lo llamamos intranquilidad u ociosidad en nuestros días).

Uno estaba seriamente perturbado; siendo admitido y saliendo de hospitales mentales. Otro siguió la ruta de la liberación homosexual. Dos viven ahora en comunidades (nunca oímos de ellos). Otro ha perdido un tornillo con la ayuda de un dirigente religioso farsante que debería estar en la cárcel.

Ninguno de nuestros hijos nos ha dado algún placer. Dios sabe que hicimos lo mejor que pudimos, pero fracasamos como padres y fracasamos como personas.

Firmaba: "Triste historia."[1]

Esta mujer vive la pesadilla de todo padre o madre. Cuando volvemos a casa del hospital trayendo al encantador envoltorio y nos recuperamos del choque de tener completa responsabilidad por el cuidado y bienestar de otra persona, un pensamiento extraño se afinca hacia atrás en nuestra mente: *¿Qué tal si fracaso como padre o madre?* Créaselo a un padre de cuatro y abuelo de diez: conforme usted envejece descubrirá la inutilidad de tratar de vencer ese acosador temor, y después de unos pocos fracasos, uno aprende a abrazarlo. Después de todo, el fracaso es inevitable. Como alguien sabiamente escribió: "La culpa es un riesgo ocupacional de la crianza de los hijos."

Felizmente el fracaso a nivel de "Triste historia" es muy raro y en extremo remoto. Es más, estoy convencido de que mucho del dolor de corazón que aceptamos como parte normal de la crianza de los hijos se puede evitar. Los "terribles dos años" pueden en realidad tener momentos divertidos si se les da un buen sentido del humor. El brote de la pubertad, con su angustia turbulenta impulsada por hormonas, puede proveer la oportunidad perfecta para fortalecer los lazos entre padre e hijo. También rechazo la noción de que los años de adolescencia necesariamente deban incluir rebelión y conflicto.

No estoy diciendo que los años estarán libres de dolor de corazón, confusión, conflicto e incluso períodos de rebelión y enajenamiento si aplicamos principios de la palabra de Dios. Sin embargo, esas pruebas no tienen que caracterizar o hacer sombra a todo el proceso de criar hijos. Ofrezco esto como esperanza de alguien que aborda el tema de la crianza de los hijos desde varios ángulos: cinco, para ser exactos. Además de mi acercamiento como estudiante de la palabra de Dios, escribo como un individuo realista, como hijo, como padre y como abuelo.

COMO UN INDIVIDUO REALISTA . . .

Entiendo que los consejos y las llamadas claves para la crianza de los hijos rara vez funcionan tan fácilmente como a muchos les gustaría que usted piense. Así que quiero que sepa que cualquier aplicación de un principio de la Biblia se ofrece teniendo eso presente. En tanto que pienso que estos principios son sólidos y han demostrado ser eficaces en la experiencia de muchos, usted tendrá que usar discernimiento. Debe evaluar su propio conjunto singular de retos y ajustar las aplicaciones para que encajen. Siempre tenga presente: ningún principio es absolutamente rígido.

También entiendo que no todos los que leen este libro son nuevos padres o madres. A los que han estado criando hijos ya por varios años algo de esta información tal vez les produzca frustración o un sentimiento de culpabilidad. No hay cosa tal como un padre o madre perfectos, así que sin duda usted habrá fallado sonoramente en algunos aspectos. Obvia y tristemente no podemos deshacer nuestros errores pasados. Confieso que yo daría casi cualquier cosa por otra oportunidad de aplicar los principios que descubrí sólo después de muchas trastadas. Pero podemos pasar el resto de nuestros años languideciendo en la resaca de malos recuerdos, o hacerle frente al futuro y resolver producir un futuro más positivo. Escojamos esto último. En tanto que no podemos corregir equivocaciones pasadas, sí podemos reparar y reconstruir. He hallado en un buen número de años de criar hijos que nunca es demasiado tarde para empezar el proceso de restauración.

COMO HIJO . . .

Voy a ser transparente en cuanto a mi propia crianza, aunque quiero hacerlo con todo cuidado. No quiero que usted juzgue mal a mi madre o a mi padre. Tal como usted, no me criaron a la perfección. Mis padres cometieron algunas equivocaciones conmigo. Algo de eso me afectó tan hondo que decidí descubrir una mejor manera de acuerdo a la Biblia. Pero desde el comienzo y con toda sinceridad digo que mis padres se hallan entre las mejores personas que jamás conocí. Si todos tuvieran padres como los míos, no sólo las familias estarían en mejor condición, sino que el mundo sería un lugar mucho mejor.

COMO PADRE . . .

Recuerdo la noche después de que Cynthia dio a luz a nuestro primer hijo. Tan pronto como regresé del hospital caí de rodillas en nuestro diminuto apartamento en el seminario y clamé a Dios: "Por favor, ayúdeme a saber cómo ser papá. Cynthia nunca ha sido mamá. No sabemos lo que estamos haciendo, así que Padre amado, por favor ¡ayúdanos!" Nos sumergimos en las Escrituras, y el Señor empezó a revelarnos algunas cosas que voy a decirle en los capítulos que siguen. Dios contestó mi oración al proveer dirección mediante su Palabra. Él rescató a nuestros hijos de algunas de las peores equivocaciones que pudiéramos haber cometido, y cuando aplicamos estos principios bíblicos nuestros hijos florecieron.

Así como mis padres cometieron algunas equivocaciones conmigo, Cynthia y yo cometimos algunas con nuestros hijos.

Seré cándido en donde sea apropiado y le diré las lecciones que aprendí y lo que habría hecho diferente, mirando hacia atrás. Mi esperanza es que usted podrá evitar cometer los mismos errores o, si ya los ha cometido, que esto sea una voz de aliento. Tal como Cynthia y yo pudimos restañar esas heridas con nuestros hijos, lo mismo puede hacer usted con las suyas.

COMO ABUELO . . .

Como padre de cuatro hijos ya adultos, cada uno con su propia familia, puedo mirar hacia atrás a una historia de éxitos y equivocaciones. Al pensar en cada uno de nuestros diez nietos, me convenzo más que cada hijo e hija es valioso y digno de mi tiempo. Yo no supe lo que es tener a un padre que me dedique mucho de su tiempo personal, así que yo tuve que cultivar lo que no brotó en mí naturalmente. Como abuelo sé ahora más que nunca que cada hijo exige tiempo y atención para descubrirlo; *montones* de tiempo y *montones* de atención. Ellos pueden beneficiarse de todo lo que usted pueda darles. Hubiera querido saber eso mejor cuando mis hijos eran pequeños.

Felizmente desde mi posición como abuelo puedo ver cómo mis hijos han edificado sobre la crianza que recibieron para llegar a ser incluso mejores mamás y papás. Desde este punto de vista ventajoso puedo asegurarle que sus fracasos no condenarán a sus hijos a un futuro horrible. La gracia de Dios sobreabunda en donde abunda el pecado. Su amor cubrirá multitud de errores. Esta abrumadora responsabilidad no es tan abrumadora cuando se reconoce que los hijos realmente le pertenecen al Señor, y que él no le fallará a usted si usted busca al Señor con diligencia y sinceridad.

Y COMO AUTOR . . .

Estoy profundamente agradecido por mis amigos en Thomas Nelson y W Publishing Group, especialmente Mike Hyatt y David Moberg. Su respaldo, estímulo y confianza alimentaron el fuego en mí. Debo añadir lo divertido que es trabajar en otro libro con mi yerno, Mark Gaither, como editor y con Mary Hollingsworth y su espléndido equipo en Shady Oaks Studio en Fort Worth. Sin sus esfuerzos combinados estas páginas sería difíciles de soportar—*¡para usted y para mí!*

Por último, mi mayor agradecimiento a Cynthia, puesto que ella ha estado en todos estos años de crianza de hijos conmigo . . . sin nunca darse por vencida, sin nunca perder la esperanza, y sin nunca irse.

—CHUCK SWINDOLL
Frisco, Texas

Uno

El secreto mejor guardado de la crianza sabia de hijos

*U*n buen lugar para empezar es darles algo de información de trasfondo.

Mi mamá y mi papá se casaron el 5 de octubre de 1930. El 5 de agosto de 1931 nació mi hermano Orville (si usted hace las cuentas como es debido, notará que no estoy revelando ningún escándalo aquí). Luego, el 2 de septiembre de 1932 ellos dieron la bienvenida a mi hermana y le pusieron por nombre Lucille, por mi madre. Casi todos la conocen como Luci. Un par de años más tarde, el 18 de octubre de 1934, llegué yo. Yo fui, según las palabras de mi madre, "una equivocación." Mis padres no resintieron mi llegada, pero traerme al mundo era por cierto algo que no habían planeado, y yo nunca pude olvidar eso. Orville era a todas luces el favorito de mi madre, Luci era sin ninguna duda la favorita de mi padre, lo que me dejaba a mí preguntándome en donde encajaba.

1

Tanto Orville como Luci tienen abundantes cualidades impresionantes, así que merecían toda la atención y elogios que recibieron. Mi hermano es brillante. No sé si alguna vez tomó un examen de cociente de inteligencia, pero sin duda recibiría una calificación en la categoría de "acercándose a genio." También es un músico de gran talento. Estoy convencido que podría haber sido un pianista de conciertos si hubiera escogido esa carrera. Pero el corazón de este talentoso genio estaba en otra parte. Asistió al Instituto Rice, ahora llamado Universidad Rice, y a la larga terminó sirviendo al Señor a tiempo completo como misionero en Buenos Aires por más de treinta años.

Luci es una de las personas más talentosas que jamás he conocido. Como la mayoría de ustedes concordarían, su entusiasmo es absolutamente contagioso y tiene un voraz apetito por la vida. Cantó por muchos años con la Dallas Civic Opera e instila un toque asombrosamente artístico en todo lo que hace: los cuartos de su encantadora casa y las páginas de sus diarios personales, serían dignos de ser fotografiados. Siendo muy buena escritora, ha escrito varios excelentes volúmenes. Muchos conocen sus libros y su ministerio con Women of Faith (Mujeres de fe).

Con un hermano y una hermana así, ya pueden imaginarse cómo las comparaciones podrían ser potencialmente dañinas para el hermano menor. Tómese la escuela, por ejemplo. Las libretas de calificaciones de Orville ¡eran de lo más aburridoras! Absolutamente predecibles. Sólo una calificación: "A." ¿Las mías? Pues bien, las mías tenían variedad. Yo recorría toda la escala, cubriendo toda la variedad de calificaciones. Pero mis padres parecían no apreciar esta amplia variedad de mi educación. Lo sé, porque con frecuencia me comparaban con mi hermano y de rutina sugerían que yo debería "esforzarme más duro para ser como él." De manera instintiva sabía que yo era un individuo singular con diferentes intereses y dones, pero muy rara vez sentí que se reconocieran o se apreciaran esas diferencias. Las comparaciones pueden ser punzantes. Eran recordatorios regulares de que yo no era como él, lo que hacía que me resintiera y me sintiera inepto alrededor de mi hermano. Hasta el día de hoy Orville y yo no tenemos gran intimidad. Pero tengo que admitir que mucho de eso es problema mío. No estoy seguro de que sabría cómo portarme.

Por favor, no piense que yo tuve una niñez desdichada o que me crió una familia terrible. Yo era razonablemente feliz en mi casa, y a veces delirantemente feliz y despreocupado. Éramos una familia cariñosa, y con frecuencia nos reíamos y cantábamos juntos. Todavía recuerdo estar entre mi hermano y hermana en el mostrador de mármol de la botica local en El Campo, Texas, durante la Segunda Guerra Mundial, cantando a grito pelado: "Jeil (¡escupitajo!), jeil (¡escupitajo!) ¡en la misma cara del Fuhrer!" (¡Ya no componen canciones como solían componerlas!). Recibíamos un cono doble de helado por nuestras presentaciones.

Nuestra casa siempre estaba llena de música, especialmente durante la temporada de Navidad. Mi hermano acompañaba en el piano, papá tocaba la armónica, mientras mi hermana y yo cantábamos. Mamá había sido soprano solista antes de empezar la familia y tenía una voz muy bien educada. Esta encantadora y musical familia mía despertó mi interés en las artes, no sólo en la música clásica, sino en la gran literatura, especialmente la poesía y el teatro. Hasta hoy me fascinan todas las bellas artes interpretativas.

Así que, en general, tuve una niñez saludable y feliz. Con todo, todo hogar tiene sus retos, y este fue el mío: nunca sentí que mis padres me querían o me respetaban . . . no profundamente. No puedo recordar muchas veces cuando ellos me hayan dado una voz de afirmación. Sinceramente no pienso que ellos realmente supieron quién era yo, lo que los dejaba mal equipados para ayudarme a conocerme a mí mismo.

Eso, de paso, es una responsabilidad primordial de la crianza de los hijos. Dicho en forma sucinta, la tarea del padre o madre es conocer a su hijo o hija y ayudar a ese hijo a descubrir la persona única y preciosa que es ante Dios y en el mundo que le rodea. Cuando se logra ese objetivo y llega el momento de dejarlo en libertad para que viva su vida independientemente, el hijo puede irse con un fuerte sentido de identidad, lo que le provee tanto seguridad como dirección para el resto de la vida.

El secreto mejor guardado de la crianza sabia de los hijos, por consiguiente, es este:

> LA TAREA DE UN PADRE O MADRE ES AYUDAR A
> SUS HIJOS A LLEGAR A CONOCERSE A SÍ MISMOS,
> APRENDER A APRECIARSE A SÍ MISMOS, Y HALLAR
> SATISFACCIÓN EN SER ELLOS MISMOS.

Mis padres me enseñaron obediencia, disciplina, compasión, generosidad, responsabilidad y, lo más importante de todo, cómo tener una relación con Jesucristo. La santidad era el estándar singular más importante en nuestra casa. Pero por toda la buena educación que recibí de mamá y papá, yo empecé la vida de cierto modo por cuenta propia sin la menor idea de quién era yo. Ellos no me conocían, así que ¿cómo podrían habérmelo mostrado?

APRENDIENDO A ADAPTARME

Muchos años después Cynthia y yo vivíamos en Dallas mientras yo asistía al Seminario Teológico de Dallas. Yo estaba en el tercer año de un programa de cuatro años, siguiendo un curso de veintiún horas de estudio y como oyente en otros dos cursos, incluyendo uno que yo llamo Lectura rabiosa de griego con el Dr. Stan Toussaint. (El plan de estudios del curso lo llamaba Lectura *rápida* de griego, pero yo sabía mejor). Otra clase en esa mezcla académica estaba otra que enseñaba mi maravilloso mentor, el Dr. Howard Hendricks, llamada El Hogar Cristiano. Ese curso de estudio cambió todo para mí.

Yo sentía motivación especial para aprender porque en septiembre de ese año habíamos traído a casa del hospital a nuestro primogénito, un pequeño llamado Curt. Fervientemente oraba al Señor pidiendo ayuda porque me sentía completamente falto de preparación para ser padre. Con desesperación quería evitar las equivocaciones que mis padres habían cometido conmigo. Esta clase fue una parte principal de la respuesta de Dios. Debido a que yo no estaba seguro de por dónde empezar mi estudio en las Escrituras, acudí a Proverbios, pensando que si algún libro de la Biblia podía proveer sabiduría, sería ese. Más o menos al mismo tiempo tomé en serio el estudio del texto hebreo, y aproveché las excelentes habilidades del Dr. Bruce Waltke, a quien admiro hondamente por su profundo conocimiento de los lenguajes semíticos.

Mi estudio me llevó varios años. En las Escrituras aprendí principios sobre la crianza de los hijos, los apliqué, fracasé, analicé mis errores, hice ajustes y probé de nuevo. Luego, cuando servía como pastor de una iglesia en Irving, Texas, un suburbio de Dallas, visitaba al Dr. Waltke para pedirle que me dé su opinión de mi entendimiento de los versículos hebreos que estaba estudiando. Empecé a desarrollar principios de crianza de los hijos partiendo de algunos versículos clave del Antiguo Testamento que había hallado aleccionadores. Quería cerciorarme de que mi interpretación era acertada, especialmente puesto que era tan diferente de las explicaciones que antes había oído que daban.

Nuestra tarea como estudiantes de la Biblia no es concebir nuevas interpretaciones o teología innovadora, sino descubrir los significados originales y destapar la teología que ha sido tergiversada y oscurecida con el correr del tiempo. Llegué a convencerme de que las interpretaciones "estándar" de algunos pasajes importantes sobre la crianza de los hijos eran trágicamente defectuosas y se las estaba enseñando a otros. Así que tuve el cuidado de pedir a un respetado teólogo y erudito del hebreo que me ayude a mantener la honradez.

Si se me permite dar un brinco de mi niñez y juventud al presente, quisiera revelar lo que he descubierto y que mi esposa y yo pusimos en práctica con nuestros hijos.

Proverbios 22:6 . . . Como es debido

Instruye al niño en su camino,
Y aun cuando fuere viejo no se apartará de él.

En la mayoría de manuales sobre cómo criar hijos este versículo tiene una interpretación estándar que dice más o menos como sigue:

"Cría a tus hijos como personas morales, rectas, que temen a Dios y van a la iglesia. Asegúrate de que llevan su Biblia, asisten a muchas clases de estudio bíblico, y que cada año asisten a campamentos bíblicos de vacaciones. Oblígalos con consistencia y disciplina a que cumplan tus reglas y regulaciones. Asegúrate de que aprendan los Diez Mandamientos, la Regla de Oro, y varios versículos clave de la Biblia. Enséñales a orar, y asegúrate de que reciben a Jesucristo como su Salvador. Después de todo, con el tiempo van a sembrar su propia cizaña y es certero que se rebelarán. Ellos vivirán en ese estilo de vida rebelde por un tiempo, y luego, después de que hayan sembrado su cizaña y estén cansados de travesear con el lado desenfrenado de la vida—cuando ya estén viejos y decrépitos—volverán a Señor Jesús . . . ¡pero sólo si los crías como es debido!"

No sé lo que usted piense, pero yo no hallo esto como gran consuelo. Francamente, no es gran cosa como promesa. Sin embargo por alguna razón ha llegado a ser "el método cristiano de criar hijos." Por qué alguien halla consuelo en eso es algo que no entiendo. No suena como algo que Dios nos entregaría diciendo: "Este es un consejo sabio. ¡Haz esto y todo resultará bien!"

No sólo que esa interpretación popular de Proverbios 22:6 no es muy reconfortante, sino que *¡no es verdad!* Usted y yo conocemos a personas que se criaron así, que se desenfrenaron y nunca volvieron al buen camino. Crecieron con padres creyentes, en un hogar moral, consistente, estricto, tan solo para desenfrenarse cuando se graduaron, y *murieron* en su rebelión. Nunca dejaron de apartarse de "el camino correcto."

Si uno escarba debajo de la superficie y vuelve al hebreo para descubrir lo que el escritor humano, bajo la dirección del Espíritu Santo, quería decir, hallará algo muy diferente a lo que se nos ha enseñado. Lo que tenemos en este versículo es un método muy refrescante, de sentido común, para criar hijos, que ofrece esperanza, sí, pero, de mayor importancia, dirección práctica.

Dirección realista es lo que he llegado a esperar de la Biblia, y nunca me ha defraudado.

El hebreo es un lenguaje de artistas y poetas. Casi cada palabra tiene una conexión metafórica con algo de la experiencia de estas personas. La poesía hebrea, de manera especial, usa la alusión e imágenes verbales para dar significado por analogía, así que hay una rica meseta de asociaciones culturales incluso detrás de las frases más sencillas. Los lenguajes modernos tienen algo de esto, pero no tanto, ni al grado del hebreo.

Proverbios 22:6 destila alusión poética y metáfora. Un detalle típico de la poesía hebrea es que es muy concisa: apenas ocho expresiones. Pero cada expresión empaca un cúmulo de significado cultural, apoyándose fuertemente en imágenes verbales, así que observaremos con atención cada expresión.

"Instruye"

"Instruye" viene del verbo hebreo *janakj*, que significa "dedicar, o consagrar."[1] Aparece sólo cuatro veces en el Antiguo Testamento: tres en referencia a dedicar un edificio, y aquí en referencia a un niño. Como detalle interesante, la forma sustantivada del verbo significa "boca." En lenguajes semíticos similares, tales como el arameo y el árabe, el término significa "paladar, techo de la boca, quijadas, parte inferior de la boca, quijada inferior del caballo, boca, etc."[2] El saber cómo esta palabra encaja en la cultura antigua del Cercano Oriente nos ayudará a entender el término según se lo usa aquí.

El verbo árabe, primo hermano de este término hebreo, se usa para describir la costumbre de una partera, que hundía su dedo índice en el jugo exprimido de dátiles o uvas a fin masajear al paladar del recién nacido. Esto entrenaba, o más bien, alentaba, el instinto de chupar del nene y así era más fácil enseñarle a mamar del pecho. Siguiendo con la idea de "boca," el término en árabe también significa "dar experiencia, lograr sumisión, etc. (como hace uno con un caballo mediante una cuerda en su boca)."[3]

Así, en el término *janakj* tenemos las ideas combinadas de "dedicar," "entrenar," "boca," "dar experiencia," y de la alusión al freno del caballo, un sentido de subyugar con el propósito de enseñar y guiar. Estas múltiples alusiones a la cultura han sido tema de controversia para los expositores, algunos de los cuales quieren reducir el significado a una sola definición. Esto pudiera ser un enfoque razonable si no fuera poesía. Como un erudito del hebreo lo dice:

> La segmentación, o regulación, poética, de manera caracterís-
> tica depende de la brevedad de expresión. Con ese fin la poesía
> emplea abundantes imágenes y figuras del lenguaje. Tal concisión
> a veces eleva la ambigüedad, o más bien, aumenta la posibilidad
> de significados múltiples.[4]

Dicho en forma sencilla, la poesía tiene el poder de indicar varias ideas muy complejas a la vez de modo que el significado tiene múltiples capas y es profundo. Tenga en mente estas ideas mientras eslabonamos el término *janakj* con el resto del renglón.

"al niño"

La palabra hebrea que se traduce "niño" es un término que intriga. La traducción nos lleva a pensar que el versículo tiene en mente a un niño o niña pequeños. Pero el término hebreo *naar* es mucho más amplio. Se lo usaba para referirse a muchachos y muchachas en toda etapa de crecimiento. En 1 Samuel 4:21 *naar* es un recién nacido. En Éxodo 2:6 Moisés es un *naar* de tres meses; y en 1 Samuel 1:22 el *naar* Samuel todavía tiene que ser destacado. Primero de Samuel 3:1 usa el término para describir a Samuel como muchacho sirviendo a Elí en el templo. *Naar* en Génesis 21:12 menciona a Ismael en su adolescencia, en tanto que en Génesis 37:2 José es un *naar* de diecisiete años. A los jóvenes que sirvieron como mensajeros de David en 1 Samuel 25:5 se le llama *naar*, así como también un joven de edad casadera en Génesis 34:19.

Aunque *naar* puede ser un niño pequeño, también puede ser un joven o señorita de cualquier edad que vive bajo el techo de sus padres, o está al cuidado de alguna figura autoritativa. Tenga eso en mente mientras continuamos desenvolviendo este versículo.

"en su camino"

Una traducción más literal de esta frase sería "en el camino en que debe andar." Los padres por lo general piensan que no hay sino un camino en que el hijo debe andar: *el camino de los padres*. Piensan que la forma en que los criaron a ellos era y sigue siendo la manera correcta, o tal vez piensan que algún método que hallan en algún manual de psicología o en algún libro de algún famoso teólogo o pastor es "el camino." Leen la frase "en el camino en que *debe* andar," y dan por sentado que es "el único camino." *Errado*.

La traducción literal del hebreo es "de acuerdo a su camino," o, incluso más literalmente, "según la boca de su camino." (Allí tenemos "boca" de nuevo, formando un juego de palabras con *janakj*). Algunos estudiosos dicen que el libro de Proverbios presenta sólo dos "caminos" en que una persona puede ir: el camino del sabio justo o el camino del necio pecador.[5] En un sentido amplio, eso es correcto. Pero el brillante y muy complejo uso de las palabras en esta expresión poética hebrea sugiere que este consejo va mucho más allá de lo obvio.

La palabra hebrea clave en esta frase que es *dérek*, que quiere decir "camino" o "carretera." También puede significar "manera característica" como en Proverbios 30:18-19:

> Tres cosas me son ocultas;
> Aun tampoco sé la cuarta:
> El *rastro* del águila en el aire;
> El *rastro* de la culebra sobre la peña;
> El *rastro* de la nave en medio del mar;
> Y el *rastro* del hombre en la doncella (énfasis añadido).

Siguiendo con el espíritu poético de este proverbio, ambos significados son probables con un énfasis en la manera característica del niño.

Recibimos a nuestros hijos de la mano de Dios, no como trozos de lodo suave y moldeable, listo para ser moldeado en lo que *nosotros* pensamos que deben llegar a ser. Cada niño viene con un conjunto de capacidades, capacidad intelectual, y una manera de percibir y pensar, todo lo cual le fue dado por Dios. Con certeza podemos influir en ellos e incluso moldearlos hasta cierto punto, pero nuestros esfuerzos tiene límites. Por un lado, si los padres ignoran o desalientan algún talento, tal vez nunca emerja. Por otro lado, si los padres cultivan un talento, es probable que llegue a ser parte del hijo (por favor, haga una pausa y lea este párrafo de nuevo, sólo que con más detenimiento).

Así que, reuniéndolo todo tenemos un versículo que dice: "Dedica, inaugura, induce, da experiencia y has sumiso al que llamas 'hijo' o 'hija' de acuerdo a la manera que define la manera característica de cada niño."

Cada niño o niña es único como los copos de nieve. Incluso dentro de la misma familia dos hijos nacidos de la misma madre y del mismo padre y criados en el mismo medio ambiente pueden ser completamente diferentes. Uno es firme y decidido, en tanto que el otro es manso y se deja persuadir con facilidad. Uno es organizado; el otro es desordenado. Uno tiene talento para materias académicas, el otro sobresale en deportes, arte o mecánica. El uno puede ser un líder natural por nacimiento, en tanto que el otro prefiere seguir y servir a otros en un papel de respaldo. Algunos tienen una disposición por lo general optimista y entusiasta, en tanto que otros en forma natural son melancólicos o soñadores.

Piense en algunos de los personajes más conocidos de la Biblia. Adán y Eva tuvieron a Caín y a Abel, que no podían haber sido más diferentes. ¿Recuerda a los gemelos Jacob y Esaú? ¿Cuán diferentes eran? Esaú era el aventurero, cazador por temperamento y disposición, en tanto que Jacob era más culto y refinado, prefiriendo las comodidades del hogar y preparar comidas. El hijo mayor de Isaí, Eliab, comparado con su hermano menor, David: no se parecían en nada. Eliab no compuso Salmos. Eliab era un engañador y sentía celos en tanto que David demostró ser heroico, desprendido, humilde, creativo e independiente. Los mismos padres, el mismo hogar; hombres completamente diferentes.

Estoy convencido de que una de las principales razones para la rebelión entre jóvenes y señoritas es que se les impone expectativas que no son apropiadas para su "camino." Los padres elevan a uno de los hijos como modelo para que los demás imiten; expectativa inútil dado que sabemos la singularidad de cada hijo. O tal vez un padre tiene un sueño en particular que espera que su hijo cumpla.

Conozco a un papá que pagó para que su hijo juegue fútbol a pesar de los obvios intereses artísticos del hijo. ¿Por qué? Porque el papá nunca pudo hacer realidad su propio sueño debido a limitaciones en su propia vida. Así que él quiere ver que su hijo tenga el sueño que él no pudo lograr. Eso es comprensible desde cierto punto de vista; pero es terriblemente frustrante y puede ser realmente destructivo. Los jóvenes quieren descubrir por sí mismo y hallar sus propios caminos, y no que se les imponga a la fuerza las ideas de otro respecto a quiénes son y lo que deben hacer.

¿Cómo, entonces, sabemos el "camino" en que nuestro hijo debe andar? Al observar su "camino." Proverbios 20:11-12 dice: "Aun el muchacho es conocido por sus hechos, Si su conducta fuere limpia y recta. El oído que oye, y el ojo que ve, Ambas cosas igualmente ha hecho Jehová."

Sus hijos se dan a conocer todos los días. No se desvíe. No permita que sus sentidos se emboten. No ignore lo que oye y ve. Preste atención a sus hijos mientras juegan. Observe con atención lo que hacen, cómo hacen las cosas y lo que disfrutan. Estos son indicios elocuentes, repetidos con frecuencia. Así que, ¡preste atención! Cuando vea a sus hijos hacer algo bien, anímelos y déles afirmación. Si los hijos claramente disfrutan cierta clase de actividades en particular, provea más oportunidades para que las exploren. Conforme los niños experimentan, déles abundante espacio para fallar y probar otra cosa sin oír ni una sola palabra de condenación y sin llamar la atención al trastorno o criticando el costo.

"Y aun cuando fuere viejo"

La palabra hebrea que se traduce "viejo" en esta pintoresca expresión se deriva de la imagen de pelo en la barba. En otras palabras, el

13

joven debe estar bien avanzado en su jornada a la vida adulta para cuando las primeras señales físicas de madurez empiecen a aparecer; y no cuando ya tiene un pie en la tumba después de una vida de rebelión. En los muchachos los primeros bigotes, tenues como esos asomos de barba puedan ser, empiezan a aparecer entre los quince y diecisiete años. Así que debemos esperar una edad similar en las jóvenes.

"no se apartará de él"

El verbo hebreo simplemente dice "desviarse." ¡Qué gran regalo de graduación! Imagínese el sentido de logro, esperanza y expectación en los corazones de los que se gradúan de la secundaria y que tienen una consciencia saludable de sí mismos y sendas claramente identificables en que andar. Imagínese la angustia y rebelión que habrán evitado. Tantos empiezan apenas a andar a tientas por el camino correcto después de graduarse de la secundaria, a veces deambulando por los callejones oscuros del licor, drogas, conducta inmoral o ilegal, y romances disfuncionales; o también pueden sufrir varios falsos arranques en varias carreras . . . o incluso matrimonios rotos.

Ayude a sus hijos a conocerse a sí mismos, a apreciarse a sí mismos y a ser ellos mismos, y sus caminos se harán evidentes por sí mismos. Sus caminos se ajustarán de manera natural a las personas que llegarán a ser al crecer. ¿Por qué, entonces, van a querer alejarse de eso? Esto es bueno no sólo para ayudar a los hijos en su vocación; los mismos principios se aplican también al desarrollo espiritual de los hijos.

La siguiente es mi paráfrasis de este proverbio teniendo en mente todo lo antedicho: "Cultiva una sed, despierta un hambre, fomenta un apetito por las cosas espirituales en las vidas de tus hijos de cualquier edad, mientras vivan bajo tu techo, y hazlo de acuerdo a sus inclinaciones; disciplinando la desobediencia y el mal mientras que a la vez afirmas y estimulas lo bueno, lo artístico y lo hermoso. Conforme los hijos van llegando a ser adultos sus caminos estarán dirigidos en forma directa hacia el Salvador, y así continuarán andando en la soberanía del Señor."

UN PRINCIPIO A DIFERENCIA DE UNA PROMESA

Muchos confunden los proverbios por promesas infalibles. El versículo parece dar la idea de que el Señor dice: "Si tú haces *esto*, yo me encargaré de que *esto otro* sea siempre el resultado." Desdichadamente el criar hijos no es una ciencia exacta, y a veces la suma no sale. Dios en efecto hace promesas en la Biblia, y las cumple. Un proverbio, sin embargo, es un principio para la vida. En tanto que vivamos en un mundo lleno de pecado, nuestros mejores esfuerzos a veces resultarán en fracaso.

Los hijos tienen voluntad propia, lo que quiere decir que, a diferencia de las máquinas, uno puede hacer todo como es debido y no lograr el resultado que se espera. Uno puede preparar los hijos para que tomen decisiones responsables y sabias; no obstante, la decisión sigue siendo de ellos. Por injusto que esto sea, las consecuencias serán de ellos . . . *y* suyas. Incluso cuando les hacemos acumular su cosecha de cizaña en sus propios graneros, nosotros como padres pagaremos un alto costo emocional.

Si usted tiene un hijo o hija ya adultos que están viviendo en rebelión, o que han escogido una vida contraria a la que usted les preparó, le animo a que descargue por lo menos otra carga: *echarse la culpa a sí mismo.* Todo padre puede decir sin titubear que desearía haberlo hecho mejor. Todos los padres con hijos crecidos tenemos cosas que nos hacen estremecernos cuando miramos hacia atrás a nuestro desempeño previo. En forma natural los fracasos vienen a la mente primero. Y tal vez usted haya hecho, en verdad, un trabajo muy pobre como padre o madre. Tal vez usted luchó con asuntos que le impidieron ser el padre o madre que de otra manera pudiera haber sido. No obstante, las decisiones le pertenecen a su hijo. En un capítulo posterior consideraremos los temas de reconciliación y restauración. Por ahora, concéntrese en lo que puede hacer al presente para ser el mejor padre o madre posible.

UNA OBSERVACIÓN OBSERVADA

Quiero concluir este capítulo con un ejemplo de la vida real en cuanto a cómo observar a un hijo. Quiero usar una salida típica con mi nieta Jessica. Jessica es un paquete pelirrojo de energía que un día gobernará el mundo (si se le deja salirse con la suya). Está apenas en el tercer grado, así que no podemos decir con certeza lo que ella será y para qué está mejor calificada para ser en su vida después de graduarse de la secundaria. Predecir el futuro no es el punto de observar. Esta es apenas una instantánea a la que seguirán otras miles entre ahora y entonces. En todo el camino reflejaremos lo mejor de lo que vemos en ella a fin de que ella llegue a conocerse a sí misma, a apreciarse a sí misma y a ser ella misma.

Hace un par de años Cynthia quería ir de compras al centro comercial local, en busca de algunas cosas para un viaje que se avecinaba, y resultó que Jess estaba con nosotros ese fin de semana. Cuando le dije lo que planeábamos, indicándole que los tres iríamos al almacén esa noche, ella dijo: "Pues bien, Bubba, tengo que hacer todos mis papeles."

"¿Papeles?"

"Sí. Necesito tres hojas de papel y un lápiz. Tienes que conseguirme un lápiz."

Así que en pocos momentos me hallé siendo mandadero para una escolar de primer grado. Busqué un lápiz y unas pocas hojas de papel que ella quería cortar en pedazos pequeños. Las puso en la gran guillotina que tenemos en mi oficina en casa, yo estaba seguro de que se iba a cortar. Lugar, así que trate de ayudarla. Ella me miró muy seria y dijo: "Yo *sé* como hacer esto."

"Ah, está bien. No lo sabía."

A poco ella estaba en el asiento de mi camioneta, con su cinturón de seguridad en su lugar, y los tres nos dirigimos al centro comercial. En sus manos ella tenía el lápiz y tres hojas de papel, todas de diferente tamaño. Cuando llegamos al almacén favorito de Cynthia, Jess y yo hallamos un par de asientos cómodos provistos para esposos cansados (¡qué bueno que los haya!), y aprendí que no estábamos allí para descansar. ¡Ni soñarlo! Estábamos para escribir todo lo que yacía. Todo.

Nos sentamos.

Vimos ropas.

Hicimos carretillas.

Traté de mantener a Bubba despierto.

Después de un poco de esto, le dije: "¿Sabes una cosa, Jess? Me estás dejando agotado."

Ella dijo: "Bubba; ¡estamos en misión!" Luego añadió: "Ahora vamos a escribir todo lo que *vemos*."

Luces.

Vestidos.

17

Piso.

Banca.

Viejo.

Vendedora.

Ella siguió haciendo esto durante toda la salida y me mantuvo a mí trabajando con ella. Allí estaba yo, más del doble de su tamaño y con más de sesenta años, ¡pero siguiéndola a ella por todos lados! ¿Pudiera haber en esta pequeña los acicates del liderazgo? ¿Qué podrá decir en cuanto a ella su atención a los detalles? ¿Y su completa despreocupación por hojas de papel de diferentes tamaños? Esto tal vez no quiera decir nada, pero con el tiempo tal vez nos ayude a nosotros, y a todos los adultos en la vida de ella, a aprender quién Jess está llegando a ser para que podamos mostrárselo.

Después le escribí una nota a mi hijo y a mí nuera diciéndoles lo encantadora que es Jessica, y que gran trabajo están haciendo ellos como padres, y que veo en ella evidencia de buena salud, protección, cuidado, determinación y amor. Ella está aprendiendo a saber quién es, a apreciar lo que ella es, y a ser lo que ella es. Está en su camino para llegar a ser la persona que Dios la hizo para que sea.

Jessica necesitará abundante dirección y corrección en el camino. (¡Puede estar seguro!). Necesitará constante estímulo y un regaño ocasional. Ella necesitará montones y montones de tiempo de los adultos en su vida y, más especialmente, de sus padres. Ellos necesitarán tenerla a ella como una prioridad muy alta en sus vidas.

Hace poco leí un relato real referente al evangelista Billy Graham:

Su fama crecía rápidamente, empezando hace cincuenta años durante una espectacular serie de reuniones en Los Ángeles. Miles de personas venían, incluyendo astros de cine y atletas, y toda clase de celebridades. Todos venían para oír al hombre, para conocer al hombre. Cuando las reuniones entraron en su octava semana en Los Ángeles, consumían todo el tiempo y la energía de Graham. Dios estaba hablando por medio de él de maneras poderosas.

Hacia el fin de la cruzada la cuñada de Graham y su esposo fueron a Los Ángeles llevando consigo a una nena.

El evangelista rebuscó un poco de tiempo para estar con sus familiares. Durante la reunión comentó que la niña era encanta-dora, y preguntó: "¿De quién es esta niña?"

La boca de la cuñada se abrió ampliamente por la sorpresa: "¿Cómo es eso de 'de quién es esta niña?' Es tuya. Es tuya, Billy."

Graham había estado fuera de su casa por tanto tiempo que ni siquiera reconoció a su propia hija Anne cuando la trajeron a la cruzada. Esa noche el gran evangelista decidió pasar más tiempo en casa con sus hijos.[6]

No se deje engañar por ese mito de "tiempo de calidad." *Cantidad* de tiempo es lo que se le exigirá a usted como padre o madre; que es su papel primordial en la vida por los próximos varios años. Lleva tiempo conocer a otra persona a profundidad; abundancia de tiempo. Tiempo que usted piensa que no tiene pero que debe hallar. Tiempo para detenerse, mirar, escuchar, animar y amar. Tiempo, mirando hacia atrás, que nunca lamentará.

Dos

*Cómo entender cómo está
hecho su hijo*

$\approx$

*J*usto cuando llega el momento en que me siento como experto
en criar hijos, recibo una gran dosis de realidad. En la década
de los setenta Cynthia y yo teníamos cuatro hijos pequeños, y
estábamos muy ocupados aplicando con cierta medida de éxito los
principios bíblicos que habíamos aprendido. En ese tiempo viajé
a Venezuela para ministrar a un maravilloso grupo muy atento de
hombres y mujeres que servían como misioneros. La mayoría de
ellos tenían familia. Sintiéndome más experto de lo que era, escogí
hablar sobre cómo criar hijos. Me sentí muy bien por las charlas
que di. Toda la semana nadie me arrojó nada y, a decir verdad,
parecieron apreciar lo que yo presenté. Después de predicar mi
último mensaje y despedirme, abordé el 747 para volver a casa.
Una vez que me acomodé en el asiento, miré hacia atrás a la serie
de reuniones, y pensé: *¡No estuvo mal, Swindoll!* No tenían ni la
menor idea de que pronto me traerían de vuelta a la realidad.

Mientras saboreaba el éxito, también me agradó notar que el asiento de la mitad, junto al mío, estaba vacío; el único asiento vacío en todo el avión. Pensé: *Gracias, Señor. Es un premio, me doy cuenta, y estoy muy agradecido.* Entonces, justo antes de que cerraran la puerta principal, una mujer venezolana y menuda abordó el avión; con gemelos. Fervientemente oré no haber distinguido una hilera de asientos vacíos *lejos* hacia atrás del avión, pero no. El asiento de la mitad era de ella; o mejor dicho *de ellos*.

Yo no sabía nada de español, pero al parecer mi cara o mi sonrisa le indicaron que podría ayudarla, así que rápidamente me entregó uno de los mellizos. De paso, ella retuvo al que estaba durmiendo. Él que me dio a mí jamás se durmió. Yo traté todo lo que sabía para contentar y tranquilizar al chiquillo, pero él era una mezcla de gato curioso, Hércules y correcaminos. Mientras la madre y su hermana dormían plácidamente a mi lado, el chiquillo gritó, pateó, vomitó, defecó, eructó, se retorció y luchó interminablemente. Todo llegó a un gran clímax cuando las auxiliares de vuelo sirvieron la comida.

En esos días servían sopa como parte de la cena y . . . ¡PUM! Un buen puntapié y yo tenía la sopa de vestido. En ese instante me di cuenta de que criar hijos parece muy fácil en el papel y suena bastante sencillo desde el púlpito; pero hay ocasiones . . . ah, usted puede terminar la frase. Así que al haber madurado como pastor y haber visto a mis hijos atravesar toda etapa, permítame asegurarle que soy el que más lejos está de ser experto en criar hijos. Con facilidad puedo identificarme con la experiencia del autor Charlie Shedd:

Por toda la parte central de la nación di [la misma charla]. Me pagaban un jugoso honorario y se alegraban de conseguir que fuera. "Este conferencista los dejará boquiabiertos." Eso es lo que decían, y la gente venía. Con altas esperanzas venían a oír "Cómo criar a sus hijos."

¡Entonces tuvimos un hijo! . . .

¡Esas brillantes ideas tenían un sonido tan cómico a las dos de la madrugada con un nene berreando a pleno pulmón!

En mi defensa quiero que sepan esto: seguí tratando. Cambié mi título a "Algunas sugerencias para los padres," y valientemente seguí adelante. Luego tuvimos dos hijos más y lo alteré de nuevo. El título esta vez resultó: "Débiles sugerencias para compañeros de lucha." . . .

Así que hoy muy rara vez hablo sobre el ser padres. Cada vez que lo hago, después de uno o dos chistes, usted captará esta frase inequívoca: "¿Alguien aquí tiene unas cuantas palabras de sabiduría?"[1]

Así es como me siento cada vez que abordo el tema de criar hijos. Felizmente no tengo que ser experto. Tengo a mi disposición un Libro de sabiduría que provee la dirección que necesitamos para invertir lo mejor en nuestros hijos. Como padre experimentado y abuelo puedo ofrecer unos pocos pensamientos que serán útiles, pero mi deseo es abrirle las Escrituras lo más claramente que sea posible y entonces sugerirle algunas maneras de aplicar los principios que hallamos. Así que, empecemos.

TRES VERDADES INMUTABLES QUE HAY QUE RECONOCER

Los métodos de criar hijos vienen y se esfuman más rápido que las dietas novedosas, pero la palabra de Dios sigue inmutable. Podemos apoyarnos en sus verdades inmutables. Tres de ellas le ayudarán a entender cómo está hecho su hijo, que es el primer paso para aplicar con sabiduría las herramientas para criar hijos. El tener presentes estas verdades hará más penetrante la observación de la conducta de su hijo, y más productiva la guía que le dé.

El niño con inclinación se quedará con esas "inclinaciones" sin guía paterna

El uso de la palabra "inclinación" al referirme a un hijo a veces hace que se frunzan unos cuantos ceños. La palabra surge de una imagen verbal clave de Proverbios 22:6. Estudiamos este versículo al detalle en el capítulo anterior. Escribí de la palabra hebrea *dérek,* que quiere decir "camino," "sendero," o "manera característica." Una imagen visual asociada con *dérek* es la del arco del arquero, que tiene una curvatura natural. Salmo 7:12 usa la forma verbal de esta raíz para dar el cuadro del Señor diciendo "Armado tiene ya su arco, y lo ha preparado." El arquero en la antigüedad ponía un pie en una pieza curva de madera y doblaba el arco a fin de tensar la cuerda.

Cada niño o niña, como un arco, viene con una forma, o inclinación, que es natural para él o ella. A fin de que el arco sea útil no puede permanecer en su estado natural y flojo. El arquero debe trabajar con la curvatura característica del arco, y así puede doblar la madera en la dirección correcta, y ponerle la cuerda para que pueda llegar a ser una fuente de poder. Obviamente, un arco sin cuerda no dispara flechas.

Proverbios 29:15 dice: "La vara y la corrección dan sabiduría; Mas el muchacho consentido avergonzará a su madre." El texto hebreo de este proverbio es complicado, así que los traductores hacen lo mejor que pueden para proveer una interpretación que tenga sentido. En este caso, prefiero traducirlo fielmente y preservar la dificultad. La última parte de este proverbio dice, literalmente: "pero el hijo dejado dará vergüenza a su madre."

"Un hijo dejado" no quiere decir dejado a la intemperie, abandonado. El significado más probable es "dejado en la condición en que nació." Es una forma desusada del verbo hebreo que se puede traducir "soltar" o incluso "enviar lejos." El hijo que tiene ciertos dones e inclinaciones, y que es puesto en las manos de los padres, y se le deja sin instrucción, entrenamiento, límites, disciplina y dirección, a la larga los avergonzará. El cuadro es de negligencia, falta de preocupación, o pasividad de parte de los padres, resultando en un hijo fuera de control.

Tome nota de las herramientas que se usan para guiar al hijo: "la vara y la corrección." (Daremos más detalles de esto en un capítulo más adelante). Algunos expositores dicen que el hebreo se debería traducir "una vara de corrección" o "una vara que corrige," pero pienso que Salomón tenía en mente dos ideas distintas: la vara, o sea un instrumento físico de disciplina; y corrección, o sea una represión verbal. El padre sabio emplea ambas a fin de impedir que la desobediencia rebelde del hijo se convierta en rabietas furibundas y frenéticas exhibiciones de cólera.

Por supuesto, "la vara" es una imagen visual del castigo corporal, pero no está limitada a eso. La idea más grande es la de consecuencias. Para los niños más pequeños esto pudiera ser nalgadas o un tiempo de castigo significativo a solas. Para los niños más grandes pudiera ser quitarles privilegios, o restringirles el uso de propiedad. El uso de "la vara," cualquiera que sea la forma que tome, es lograr que el mensaje penetre: "Tus acciones tienen repercusiones." Una zurra es una forma de "la vara," pero no es la única.

"Corrección" es la represión verbal, que *siempre* debe acompañar al castigo. Todo uso de la vara también exige instrucción, una explicación de lo que estuvo mal y por qué fue necesaria la vara, una afirmación del valor del niño, y un recordatorio de lo mucho que se le quiere. Todo esto se debe hacer en privado. Nunca, jamás, discipline a un hijo en público o frente a la familia. Nada se gana avergonzando al hijo. Es más, la humillación con toda probabilidad ahogará cualquier mensaje constructivo que de otra manera el hijo o hija pudieran oír.

Tal vez la parte más difícil del proceso de disciplina es mantener el balance apropiado entre la vara y la reprensión. Cada niño responde de manera diferente a uno y al otro. Algunos niños pequeños no puede oír sin una zurra apropiada (de nuevo, describiré el castigo corporal en detalle en el próximo capítulo); otros casi ni requieren nalgadas. Para algunos, el castigo de cualquier clase apaga la comunicación y en efecto estimula la rebelión. Entonces, para hacer el balance incluso más retador, conforme el niño crece necesita menos vara y más reprensión.

Todo niño se inclina al mal

La necedad está ligada en el corazón del muchacho;
Mas la vara de la corrección la alejará de él (Proverbios 22:15).

En nuestra cultura usamos la palabra *necedad* con demasiada ligereza. "Ya deja esa necedad," o "Los chicos de hoy son el colmo de la necedad," como si la necedad no fuera nada más que travesuras infantiles. Sin embargo, en el Antiguo Testamento "necedad" es un término severo. El término hebreo que se traduce "necedad" quiere decir "estado de estar desprovisto de sabiduría y entendimiento, con un enfoque en el comportamiento perverso que ocurre en ese estado."[2] Es la palabra que se usa para describir el marco mental y conducta de un individuo moralmente corrupto que vive su vida en rebelión a Dios. Así que no es una palabra trivial. Todavía más, la Biblia dice que todo niño nace con esta inclinación al mal. La heredó de sus padres, y ellos de los suyos. Rastreándolo a su fuente original, la raza humana entera la recibió de nuestro antepasado común: Adán.

Esta inclinación al mal es lo que el Nuevo Testamento llama "la carne." Los teólogos a menudo la llaman "la naturaleza de pecado." Usted notará que el niño no necesita que se le enseñe a desobedecer, a mentir, o a ser egoísta. Esto surge tan naturalmente para el niño de dos o tres años como dormir, porque "está ligado a su corazón."

En la cultura y lenguaje del Cercano Oriente el corazón no es meramente el órgano que bombea sangre. El corazón es un término simbólico para el ser interior, la mente, los procesos de pensamiento, la voluntad, las emociones, la vida interna de la persona. Los autores Harris, Archer y Waltke describen el término de esta manera:

En sus significados abstractos "corazón" llega a ser el término bíblico más rico para la totalidad de la naturaleza interior e inmaterial del hombre. En la literatura bíblica es el término que se usa con mayor frecuencia para las funciones inmateriales de la personalidad del hombre así como también el término más incluyente para ellos puesto que, en la Biblia, virtualmente toda función inmaterial del hombre se atribuye al "corazón." . . .

El corazón es la sede de la voluntad. Se puede describir una decisión como "disponer" el corazón (2 Crónicas 2:14). "No las hice de mi propio corazón" se traduce como "no las hice de mi propia voluntad" (Números 16:28). . . . Estrechamente conectado con lo anterior es el corazón como sede de la responsabilidad moral. Rectitud es "sencillez de corazón" (Génesis 20:5). Una reforma moral es "disponer el corazón" de uno (Job 11:13). Al corazón se describe como la sede del mal moral (Jeremías 17:9).[3]

De acuerdo al Salmo 51 esta corrupción de corazón empieza, no con el nacimiento, sino como parte de nuestra naturaleza enraizada en el momento de la concepción. "He aquí, en maldad he sido formado, Y en pecado me concibió mi madre" (Salmo 51:5).

David usa la muy fuerte palabra "maldad," que quiere decir iniquidad, perversidad, y algo que merece castigo. El verbo hebreo significa "doblar, torcer, distorsionar."[4] Este es un sinónimo de perversidad; algo grotescamente retorcido fuera de su forma original. Luego pasa a decir: "en pecado me concibió mi madre."

Esta afirmación con facilidad se la puede entender mal. La Biblia NET, en inglés, ofrece una explicación muy útil:

> El salmista no está sugiriendo que fue concebido debido a una relación sexual inapropiada (aunque a veces se ha entendido que el versículo quiere decir eso, o incluso que *toda* relación sexual es pecado). El punto del salmista es que ha sido pecador desde el mismo momento en que su existencia como persona empezó. Al retroceder más allá del tiempo del nacimiento al momento de la concepción el salmista martilla su punto en el segundo verso con mayor énfasis que en el primero.[5]

La edición ampliada de la Biblia en inglés dice: "Miren, yo nací en [un estado de] iniquidad; mi madre fue pecadora y me concibió [y yo también soy pecador]."

Por buenos, cariñosos, atentos y sacrificados que puedan haber sido nuestras madres y padres, una naturaleza depravada y de pecado los caracterizó, y ellos, a su vez, nos la pasaron a nosotros tal como el ADN en la concepción. Entonces, cuando nosotros nacimos ya estábamos en contraposición a Dios, poseyendo una inclinación innata a rechazar su camino por decisión propia. El único remedio es la transformación milagrosa que realiza Jesucristo cuando creemos en él.

La instrucción de los padres creyentes lleva a esta decisión crucial, pero no puede reemplazarla. La vara y la represión pueden, y deben, guiar al hijo hacia este conocimiento que salva, y pueden proveerle al hijo con las destrezas necesarias para funcionar en forma normal en la sociedad, pero no pueden hacer nada para curar el corazón de la enfermedad mortal innata que se llama "pecado."

David, en otro salmo, dice: "Se apartaron los impíos desde la matriz; Se descarriaron hablando mentira desde que nacieron" (Salmo 58:3). Isaías 48:8 añade: "te llamé rebelde desde el vientre." Ésta es apenas una pequeña muestra de versículos que hablan de la inclinación de toda persona hacia el mal como parte de nuestra naturaleza desde la concepción y el nacimiento.

La inclinación del niño al mal es innegable. Si se le deja solo, lo impulsará a que haga casi cualquier cosa con tal de salirse con la suya. James Dobson cuenta de un terror de diez años que ilustra a la perfección el principio: "Un hijo dejado trae vergüenza a su madre."

[Roberto] era paciente de mi buen amigo, el Dr. William Slonecker. El Dr. Slonecker y el personal del consultorio de pediatría temían soberanamente el día en que Roberto debía venir para su examen médico. Literalmente arremetía contra la clínica, empuñando los instrumentos, cartapacios y teléfonos. Su madre pasiva todo lo que hacía era limitarse a sacudir su cabeza perpleja.

Durante uno de los exámenes físicos el Dr. Slonecker observó varias caries en los dientes del muchacho y sabía que debía enviarlo al dentista. Pero, ¿a quién le haría tal honor? Enviar al muchacho a ver a algún dentista amigo podría bien significar el fin de la amistad profesional. A la larga decidió enviar al pillastre a un dentista anciano del que se decía que sabía comprender a los chiquillos. La confrontación que siguió se destaca como uno de los momentos clásicos en la historia del conflicto humano.

Roberto llegó al consultorio dental preparado para la batalla.

"Siéntate en esa silla, jovencito," le dijo el dentista.

"¡Ni en sueños!" replicó el muchacho.

"Hijo: te dije que te sentaras en esa silla, y eso es exactamente lo que espero que hagas," le dijo el dentista.

Roberto le clavó la mirada a su oponente por un momento y luego respondió: "Si haces que me suba a esa silla, me quito toda la ropa."

Con toda calma el dentista replicó: "Hijo, quítatela."

El muchacho empezó a quitarse la camisa, la camiseta, los zapatos, los calcetines, y después alzó la vista desafiante.

"Está bien, hijo," siguió el dentista. "Ahora, siéntate en esa silla."

"¿No me oíste?" tartamudeó Roberto. "Te dije que si me hacías sentar en esa silla me voy a quitar toda la ropa."

"Hijo, quítatela," replicó el hombre.

Roberto procedió a quitarse el pantalón y el calzoncillo, y al fin se quedó totalmente desnudo ante al dentista y su ayudante.

"Ahora, siéntate en la silla," le dijo el dentista.

Roberto hizo lo que le dijeron y se quedó quieto y cooperó durante todo el procedimiento. Cuando el dentista terminó de taladrar y de rellenar las caries, le dijo que ya podía bajarse de la silla.

"Quiero mi ropa," dijo Roberto.

"Lo lamento," respondió el dentista. "Dile a tu mamá que vamos a guardar aquí tus ropas hasta mañana. Ella puede venir mañana a recogerlas."

¿Puede usted comprender la sorpresa de la madre de Roberto cuando se abrió la puerta de la sala de espera, y allí apareció su hijo, desnudo tal como había venido al mundo? La sala estaba llena de pacientes, así que Roberto y su mamá se escabulleron lo más rápido posible al pasillo. Bajaron en el ascensor, y luego al lote de estacionamiento, tratando de ignorar las risas burlonas de los que los veían.

Al siguiente día la madre de Roberto volvió para recoger las ropas del muchacho, y pidió hablar con el dentista. Sin embargo, no venía a protestar. Esto fue lo que dijo ella: 'No sé cómo expresarle lo mucho que aprecio lo que ocurrió ayer aquí. ¿Sabe una cosa? Roberto ha estado chantajeándome por años con eso de quitarse la ropa. Cada vez que estábamos en algún lugar público, como por ejemplo el supermercado, se emperra en exigencias irrazonables. Si no le compro de inmediato lo que se le antoja, me amenaza con quitarse la ropa. Usted es la primera persona que le ha hecho frente a sus bravatas, doctor, y el impacto en Roberto ha sido increíble."[6]

Latiendo en el pecho de todo niño hay una voluntad fuerte y egoísta como la de Roberto. No muchos tienen la audacia de Roberto, pero todos tienen ese potencial. Él quería ser feliz y pensaba que saliéndose con la suya evadiría experiencias dolorosas, como un diente taladrado, y podría saciar sus impulsos, como comerse golosinas de los anaqueles del supermercado. Obviamente no sabía lo que era lo mejor para él, sin embargo no conocía ninguna otra alternativa. No tenía límites en los cuales apoyarse.

Los niños anhelan tener límites bien definidos e inmovibles que les ayuden a hallarle sentido al mundo que le rodea. Ningún niño quiere ser su propia autoridad. Eso aterra. Le hace sentirse cada vez más inseguro, temeroso, insolente y voluntarioso. Pero disciplinar a un niño requiere autodisciplina consistente de parte del padre o madre. Definir límites saludables para un niño y obligarlos a que los cumpla en la parte más difícil de ser mamá o papá. Nadie quiere ser el villano.

Digamos las cosas tal como son; preferiríamos contar con el amor y los abrazos de nuestro hijo, antes que correr el riesgo de que nos vea como el enemigo; aunque sea por un tiempo breve. Pero si estamos dispuestos a ser el "chico malo" a fin de darle orden y definición al mundo de nuestro hijo, el resultado será un hogar libre de caos en el que todos pueden disfrutar de libertad y amor, aceptación y seguridad, propósito, dirección, y una base auténtica para una fuerte imagen propia. Enderece la inclinación al mal con consecuencias consistentes, razonables, y usted fomentará más oportunidad para que su hijo tome parte del lado más agradable. También se hallará recibiendo más amor y abrazos del hijo que lo mira a usted en busca de orden y seguridad.

Dios creó a cada niño con una inclinación al bien

Ahora bien, las buenas noticias son que criar hijos incluye más que enderezar la inclinación del hijo al mal. De hecho, dependiendo del hijo, la mayoría de su tiempo y energía debe invertirla en el desarrollo de la maravillosa cantidad de bien que Dios puso en él o ella.

El Salmo 139 es una oración que celebra la imagen de Dios en las personas y alaba a nuestro Creador por su asombroso cuidado e interés: "Oh Jehová, tú me has examinado y conocido. Tú has conocido mi sentarme y mi levantarme; Has entendido desde lejos mis pensamientos" (Salmo 139:1-2).

Esto no presenta a Dios como sentado a años luz de distancia en un cielo lejano, mirando hacia abajo a un punto diminuto llamado Chuck que anda sin rumbo por el planeta tierra. "Has entendido desde lejos mis pensamientos" quiere decir que él conoce mis pensamientos mucho antes de que yo los conciba. Él sabe lo que voy a decir y lo que voy a hacer antes de que eso suceda, no sólo porque él sabe el futuro, sino porque él *me* conoce. Él me conoce en lo más íntimo. Lo mismo es cierto en cuanto a usted. Usted es más que un punto anónimo entre otros seis mil millones de puntos. Él lo conoce a usted como individuo.

"Has escudriñado mi andar y mi reposo, Y todos mis caminos te son conocidos" (Salmo 139:3).

La palabra hebrea que se traduce "escudriñar" es la misma que se traduce también "aventar": extender, esparcir con el propósito de examinar. Imagínese al Señor esparciendo nuestras obras sobre una mesa como piezas de un rompecabezas y escarbando en el montón, examinando cada pieza. Esa es la idea detrás de este término; y el pronombre "tú" en el hebreo es enfático. *Tú* escudriñas mi conducta. Él ha asumido como responsabilidad personal conocernos como individuos.

Él escudriña "mi andar y mi reposo," nuestra forma de vivir, y conoce por completo nuestro *dérek*. Ya descubrimos que *dérek* quiere decir "camino," "carretera," o "manera característica." En este versículo *dérek* es plural. En otras palabras, él conoce todas nuestras obras, cómo las hacemos y por qué; todas nuestras decisiones, todos nuestros manerismos, todas nuestras capacidades, todas nuestras limitaciones, todo lo que contribuye a lo que somos como individuos. ¿Cómo es esto posible?

"Porque tú formaste mis entrañas; Tú me hiciste en el vientre de mi madre" (Salmo 139:13).

El término hebreo que se traduce "entrañas" es la palabra que se usa para riñones, que el salmista usa en forma tanto literal como figurada. Literalmente los riñones representan la suma total de los órganos internos de la persona. "Cuando se lo usa en forma figurada el término se refiere a los aspectos más internos de la personalidad."[7] Todo esto el Señor "entretejió." Piense en la planificación y cuidado que se necesita para tejer un encantador tapiz. Cada hebra, cada color, escogido con un fin particular en mente y entretejido con todo cuidado para hacer algo que sea a la vez útil y hermoso.

El Señor formó a cada niño con cuidado meticuloso por nueve meses en el vientre de su madre. Mucho antes de que mamá o papá siquiera palparan la piel de su nene o miraran su cara, el Señor entretejió un conjunto único de manerismos, dones, intereses, capacidades intelectuales, emociones, destrezas, actitudes y las entretejió con hueso, sangre, músculos, nervios y un cerebro. Y pensar que algunos consideran esta obra divina de arte—un original certificado—como nada más que un tejido fetal indeseable que se puede desechar por un inodoro.

Después de considerar todos estos detalles David alcanza un clímax en el versículo 14 con una exclamación de alabanza:

"Te alabaré; porque formidables, maravillosas son tus obras; Estoy maravillado, Y mi alma lo sabe muy bien" (Salmo 139:14).

En el versículo 15 de David enfoca el aspecto físico de su ser. "No fue encubierto de ti mi cuerpo, Bien que en oculto fui formado, Y entretejido en lo más profundo de la tierra" (Salmo 139:15).

Todo tiene un cuerpo, una estructura que le da una forma y tamaño en particular. Dios nos dio un esqueleto, prescribiendo la densidad, espesor y longitud de cada hueso. La combinación de todo eso nos da la estatura que él quería que tengamos; lo que es un punto significativo para la estudiante de secundaria que mide casi dos metros de estatura, . . . siendo mujer. De repente el hecho de que Dios diseñó su cuerpo y la hizo única de esa manera llega a ser de extrema importancia. ¡Ella necesita saber todo eso!

Podemos decirles con toda confianza a nuestros hijos: "Eres alto porque Dios quería que seas un individuo alto de estatura." O, "Eres pequeño, o robusto, o flaco, o pelirrojo, porque el Señor te diseñó de esa manera. ¡Gracias a Dios porque no eres cómo nadie más!" Dios les dio a algunos niños una personalidad brillante y burbujeante, y a otros los hizo más melancólicos. A algunos los hizo con talentos múltiples, en tanto que otros tienen un solo don singular que sobresale. Debido a que él hizo a cada uno específicamente a la orden, podemos atesorar a cada uno como un don único.

A cada persona Dios la ha "entretejido en lo más profundo de la tierra." Para el judío "lo más profundo de la tierra" era un lugar hondo, misterioso, incognoscible, que tenía significación sagrada. David usa esta expresión para referirse al vientre de la madre, en donde, en secreto, el Señor con meticulosidad diseñó y formó el cuerpo y la personalidad que el niño debía tener.

"Mi embrión vieron tus ojos, Y en tu libro estaban escritas todas aquellas cosas Que fueron luego formadas, Sin faltar una de ellas" (Salmo 139:16).

Esto tiene la soberanía de Dios estampada por todos lados. El Señor vio un diseño antes de que haya sustancia. En algunas situaciones este verbo en particular, que se traduce "vieron," quiere decir "deleitarse en, hallar placer en." Puedo imaginarme a Dios mirando el vientre de una madre, y frotándose las manos con anhelante expectativa: otra oportunidad para modelar otra obra de arte. Él piensa en lo que va a crear, y una sonrisa aparece en sus labios, junto con las palabras: "Sí, tal como debe ser; justo como yo lo quiero."

Cuando vemos a un nene de dos años, ¿que es lo que vemos por lo general? Actividad sin fin, manchas de hierba, zapatos con cordones sin anudar, un paquete de necesidades, y exigencias constantes. ¿Qué tal si, más bien, preguntáramos: "¿qué persona destacada llegará a ser este pequeño?" "¿Qué dones y capacidades brotarán pronto?" "¿Cómo encaja este pequeño en el gran diseño de Dios para el mundo?"

Miro hacia atrás a mi propia experiencia, y me preguntó si mi vida hubiera sido diferente si mis padres se hubieran dado el tiempo para conocerme, y luego me hubieran comunicado lo que veían. Yo era ya un adulto en el Cuerpo de Marina, por ejemplo, cuando supe que tenía habilidades de liderazgo. El padre o madre sabios dedican tiempo para entender cómo Dios hizo a su hijo y luego se esfuerzan para promover que el diseño de Dios florezca temprano

"¿Sabes, cariño? Hemos notado que cuando tus amigos vienen a casa, tú eres el que dirige. Eso demuestra que tienes un talento para el liderazgo que necesitamos cultivar."

"Tienes una mente muy analítica. Para ti es fácil captar estas cosas. Eso es fabuloso. Veamos cómo podemos cultivar esa mente tuya."

"Te encanta oír música, ¿verdad? ¿Cuál es el instrumento que más te gusta oír? Veamos si podemos conseguirte lecciones."

Imagínese cómo este enfoque afectará la manera en que su hijo o hija piensa de sí mismo y el futuro. Imagínese qué sentido saludable de seguridad tendrá el hijo al conocerse a sí mismo, aceptarse y aprender a ser él mismo. Imagínese cuán inmune será ese hijo o hija a la presión negativa de iguales y al ridículo, sabiendo que el diseño de Dios está desdoblándose dentro de su persona, y que usted está allí para ayudarle a verlo. Esto es una extensión del punto primario del capítulo previo:

> LA TAREA DE UN PADRE O MADRE ES AYUDAR A
> SUS HIJOS A LLEGAR A CONOCERSE A SÍ MISMOS,
> APRENDER A APRECIARSE A SÍ MISMOS, Y HALLAR
> SATISFACCIÓN EN SER ELLOS MISMOS.

CÓMO APLICAR EL CONOCIMIENTO DE CÓMO SU HIJO ESTÁ HECHO

Usar la disciplina, "la vara y la corrección," para corregir la inclinación al mal y guiar al hijo hacia una relación personal con Jesucristo es una parte necesaria de criarlo. Lidiar con la conducta rebelde y desafiante exige disciplina de parte del padre o madre, porque a nadie le gusta ser el "villano" para un hijo. Pero si se lo hace en forma apropiada, el proceso de la disciplina en efecto produce más oportunidad de estrechar los lazos con el hijo o hija y enfocar el aspecto de criar a los hijos que hallamos más agradable.

Entonces, así como el Señor conoce de manera íntima a cada uno de sus hijos, debemos procurar conocer bien a nuestros hijos. Eso requiere tiempo, observación aguda, paciencia, interacción y abundante oración. Pero si aplicamos esfuerzo a esta responsabilidad crucial como padre o madre, nuestros hijos cosecharán los beneficios mucho antes de que lleguen a la edad adulta. Puedo mencionar por lo menos tres.

Primero, *todo adulto anhela tener recuerdos del amor de sus padres.* He hallado cierta medida de restauración en mi propia vida al darles a mis propios hijos lo que tanto deseé de mis padres. Es un extraño alivio de la melancolía que hallo calmante. Aunque hay otras cosas en las que no lo hice muy bien, sé que mis hijos saben que los quiero.

Segundo, *todo adulto quiere tener un fuerte sentido de control personal:* control de las circunstancias de la vida, control de sí mismo ante la tentación, control sobre las decisiones que afectan el futuro. Yo no asumí el mando de mi vida cuando me gradué de la secundaria. Meramente seguí los pasos que parecían venir luego. No tenía ni idea de algo que me apasionara en particular, ni ninguna búsqueda específica. Felizmente el Señor tomó el control de mi vida mediante una serie de circunstancias que no tenían gran sentido sino hasta muchos años más tarde. Qué mejor que el hijo sepa quién es, los planes del Señor para el mundo y como él o ella servirá a Dios. Ese conocimiento le da al adulto las herramientas necesarias para tomar decisiones sabias, responsables y que honran a Dios.

Tercero, *todo adulto desea sentir la seguridad de respeto propio.* Cuando el hijo que va creciendo entiende cómo Dios lo ha hecho, cuando llega la edad adulta disfruta de límites personales bien definidos. Estos límites le proveen a la persona la fuerza para mantenerse firme frente a la injusticia, el abuso o los intentos de manipulación. Debido a que otros tienen escaso espacio para juguetear con su identidad, virtualmente es inmune a la explotación. Esto, de paso, incluye también los ataques de Satanás. Un fuerte sentido de identidad en Cristo es la mejor defensa contra la principal arma del diablo: el engaño

Pasos de acción que vale la pena dar

Ahora permítame pasar a las acciones que podemos aplicar.

Primero, *decida conocer la singularidad de su hijo o hija.* El conocimiento de su hijo no será automático para usted. Exigirá observación aguda y determinación sensible para buscar el conocimiento que necesita. Haga de cada día con su hijo una oportunidad para descubrir quién es ese hijo o hija por dentro. No estoy sugiriendo que vigile y anote las acciones de ellos como si fueran una manada de ratas de laboratorio. Aprenda a conocerlos como conocería a cualquier otra persona: un amigo, un cónyuge. Pase abundante tiempo con ellos sin ninguna agenda. Comuníquese. Haga preguntas. Observe lo que alegra, aburre, estimula, agita, o enoja a su hijo. Busque dones naturales en el atletismo, la música o disciplinas académicas. Hable con los maestros, dirigentes de jóvenes y otros padres. Procure en forma expresa descubrir la identidad de cada hijo o hija.

Al hacer esto usted cultivará un amor creciente por su hijo. Uno no puede amar a quien no conoce, pero el conocer a sus hijos le da mayor oportunidad de sentir mostrarles amor. El hijo, a su vez, adquirirá consciencia propia, el primer paso para la disciplina propia.

Segundo, *disciplínese para fijar límites a la voluntad de su hijo.* Esto es trabajo arduo, y es desagradable. Quedarse sin hacer nada en un consultorio dental, con una mirada aturdida, no hará nada para ayudar a un muchacho como Roberto. Pero dominar su desplante voluntarioso a los diez años le ayudará a usted a adquirir suficiente control sobre la conducta del hijo como para ayudarle a que se controle a sí mismo cuando llegué a años mayores de la adolescencia. Esto no quiere decir que los hijos nunca desobedecerán o querrán estirar los límites, pero impedirá que el caos gobierne el hogar y destruya cualquier esperanza de desarrollo normal.

Un hijo disciplinado crecerá para ser un adulto que puede controlarse a sí mismo en privado. Cuando esté en un motel y pueda ver lo que se le antoje, aprenderá a evitar los canales de pornografía porque aprendió dominio propio en casa. La cólera en la carretera no será problema para ella porque ella aprendió de usted a controlarse a sí misma. El hijo sabe que gritar en forma frenética en una discusión sólo producirá sufrimiento y lamentación porque no aprendió a guardar sus acciones y a cuidar sus palabras cuando las emociones están exaltadas. Su disciplina consistente, firme, y sin embargo cariñosa, le enseñó esas habilidades.

El hijo adquiere consciencia de sí mismo al ser conocido. El hijo aprende dominio propio cuando se le disciplina.

Tercero, *afirme el valor de su hijo.* Esto es más difícil de lo que pueda imaginarse, porque afirmar el valor de un hijo sin recurrir a la lisonja exige discernimiento. Mi buen amigo James Dobson es un firme defensor de cultivar la autoestima del hijo, pero muchos han tergiversado su consejo en algo estrafalario. Por temor de lastimar la imagen propia del hijo, maestros, entrenadores y padres no le presentan el reto de que sobresalga. El mal desempeño como resultado de escaso o ningún esfuerzo por lo general se lo recibe con porras alegres. Al hijo se le da elogios y afirmación sin ninguna base, lo que parece tan sólo confundirlo.

En última instancia la lisonja no sirve para nada. Más bien, busque bases auténticas para los elogios. Base su afirmación en características que usted en forma genuina ve y en verdad admira. Recompense el esfuerzo real con estímulo, reconociendo que las cualidades y logros del hijo serán en proporción a la edad del hijo. Para hacer esto, usted tendrá que conocer bien a su hijo o hija. Es más, usted tendrá que saber lo que motiva a su hijo, cuánto estímulo necesita, cuándo presentarle el reto para que se esfuerce un poco más, y cuándo es apropiado que pruebe alguna otra cosa.

El resultado para el padre es un respecto creciente por el hijo. El beneficio para el hijo es que adquiere respeto propio. Un hijo con un respeto saludable por sí mismo estará preparado para disfrutar de relaciones personales saludables como adulto.

Al decidir conocer la singularidad de su hijo, disciplínese para fijar límites a la voluntad del hijo, afirmar el valor de ese hijo, tomando nota del Padre perfecto. Él lo conoce a usted en forma íntima, lo que lo pone en la mejor posición para cultivar su madurez. Él no le da a usted todo lo que usted quiere pero nunca deja de suplir todo lo que usted necesita. Debido a que él lo conoce, él sabe la diferencia. Su deseo para usted es que usted se desarrolle y llegue a ser la clase de creyente que disfruta de la personalidad y dones que él le ha dado, y él anhela verlo a usted con vida en abundancia. Conforme el Señor desarrolla su madurez, haga lo mismo por su hijo.

Hay pocas responsabilidades que den mejor recompensa que esta . . . Así que no espere para empezar. Incluso si no ha hecho esto antes, le animo a que empiece. Recuerde: nunca es demasiado tarde para empezar a hacer lo correcto.

Tres

Cómo establecer una vida
de dominio propio

*P*anchito era un muchachito típico de dos años, haciéndole a su madre la vida miserable tal como probablemente él pensaba que ella se la hacía a él. Estaba decidido a hacer lo que se le antojaba; ella tenía otro plan; así que estaban enzarzados en un clásico conflicto de voluntades. Por fin, habiendo perdido otra batalla ante su adversario, el pequeño Panchito se fue arrastrando los pies al comedor para estar a solas. Empujó una silla hasta la ventana, se subió a la silla, retiró las cortinas y contempló por el vidrio el atareado mundo afuera.

Las madres sabias saben que deben vigilar a sus pequeños de dos años que están muy callados por mucho tiempo, así que después de que pasó un tiempo la mamá de Panchito se asomó al comedor

43

para ver qué estaba haciendo. Al entrar ella calladamente al cuarto, le oyó decir en voz baja y quedito: "*Tengo* que largarme de aquí."

Es la batalla eterna. Como padres, a menudo nos cansamos del conflicto. No obstante, debemos seguir siendo consistentes para establecer límites y mantenerlos con la vara y la corrección. Nuestras palabras y nuestras acciones deben ser las mismas de modo que nuestros hijos nunca tengan que luchar, tratando de hallarle sentido a un mensaje doble.

Escribo eso incluso al recordar que yo mismo he roto esa regla un buen número de veces. Recuerdo cuando nuestros cuatro hijos eran chicos, y la pequeña Colleen se insolentó en una ocasión. Su madre me dijo: "O bien tú te encargas de ella, o yo lo hago."

Así que le dije a Colleen: "Vete a tu cuarto, jovencita."

Mientras ella subía a su cuarto remoloneando por la escalera, pude oír los lloriqueos, y antes de que yo llegara al escalón más alto, *yo* estaba atragantándome con las lágrimas. (Si usted no detesta en lo absoluto el pensamiento de darle una zurra a su hijo o hija, necesita reevaluar sus motivos).

La seguí a su cuarto y cerré la puerta al entrar. Su carita redonda se volvió a la mía, y yo le dije: "Cariño, necesitas saber algo antes que estas nalgadas. Esto me duele a mí más que a ti."

Ella respondió: "Pues bien, entonces, papá, no lo hagamos. Ambos nos sentiremos mejor."

¡Así que no lo hice! No logré reunir valor para hacerlo. Le dije: "Prométeme que no le dirás a tu madre que no te zurré."

"Te lo prometo, papá, te lo prometo . . . nunca se lo haré saber."

Muy a menudo el problema no son los muchachos con voluntades férreas sino más bien los padres con voluntades débiles. Sin un mensaje claro y consistencia firme, ¿cómo puede aprender el hijo? ¿Alguna vez ha tratado de jugar un juego cuando las reglas cambian constantemente? Lo enloquece a uno.

Pensé en esto cuando Cynthia y yo estábamos en una gira por Europa central con un grupo de Insight for Living. Disfrutamos de una extensa conversación con el hombre que conducía el vehículo que llevaba a nuestro grupo de sitio a sitio. A poco habíamos descubierto que era de Bélgica, y cuando no estaba conduciendo un autobús de giras ¡era psicólogo profesional de perros! Le dije: "Está bromeando. Nunca antes había conocido a un psicólogo de perros."

Me dijo: "Lo soy, y eso es lo que me encanta hacer. En realidad, sin embargo, soy psicólogo de dueños de perros. Rara vez encuentro a un perro malo."

Luego continuó: "En serio, rara vez encuentro un perro malo. Veo abundancia de malos dueños de perros que no saben cómo tratar a sus perros, así que pasó mi tiempo enseñando a los dueños de perros cómo entrenar a sus perros. Empiezo diciéndoles los cuatro elementos esenciales para cultivar la conducta que quieren."

Todavía recuerdo esos cuatro elementos. Primero es conocimiento: aprender cómo piensa el perro. El segundo es tiempo: si uno no pasa tiempo adecuado con el perro, el animal seguirá fuera de control. El tercero es consistencia: las reglas que uno estableció ayer se deben aplicar hoy y todos los días, sin excepciones. Cuarto, paciencia: los perros fallarán mientras se los está entrenando; harán sus trastadas. Y entonces hizo el comentario: "¿Sabe? Se parecen mucho a los niños."

En ese momento se me ocurrió que nuestro problema principal no es que los muchachos están fuera de control. Tenemos padres que nunca han ayudado a sus hijos a sujetarse bajo control para empezar. Tal vez usted es uno de ellos. Si es así, este capítulo es para usted.

CÓMO TERMINAR EL LEGADO
DE PECADO DE SU FAMILIA

Hemos aprendido que cuando Dios nos da un hijo, no nos entrega un pedazo de barro, esperando que se lo moldee. El Señor formó a ese hijo o hija con un conjunto de dones, puntos fuertes, un cierto temperamento, y un destino. Cada niño es diferente, así que debemos educarlo de acuerdo a su camino (*dérek*), su manera característica.

También hemos aprendido que todo niño tiene una inclinación al mal como parte de su naturaleza. Todos nacemos con esa inclinación. Somos pecadores: por naturaleza, por decisión y por nacimiento. Ninguna parte de nosotros queda sin que esta corrupción la toque, y eso quiere decir que estamos separados de Dios. Sólo Jesucristo puede curar esta enfermedad fatal. Recibimos esta sanidad al recibirlo por fe, confiando en él y sólo en él para la restauración de nuestra relación con Dios Padre. El hijo necesita un padre que le enseñe sobre el Salvador. Sin embargo, incluso después de que el Señor Jesús ha venido a residir en la vida del niño, la inclinación al mal del hijo le impulsa en forma habitual a la rebelión, a hacer las cosas a su manera. Charles Bridges escribió:

> La insensatez es primogenitura de todos [los niños]. . . . Quiere decir la misma raíz y esencia del pecado en una naturaleza caída. . . . Incluye todos los pecados de que un niño es capaz: mentir, engañar, rebelarse, perversidad, falta de sumisión a la autoridad, aptitud terrible para el mal, y una revuelta contra lo bueno.[1]

Esto es cierto de toda persona y de todo niño. Es cierto de usted, de mí y de nuestros hijos. No sólo que ellos heredan de nosotros una naturaleza corrupta y de pecado, sino que también heredan una propensión a pecados específicos. En Éxodo 34:6-7 Dios vino a Moisés en una manifestación física impresionante en el Monte Sinaí. Rodeado de nube, luz y estruendo que estremecía la tierra, el Señor dijo:

> ¡Jehová! ¡Jehová! fuerte, misericordioso y piadoso; tardo para la ira, y grande en misericordia y verdad; que guarda misericordia a millares, que perdona la iniquidad, la rebelión y el pecado, . . .

Pero entonces continuó con esta escalofriante advertencia:

> Y que de ningún modo tendrá por inocente al malvado; que visita la iniquidad de los padres sobre los hijos y sobre los hijos de los hijos, hasta la tercera y cuarta generación.

Deténgase un momento, y capte todo el significado de esa advertencia. Se la repito: "Dios de ningún modo tendrá por inocente al malvado; y visita la iniquidad de los padres sobre los hijos y sobre nietos hasta la tercera y cuarta generación."

¿Le parece eso injusto? Admito que a mí me lo pareció, hasta que me di cuenta de que mi noción del pecado es el problema, y no la justicia de Dios. Nosotros sencillamente no tomamos al pecado con suficiente seriedad. Cuando lo hacemos, podemos estar agradecidos de que Dios, en su gracia, se detiene en la tercera y cuarta generaciones. La palabra hebrea que se traduce "visitar" quiere decir "contar, enumerar, visitar, preocuparse de, cuidar, buscar, castigar."[2] Su advertencia es en realidad una expresión de gracia.

Ciertos pecados tienden a repetirse en la familia. Esta es la promesa del Señor para rastrearlos y eliminarlos a fin de impedir que el pecado se propague de una generación a la siguiente, creciendo más fuerte cada vez. La raza humana podría exterminarse a sí misma por completo si Dios no hiciera algo para detenerla. Considere también la palabra "iniquidad." Esta palabra solía ser vocabulario regular entre gente religiosa, y tiene cierta connotación antigua. Pero es un término teológico importante. La palabra hebrea es *avon*, y lleva la idea de distorsionar o torcer algo sacándolo de su forma original. Al considerar Hebreos 34:7 lo que sigue es de importancia especial y viene del respetado *Theological Wordbook of the Old Testament (Léxico Teológico del Antiguo Testamento)*:

> [*Avon*] denota tanto la obra como sus consecuencias, la maldad y su castigo. . . .
>
> La asombrosa ambivalencia entre los significados de "pecado como un acto" y "castigo" muestra que en el pensamiento del AT el pecado y su castigo no son nociones radicalmente separadas como nosotros tendemos a pensar de ellas. Más bien, en el AT se presupone que la acción del hombre y lo que le sucede están directamente relacionadas como un proceso dentro del orden divino básico.[3]

El pecado tiene un efecto expansivo en las familias. La propensión a favorecer un pecado en particular puede pasar de padre a hijo genéticamente. Un día de la ciencia tal vez demuestre o descarte esta noción. Sin embargo, sabemos con certeza que los pecados pasan de una generación a la siguiente por el ejemplo. La evidencia de esto surge claramente en los libros históricos.

Después de que David y Salomón gobernaron el reino unido de Israel, el hijo de Salomón, Roboam, ascendió al trono. Debido a su insensatez, el reino se dividió, con las diez tribus del norte poniéndose del lado de un ex general, Jeroboam. Este gobernante perverso fue culpable de tres tipos de iniquidad: rebelión, idolatría y sensualidad. No menos de catorce veces los libros históricos de la Biblia dicen que un gobernante del norte después de él fue culpable de "los pecados de Jeroboam."

En Génesis 12, Abraham y Sara se hallaron viviendo bajo la autoridad de un rey pagano. Este rey vio que Sara era una mujer hermosa y la deseó. Así que le preguntó a Abraham qué relación tenía con ella. Abraham sabía que si el rey deseaba a Sara lo suficiente, podría matarlo. Para salvar su pellejo, le dijo al rey: "Es mi hermana." Mintió. Más tarde, en Génesis 20, Abraham se halló en una situación similar y le mintió a otro rey, diciendo: "Es mi hermana." Siempre que Abraham se sintió amenazado, mintió.

Abraham y Sara tuvieron un hijo al que llamaron Isaac. Isaac se casó con Rebeca, que era, como Sara, una mujer hermosa. En Génesis 26, Isaac se estableció en un territorio gobernado por un rey pagano, que notó la belleza de Rebeca. Cuando le preguntó al respecto, Isaac dijo . . . (¡Lo adivinaste!): "Es mi hermana."

Isaac y Rebeca más adelante tuvieron gemelos: Esaú y Jacob. La historia de Jacob es la historia de un engañador. Engañó a su hermano, engañó a su padre (con la ayuda de su madre), y engañó a su tío. Tuvo doce hijos, todos mentirosos, tal como su papá, excepto por José. Abraham a Isaac, Isaac a Jacob, y Jacob a sus hijos, cada generación pasó a la siguiente el pecado de mentir. Apuesto, si usted ha examinado su propia herencia, que también verá un patrón. Padres adictos producen hijos adictos. Padres brutales crían hijos e hijas brutales. Engañadores engendran engañadores.

Yo puedo rastrear la impaciencia por el árbol genealógico de mi familia. Cynthia puede rastrear la cólera por el de ella. Recuerdo haber estudiado este asunto con Cynthia cuando nuestros hijos eran pequeños, sentados a una mesa hasta altas horas de la noche. Por último le dije: "Tenemos alguna tendencias que hemos arrastrado por mucho tiempo y que necesitamos romper. Deben acabarse con nosotros, y debemos evitar que echen raíces en nuestros hijos."

Ese es el reto que le presento. Examine la historia de su propia familia y busque tendencias dañinas que le afectaron. Decida hoy mismo impedir que se conviertan en un problema para sus hijos. Este examen le dará la noción, la sabiduría y la compasión que necesita para rescatar a sus hijos de los pecados que han sido una plaga para usted, y sus padres, y los de ellos.

CÓMO APLICAR "LA VARA" EN FORMA RESPONSABLE

Su primera herramienta es el conocimiento. Una segunda herramienta es "la vara."

"El que detiene el castigo, a su hijo aborrece;

Mas el que lo ama, desde temprano lo corrige" (Proverbios 13:24).

Se me considerará políticamente incorrecto en mi estilo, y sé que muchos expertos contemporáneos no aplaudirán mi posición en cuanto al castigo corporal, pero debo afirmarme en la autoridad de las Escrituras. Este proverbio y muchos otros parecidos son demasiado sencillos como para ignorarlos y demasiado claros como para confundir. Estos versículos los han usado mal personas en ambos lados de la cuestión, pero eso no invalida el mensaje de la Palabra de Dios. Tenemos la responsabilidad de discernir su significado y aplicar los principios en forma razonable y fiel. Esa será mi tarea en este capítulo.

En el capítulo previo igualé "la vara" a cualquier forma de corrección física, tal como tiempos de quedarse quietos, no permitirles salir, quitarles privilegios u objetos de su propiedad, permitir que las consecuencias sigan su curso, y zurras. En este capítulo quiero concentrarme en "la vara" en su sentido más literal: castigo corporal. De la vara, como de cualquier otra medida paternal, se puede hacer mal uso o usarla demasiado. También la he visto aplicada en forma errónea más a menudo de lo que quisiera pensar, así que entiendo por qué muchos se oponen a una zurra como forma de disciplina. Con todo, la Biblia es clara, y en mi experiencia, una zurra es efectiva cuando se la aplica con pautas estrictas y apropiadas.

Sea fiel y consistente

"El que detiene el castigo, a su hijo aborrece" (Proverbios 13:24). Esa es una declaración severa, pero resulta verdad cuando oigo a adultos decirme: "Yo no estaba muy seguro de que me querían porque mis padres rara vez obligaban a que se cumplan las reglas." Un buen amigo mío, el finado Billy Haughton, se hallaba en el proceso de criar a cuatro hijas cuando me dijo: "¿Sabes, Chuck? He aprendido que los hijos pueden perdonarte casi cualquier cosa excepto que no los disciplines. Esta clase de descuido los acosa el resto de sus vidas." Billy tenía razón. Por otro lado, la segunda parte de ese versículo dice: "Mas el que lo ama, desde temprano lo corrige."

51

La Versión Popular expresa bien el espíritu de esta afirmación: "Quien no corrige a su hijo, no lo quiere; el que lo ama, lo corrige" (Proverbios 13:24).

Una hija se siente querida cuando su padre o madre toman tiempo para corregirla. La niña que siente los brazos de su padre o madre abrazándola con un dedo apuntando a su pecho se siente segura. Los hijos necesitan oírles a los padres decir: "No te vas a escapar con esto," y ver que ese mensaje es reforzado con consecuencias. En ausencia de eso, se siente a la deriva: sin rumbo y conectados con nada y a nadie.

Manténgase libre de abuso

Quiero ser claro de manera especial en cuanto a este tema. Una línea distintiva separa el abuso y la disciplina física. Debemos saber dónde está esa línea, y tener todo cuidado para no cruzarla bajo ninguna circunstancia. Estas son cinco distinciones vitales:

EL ABUSO ES CRUEL;
LA DISCIPLINA ES CORRECTIVA.

Aplicar castigo (de cualquier clase) sin un objetivo claro es cruel. Dos preguntas deben acompañar cualquier medida correctiva: "¿Qué estoy tratando de enseñar?" y "¿Qué aprendió mi hijo o hija?"

EL ABUSO ES INJUSTO;
LA DISCIPLINA ES JUSTA.

Los hijos casi siempre sienten que el castigo es injusto, pero dos factores hacen justo al castigo. Primero, el límite y las consecuencias se explicaron con claridad de antemano, y segundo, al hijo o hija se le advirtió siempre que fue posible.

**EL ABUSO ES EXTREMO (DEMASIADO
LARGO, DEMASIADO SEVERO);
LA DISCIPLINA ES MEDIDA (RAZONABLE).**

Con claridad esto es asunto subjetivo, así que la responsabilidad es
la clave. El acuerdo entre padres ayudará, así como la opinión de
algún amigo de confianza, otro padre o algún profesional.

**EL ABUSO DEJA MARCAS;
LA DISCIPLINA NO HACE DAÑO.**

Los moretones están fuera de límites. Cualquier cosa que deja
cualquier clase de marcas ha ido demasiado lejos. No es necesario
exagerar al aplicar una zurra para que sea efectiva. Tenga cuidado
aquí. Refrene su ira.

**EL ABUSO DAÑA LA VALÍA PROPIA;
LA DISCIPLINA AFIRMA LA VALÍA PROPIA.**

El niño o niña no se sentirá bien de manera especial después de
una zurra; sin embargo, debe sentir que la cuestión ha quedado
resuelta por completo. El abuso hace que el niño o niña se sienta
como si usted fuera su enemigo o que no lo quiere o le molesta
su presencia. Es más, el abuso envía el mensaje de que el niño o
niña es indigno y por consiguiente merece que se le haga daño.
La disciplina le dice al niño o niña: "Esto es necesario porque te
quiero y creo en ti."

Nunca castigue la irresponsabilidad infantil

El Dr. James Dobson hace la distinción entre irresponsabilidad
infantil y desplante voluntario.

Hay un mundo de diferencia entre las dos cosas. Entender la distinción será útil para saber cómo interpretar el significado de una conducta y cómo responder a ella de modo apropiado. Permítame explicarlo. Supongamos que el pequeño David está actuando a tontas y a locas en la sala y se cae contra una mesa, rompiendo varias tazas costosas de porcelana y otros artículos. O supóngase que Ashley pierde su bicicleta o deja la cafetera de mamá bajo la lluvia. Tal vez Brooke, de cuatro años, trata de alcanzar algo del plato de su hermano y tropieza con su codo un vaso de leche, bautizando al nene y haciendo un soberano desastre en el piso. Por frustrante que son estos sucesos, representan actos de irresponsabilidad infantil y tienen escaso significado en el esquema a largo plazo de las cosas. Como todos sabemos, los niños regularmente riegan cosas, pierden cosas, rompen cosas, se olvidan de las cosas y arruinan las cosas. Así es como están hechos los chiquillos. Estas conductas representan el mecanismo por el que los niños están protegidos de los cuidados y cargas de los adultos. Cuando los accidentes suceden, paciencia y tolerancia están en orden del día. Si la necedad fue particularmente pronunciada para la edad y madurez del individuo, mamá o papá tal vez quieran pedirle al pequeño su ayuda para limpiar o que pague por la pérdida. De otra manera, pienso que se debe ignorar el suceso. Viene con el territorio, como dicen.[4]

Nunca, jamás, castigue a un niño por su inmadurez. Ese es el lugar para la instrucción. El hecho de que un niño riegue un vaso de leche en la mesa nunca exige disciplina, nunca justifica una zurra. Es más, mi hermano, mi hermana, y yo, derramamos un vaso de leche en la mesa con tanta frecuencia que mi papá pensaba que ninguna comida estaba completa sin tener leche sobre sus piernas. ¡Así que ocasionalmente él derramaba su vaso sobre nosotros!

Quebrante la voluntad, no el espíritu

Con la enseñanza tratamos la irresponsabilidad; la rebelión la tratamos con castigo. La rebelión no es *incapacidad* de obedecer; es una *renuencia* determinada a obedecer. Es una decisión deliberada de ignorar la voluntad de la autoridad a favor de la propia. El propósito del castigo es volver a establecer la autoridad al doblegar temporalmente la voluntad del hijo o hija; enseñándole a rendirse cuando se equivoca; para que podamos moldear su voluntad. Queremos que los niños tengan voluntades fuertes que les impidan convertirse en mequetrefes o maleables. Sin embargo, sus voluntades deben reconocer los límites legítimos.

Nuestra meta *no* es doblegar el espíritu del niño. Nunca queremos que la luz se apague de los ojos del niño. Un niño sin esperanza no tiene nada de voluntad. Ha abandonado la posibilidad de complacer a mamá y papá, saber cómo lograr éxito o sentirse valorado y querido. Un espíritu quebrantado es el resultado final de un padre exasperando al hijo o hijo en forma constante. Nunca vaya allá.

CÓMO APLICAR LA VARA CON SABIDURÍA

"La necedad está ligada en el corazón del muchacho; Mas la vara de la corrección la alejará de él" (Proverbios 22:15).

"No rehúses corregir al muchacho; Porque si lo castigas con vara, no morirá. Lo castigarás con vara, Y librarás su alma del Seol" (Proverbios 23:13-14).

La vara es una herramienta como cualquier otra. Tiene una aplicación apropiada y requiere destreza. Desdichadamente, aplicar una zurra se ha convertido en tabú en nuestra sociedad, y hasta cierto punto entiendo el por qué. Demasiados padres la usan en forma exagerada o equivocada, e incluso algunos padres bien intencionados. El castigo corporal se debe usar sólo para corregir la rebelión y refrenar la desobediencia directa. Es más, aplicar una zurra no es meramente golpear. Demasiado a menudo veo a una mamá o un papá inclinarse y decir con voz severa: "¡*Te dije* que no hicieras eso . . . (pum)!" El golpe no viene como una lección sino como un signo de puntuación. Es impulsivo, rudo, sin propósito, a menudo brutal, y sólo enseña al niño o niña a temerle al padre o madre. Si su hijo empieza a encogerse cuando usted asume su tono de advertencia, la aplicación de zurras ha dañado las relaciones. La vara es una herramienta que tiene un propósito específico y requiere técnica apropiada.

Cuando empecé a estudiar la vara en las Escrituras, me sonaba terriblemente dura, así que pensé que un rápido vistazo al hebreo aliviaría mi incomodidad. No fue así. La palabra a menudo se traduce "garrote," ¡lo que no ayudó gran cosa! En realidad, una vara puede ser una vara de madera de grosor y largo variados. En la Biblia más a menudo se refiere al bordón del pastor o al cetro real. En este contexto, "vara" señala un instrumento neutral en manos de la autoridad.

Hablando en forma práctica, es algo separado y distinto de su persona. Es un implemento, no su mano; ¡y con toda certeza, no su puño! El uso de un implemento produce una distinción importante en la mente del niño, que asocia el dolor con la vara y menos con usted, el padre o madre. Hay gran valor en eso. Es algo que es razonablemente pequeño y no causará ni siquiera daño temporal. No me inclino por una vara arrancada de un árbol porque puede cortar. Tampoco usaría una cuchara de madera como algunos de mis parientes más viejos recuerdan, porque puede dejar marcas con facilidad.

Cuando nuestros hijos eran pequeños, teníamos una raqueta de pelota de caucho (es una raqueta pequeña de madera, con una pelotita sujeta a una elástico largo). Le quitábamos la pelota y el elástico, y usábamos esa raqueta ligera como implemento. Yo solía ser un confirmado raquetista de mano pero pronto descubrí que los psicólogos tenían razón. Una ocasión apliqué una zurra a una de mis hijas (usando el método que describiré a continuación) y la mandé a la cama. Le di el beso de las buenas noches, apagué la luz, y cerré la puerta. Después de cómo cinco minutos, la oí llorando: "¡Papá: ven!" Corrí a su cuarto para ver qué sucedía. Encendí la luz y la vi señalando la raqueta. "¡Saca esa cosa de aquí!"

Ella me quería a mí, pero no quería nada que ver con la raqueta. Ella asociaba el dolor con el implemento, tal como debía ser.

Ahora bien, los niños tienen una región especialmente hecha para la raqueta. No la parte más baja de las piernas ni la espalda. La parte carnosa en las asentaderas es el blanco. Nunca golpee a un niño en algún otro sitio, por ninguna razón. Una cachetada en la cara es humillante y desmoralizante, y todo lo que logrará es enfurecer al niño; y por buena razón. Así es cómo se produce distancia y se lo deja con un resentimiento hondo que puede durar por años. Es más, nunca discipline en público por las mismas razones.

Estos son los pasos que recomiendo cuando se aplica el castigo corporal:

Explique la ofensa

Cuando usted esté calmado, lleva al niño aparte y en privado explíquele por qué él debe recibir una zurra. Su tono debe ser gentil y amable, expresando genuino dolor por lo que usted *debe* hacer.

Recuérdele cuando usted estableció el límite y cuáles serían las consecuencias.

"¿Recuerdas cuando te dije: 'No te metas a la piscina si yo no estoy cerca'?"

"Sí."

"¿Qué dije que te sucedería?"

"Qué me ganaría una zurra."

"Lo lamento, pero no me dejas otra alternativa. ¿Lo comprendes?"

Fije el tiempo

Siempre que sea posible, la azotaina debe tener lugar de inmediato. Si usted no está en un lugar en donde pueda hacerlo en privado, dígale al niño o niña cuándo tendrá lugar.

"Tan pronto como lleguemos a casa, quiero que vayas directo a tu cuarto. Yo estaré justo detrás de ti."

Aplique la vara

Una azotaina en las nalgas debe doler, y mucho, pero sin causar daño. Aparte de ponerse sonrosadas, no deben quedar marcas; ni líneas ni moretones. Y la zurra debe durar un poco más de lo que el niño o niña espera. Un golpe duro no es suficiente. Recuerde, esto debe ser un suceso raro y memorable en la vida del niño.

Afirme al niño

Cuando haya terminado de aplicar el castigo, deje la raqueta a un lado y siéntese junto al niño. Él se volverá a usted buscando consuelo. Permita que el llanto continúe mientras el niño quiera mientras que usted continúa ofreciéndole consuelo en silencio en forma de abrazos y caricias. A veces él hará su pequeño teatro para hacer que usted se sienta culpable. No reaccione. Simplemente quédese sentado hasta que el llanto del niño empieza a ceder. Entonces dígale cuánto lo quiere. Afirme su valía. "Eres una hija maravillosa. Te quiero mucho." "Me alegro de que seas mi hijo. Por eso no puedo hacerme el ciego a tu desobediencia. Eres el mejor hijo del mundo. Te quiero."

Evite volver a la ofensa. No insista en que el niño pida disculpas. Él o ella ha pagado la pena por el mal que hizo, así que el perdón no es el asunto. Sin embargo, si el niño ofrece una disculpa, acéptela de inmediato y con gracia. Deje todo el "sermoneo" a su pastor.

Cierre el asunto

Afirme su confianza en que el niño lo hará mejor la próxima ocasión, y luego estimule lo que sea que viene luego. Si usted está a punto de empezar a preparar la cena, pregúntele si quisiera ayudarle. Ofrézcale leerle un cuento más tarde. El punto es comunicarle que la relación está segura y que el asunto queda cerrado. Es tiempo de avanzar sin ningún resentimiento que se queda. Déjelo detrás y nunca más vuelva a mencionar el incidente. *Nunca.*

Cuando el niño llega a los once o doce años, es preciso dejar las zurras como instrumento de instrucción. En forma ideal, otras formas de castigo poco a poco las desplazarán, así que usted hallará que no necesita aplicar zurras a esa edad. Además, cuando los niños llegan a la adolescencia, una zurra les parece degradante y ridícula. Usted ganará mucho más tratándolos como adultos.

CUATRO PAUTAS GENERALES PARA LA DISCIPLINA

Permítame concluir este capítulo con cuatro pautas que tener en mente al discipular con fidelidad a su hijo. Estas se aplican a las zurras pero son apropiadas para toda forma de disciplina.

Empiece temprano

"Castiga a tu hijo en tanto que hay esperanza; Mas no se apresure tu alma para destruirlo" (Proverbios 19:18).

Un domingo, después de que prediqué un mensaje sobre la disciplina y la necesidad de empezar temprano, un caballero me dijo: "Tengo tres hijos, y dos de ellos están en la cárcel. Nunca en mi vida oí algo como esto. Gracias por decir las cosas tal como son. Quisiera haberlo sabido. Yo, en lo personal, nunca recibí esta clase de disciplina de mis padres." A él lo habían golpeado, pero nunca disciplinado. Él no supo cómo detener la inclinación de sus hijos al mal cuando eran pequeños. Le insto: empiece temprano.

Manténgase en equilibrio

Asegúrese de balancear la vara con la represión. Es más, póngale a la vara abundante represión verbal como prefacio. No se apresure a echar mano de la raqueta. Esto exige mucho tiempo y paciencia, empezando con el conocimiento del niño en quién usted está procurando hacer una inversión consistente. Si usted busca un atajo en el proceso y aplica la vara con demasiada rapidez, estimulará la rebelión en sus hijos en lugar de alejarla de ellos.

Sea consistente

Establezca con claridad los límites y asegúrese de que sus hijos entienden las reglas. Cerciores de que todas las reglas son consistentes con todos los hermanos y hermanas, dando lugar a las diferencias en edad; y aplique la disciplina con fidelidad. Lo que estuvo mal y mereció una zurra ayer tiene que ser considerado mal hoy y el castigo debe seguir; aunque usted esté cansado, e incluso aunque haya lidiado con la misma desobediencia varias veces ese mismo día.

Manténgase razonable

Esto podría llevar un capítulo por sí solo. Mantenga sus expectaciones en cuanto al niño apropiadas para la edad del niño o niña, y ajuste el castigo en forma apropiada. Como una sabia abuela aconsejaba a su hija sobre la crianza de los hijos: "Trata de no verlo *todo.*" Mantenga la calma. La cólera no sólo que asusta a los niños, sino que también les tapa los oídos. Ellos no pueden oír más allá de sus emociones, así que si quiere que ellos oigan, hable con tranquilidad y actúe con calma.

Nuestra meta última al refrenar la conducta voluntariosa, desafiante, es enseñar a nuestros hijos dominio propio. Todos luchamos con el deseo de hacer lo nuestro y seguir cualquier impulso que complazca al ego. La madurez es, en parte, la capacidad de controlar los propios impulsos de uno. Cuando un niño tiene una medida adecuada de dominio propio, está listo para recibir instrucción, más libertad y mayores privilegios. A menos que se haya alcanzado este primer nivel de madurez, muy poco más que tengamos que enseñar tendrá algún efecto. El dominio propio prepara al niño o niña para recibir el siguiente don que usted tenga para ofrecerle: el don de valía propia.

Cómo cultivar una vida de valía propia

~~~

Por más de veinticinco años he pasado una máxima breve en reuniones de creyentes por todo el país. Son palabras sencillas, poderosas, que muchos que se hallan en medio de alguna transición hallan útiles en particular. Un estudiante de secundaria que sale del hogar paterno para empezar su vida como adulto. El hombre enfocado en su carrera o la mujer que empieza el ministerio del evangelio tarde en la vida. Un hombre o mujer en transición al salir de las fuerzas militares, con su orden y estructura, al mundo civil, que tiene muchas menos regulaciones. Un padre que deja que su último hijo se vaya de casa, y pronto halla que la casa está demasiado quieta.

Pero nadie necesita oír estas palabras más que los padres en el proceso de criar hijos pequeños. El impacto que ellos ejercen en un niño hasta los diez años es profundo. Estas palabras vitales, fundamentales son importantes a cualquier edad pero esenciales para los pequeños. Son:

CONOCE QUIÉN ERES, ACEPTA QUIÉN ERES, SÉ LO QUE ERES.

¿No le parecen demasiado simplistas? ¿Esperaba usted algo más profundo? Antes de responder que sí, responda a esto: ¿Son ellas verdad en usted?

Haga una pausa y piénselo. Si usted puede apropiarse de esa máxima, si puede respaldarla con sus acciones, usted es un individuo raro. Tiendo a concordar con Oscar Wilde en este punto: "La mayoría de personas son otras personas. Sus pensamientos son opiniones de alguna otra persona, sus vidas una mímica, sus pasiones una cita." Muy pocos puede ser ellos mismos en forma genuina por dos razones importantes. Primero, muy pocos en verdad saben quiénes son. Segundo, vivimos en un mundo que es impresionantemente intolerante de la individualidad. El escritor E. E. Cummings describió bien la lucha:

> El ser nadie sino uno mismo en un mundo que está haciendo todo lo que puede, noche y día, para hacerte todos los demás, quiere decir librar la batalla más dura que algún ser humano puede librar; y nunca dejar de luchar.[1]

EL DON DE IDENTIDAD PERSONAL

Me doy cuenta de que esto puede sonarle egoísta a algunos, pero permítame asegurarle que esto no tiene nada que ver con egoísmo. Tiene que ver, sin embargo, todo con identidad. Esto es tener la certeza propia de levantarse por la verdad cuando todos los demás no lograr hallar el valor para hacer lo que *saben* que se debe hacer.

Esto es tener la seguridad suficiente para aceptar con gracia la crítica y oírla como una oportunidad para crecer. Esto es tener la capacidad de establecer y mantener un conjunto de límites personales para que uno pueda disfrutar de intimidad sin reservas. Es tener las agallas para remontarse en lugar de aferrarse a la percha familiar por años sin fin. Estoy describiendo la diferencia entre ser un águila y una cotorra, como escribí hace unos pocos años en mi libro *Come Before Winter* (Ven antes del invierno).

Nos estamos quedando escasos de águilas y estamos desbordando en cotorras.

Contentos con sentarnos seguros en nuestras perchas evangélicas y repetir como ametralladora en falsete nuestras palabras religiosas, muy rápido estamos súper poblándonos con pájaros de brillantes colores que tienen el vientre blando, grandes picos y cabezas pequeñas. Lo que ayudaría a equilibrar las cosas sería un montón de criaturas de ojos agudos, alas grandes, dispuestas a remontarse hacia afuera y hacia arriba, explorando las ilimitables cordilleras del reino de Dios . . . dispuestos a volver con un breve informe de sus hallazgos antes de dejar de nuevo el nido para otra aventura fascinante.

Las personas cotorras son muy diferentes de los pensadores águilas. A las cotorras les gusta quedarse en la misma jaula, picotear en la misma bandejita llena de semillas, y escuchar las mismas palabras vez tras vez hasta que pueden decirlas con facilidad. Les gusta la compañía también. Mucha atención, una rascada aquí, una caricia allá, y se quedan por años en la misma percha. Ni usted ni yo podemos recordar la última vez en que vimos a una de ellas volar. A las cotorras les gusta lo predecible, lo seguro, las caricias que reciben de su sociedad de admiración mutua.

No las águilas. ¡No hay ni un solo espolón predecible en sus alas! Ellas piensan. Les *encanta* pensar. Las impulsa esa energía interna a buscar, a descubrir, a aprender. Y eso quiere decir que son valientes, tozudas, dispuestas a hacer y responder a las preguntas arduas mientras pasan de largo la rutina en vigorosa búsqueda de la verdad. Toda la verdad.[2]

No estoy sugiriendo que todos los niños deben ser pensadores osados a fin de ser saludables y completos. Mi punto es que, como padres, tenemos la oportunidad de ayudar a nuestros vástagos a saber su valor, su valía, lo que les da la confianza para llegar a ser lo que sea que Dios los hizo para que sean. Si no lo aprenden en casa, con facilidad se perderán y confundirán, víctimas de crisis a media vida. Qué raros son los padres que en forma deliberada les dan a sus hijos el don de identidad persona.

Encontré una afirmación magnífica del cellista Pablo Casals:

Cada segundo vivimos en un momento nuevo y único del universo, un momento que nunca más volverá a ser. . . . Y, ¿qué les enseñamos a nuestros hijos? Les enseñamos que dos y dos son cuatro, y que París es la capital de Francia.

¿Cuándo les enseñaremos también lo que ellos son? Debemos decirle a cada uno de ellos: ¿Sabes quién eres? Tú eres una maravilla. Eres único. En todos los años que han pasado, jamás ha habido otro niño o niña como tú. Tus piernas, tus dedos ágiles, la manera en que te mueves.

Tú puedes llegar a ser un Shakespeare, un Miguel Ángel, un Beethoven. Tienes la capacidad de cualquier cosa. Sí; eres una maravilla.[3]

Quiero presentarles el reto a los padres a que recuerden, e incluso repasen estas palabras. Empiece a usarlas con sus hijos. Nunca podemos saber lo importante que ellos pudieran ser cuando algún día se encuentren a sí mismos en un mundo grande, solitario, intimidante. Desdichadamente, la mayoría de niños no oyen afirmación. Sólo oyen críticas; palabras hirientes en un tono de desaprobación. ¿Quién sabe lo que pudiera surgir si enfocamos menos en las reprimendas y críticas y nos concentráramos en lo que hacen bien?

Benjamín West, brillante pintor que vivió como por tiempos de la revolución estadounidense, empezó a explorar su talento como resultado de un notorio incidente que tuvo que ver con su madre.

Un día su madre salió dejándolo para que cuidara de su hermana menor, Rally. En ausencia de su madre, él descubrió algunos frascos de tinta de colores y empezó a pintar el retrato de Rally. En el empeño, hizo un desastre de proporciones en las cosas, con manchas de tinta por todas partes. Su madre regresó. Ella vio el desastre, pero no dijo nada. Levantó la hoja de papel y vio la pintura. "Vaya," dijo, "¡es Sally!" y se agachó para besarlo. Desde entonces Benjamín West solía decir: "El beso de mi madre me hizo pintor."[4]

Sea dolorosamente honesto aquí. Demasiado de nosotros, padres y madres, nos percatamos demasiado del desastre como para ver al artista que emerge. Todo lo que vemos son alfombras arruinadas, ropas manchadas, escritorios atiborrados, dedos pegajosos; una tarea desagradable más que se añade a nuestro día ya ajetreado. Somos tan rápidos para ver la depravación que somos ciegos a la maravilla que Dios ha hecho y puesto a nuestro cuidado.

Ahora bien, tengo que admitir que en todos mis años de asistir a la iglesia, nunca he oído desde un púlpito evangélico y conservador un mensaje sobre el valor de la estima propia. Nosotros somos los que dedicamos nuestro tiempo al pecado y la solución (que no merece menos atención), pero el problema es que ignoramos la dignidad y belleza de la humanidad. El Salmo 139 se maravilla de la creación del Señor de una persona:

> Porque tú formaste mis entrañas;
> Tú me hiciste en el vientre de mi madre.
> Te alabaré; porque formidables, maravillosas son tus obras;
> Estoy maravillado,
> Y mi alma lo sabe muy bien.
> No fue encubierto de ti mi cuerpo,
> Bien que en oculto fui formado,
> Y entretejido en lo más profundo de la tierra.
> Mi embrión vieron tus ojos,
> Y en tu libro estaban escritas todas aquellas cosas
> Que fueron luego formadas,
> Sin faltar una de ellas (Salmo 139:13-16).

Para los que están listos para saltar sobre mí por atreverme a señalar lo bueno en la gente, retrocedan y lean de nuevo el capítulo previo sobre la depravación, la tendencia al mal que todos poseemos. Le recordaría, sin embargo, que la caída no *borró* la imagen divina en el hombre, ni tampoco la doctrina de la depravación *invalida* la valía humana. David escribió el Salmo 139 después de la grotesca tergiversación de la naturaleza de la humanidad en el huerto del Edén, y es muy posible que escribiera eso después de su propio trágico fracaso moral. Con todo, él celebra la belleza de la humanidad; ¿y por qué no? Por nueve meses el Señor, en su genio creativo, moldeó una personita para que sea única en forma absoluta, dándole un conjunto distintivo de destrezas y capacidades singulares e intereses especiales. Dios hizo a esta personita a su imagen, dándole una mente, un corazón, una voluntad y un propósito: conocerle, amarle, obedecerle, y hallar un sentido de realización en el diseño divino soberano.

¿No es eso una maravilla?

Lo que está en juego es mucho más de lo que uno pueda imaginarse. Tenemos apenas unos pocos años con nuestros hijos antes de que vayan a la escuela. Entonces entran a ese implacable patio de recreo en donde el sistema entero descarga sobre ellos el mensaje implicado: "Es mejor que entres en cintura si no quieres que los demás se burlen de ti." Y no se detiene en la escuela primaria. La presión sobre los colegiales de secundaria de hoy nunca ha sido mayor. Una autoridad escribe esto en cuanto a los muchachos en particular:

Ahora, más que nunca los muchachos están experimentando una crisis de confianza que llega muy dentro del alma. Muchos están creciendo creyendo que sus padres no los quieren y que sus compañeros y amigos los aborrecen o no los respetan. Esto resulta en una forma de menosprecio propio que a menudo sirve como preludio de la violencia, abuso de drogas, promiscuidad y suicidio. Ayuda a explicar por qué tanto muchachos como muchachas hacen cosas que de otra manera no tienen sentido, tales como hacerse cortes en la piel, perforarse partes sensibles del cuerpo, tatuarse de pies a cabeza, ingerir drogas peligrosas o identificarse con la muerte, perversión y ritos satánicos. Algunos de ellos, se ha dicho, "lloran con balas."[5]

Es de esperarse, si tenemos éxito como padres para ayudar a nuestros hijos a conocerse y aceptarse a sí mismos, que estarán preparados para hacerle frente a la vida en el mundo de los adultos. Por ejemplo, un carro lleno de compañeros de trabajo, visitando otra ciudad y buscando un escape para el aburrimiento, salen del restaurante y se van a un cabaret de desnudistas. La seguridad dentro del joven le da el valor para decir: "No, gracias. No es así como yo vivo. Ustedes vayan, si quieren. Yo llamaré un taxi y me regreso al hotel." Soporta la pullas y los insultos, pero no cede. Se conoce a sí mismo. Su valía propia no depende de la aprobación de sus amigos.

Una joven se enamora del hombre de sus sueños. Él es guapo, triunfador y respetado. Pero él esconde un mal genio que a la larga aflora como conducta controladora y abusiva. Un día, todo eso le cae encima a ella y le lanza insultos denigrantes. Debido a que ella tiene confianza y un sentido de valía propia y de dignidad, una vez basta. Ella no está buscando desesperadamente aprobación y amor como para aceptar lo que venga. Con fuerza interior y confianza firme, le dice que todo se acabó. Incluso tal vez le dé el número telefónico del lugar donde él puede hallar sanidad y crecimiento.

La cuestión de valía propia también tiene profunda significación para el crecimiento espiritual del hijo o hija. Su relación con Jesucristo y la capacidad de ser un discípulo auténtico depende de ella.

Muchos creyentes . . . se hallan derrotados por del arma más psicológica que Satanás usa contra ellos. Esta arma tiene la eficacia de un proyectil mortal. ¿Cuál es? La baja autoestima. La mayor arma psicológica de Satanás es un hondo sentimiento de inferioridad, ineptitud y baja autoestima. Este sentimiento encadena a muchos creyentes, a pesar de experiencias espirituales maravillosas y de su conocimiento de la Palabra de Dios.

Aunque comprenden su posición como hijos e hijas de Dios, están atados como con nudos, encadenados por un terrible sentimiento de inferioridad, y encadenados por un hondo sentido de indignidad.[6] El don de identidad personal le dará a su hijo o hija la seguridad de ser un adulto saludable y un discípulo genuino.

CÓMO EDIFICARNOS UNOS A OTROS

En Romanos 14 Pablo dedica amplio espacio a tratar de la actitud que debemos tener cuando alguien participa en alguna actividad que consideramos errada o insensata, o, por lo menos, cuestionable. En días bíblicos la carne que se vendía en el mercado público probablemente había sido parte de la adoración en un templo pagano. La carne bien podía haber sido ofrecida a los ídolos, o no. Con todo, Pablo no tenía problema en comerla. En lo que a él tocaba, los ídolos eran irrelevantes porque los dioses que representaban no existían; así que la carne no era diferente de ningún otro alimento. El gran peligro que enfrentaba la iglesia no era carne manchada por el pecado sino la división en las relaciones personales. Por cuestión de la consciencia, algunos no podría comer de esa carne y pensaba menos de los que podían. Los que disfrutaban de la carne daban gracias por la provisión pero miraban con desdén a los que no podía. En los versículos 1-12 Pablo trata del conflicto, resumiendo sus pensamientos en el versículo 10: "Pero tú, ¿por qué juzgas a tu hermano? O tú también, ¿por qué menosprecias a tu hermano? Porque todos compareceremos ante el tribunal de Cristo" (Romanos 14:10).

Primero, permítame aclarar que el asunto que tenemos entre manos no es una cuestión de bien o mal a las claras. En 1 Corintios

5 Pablo castigó a la iglesia por *no* juzgar las acciones de pecado de un joven y les ordenó que lo excluyeran de la comunidad mientras no se arrepintiera. Esto, por otro lado, es cuestión de conciencia. Creyentes consagrados hoy no pueden llegar a un acuerdo sobre la sabiduría de beber vino o ir a ciertas películas, o de permitir que sus hijas se pongan ciertas modas de ropa.

Para Pablo, en ausencia de una enseñanza moral clara y específica en las Escrituras, la gran cuestión llegó a ser la paz entre hermanos y hermanas. La paz que debemos procurar va incorporada en el concepto hebreo de *shalom*. Es una aceptación mutua tipo compañerismo de la comunidad. En Efesios 4:1-3 exhorta a la comunidad:

> Yo pues, preso en el Señor, os ruego que andéis como es digno de la vocación con que fuisteis llamados, con toda humildad y mansedumbre, soportándoos con paciencia los unos a los otros en amor, solícitos en guardar la unidad del Espíritu en el vínculo de la paz.

Pablo les presentó a los romanos, que luchaban con un desacuerdo sincero, de corazón, sobre una cuestión práctica de fe, el reto de considerarse unos a otros como la más alta prioridad; incluso más alta que conseguir que todos concuerden con las convicciones propias de uno. Tome nota de cómo debemos hacer esto: "Así que, sigamos lo que contribuye a la paz y *a la mutua edificación*" (Romanos 14:19, énfasis añadido).

Permítame aplicar este versículo a nuestro propósito parafraseándolo de esta manera. Busquen las cosas que contribuyen para la paz y le edificación de sus hijos antes que a producir división destrozándolos con críticas.

Tal vez a usted sus padres no lo trataron de esa manera. Tal vez su padre fue como el mío. Si yo le hubiera hablando a mi papá sobre la valía propia, pienso que él se habría quedado viéndome como si yo viniera de Marte. Sencillamente él no pensaba en esos términos. La única manera en que él sabía cómo mostrarme cariño era proveer. El suyo era un mundo de trabajo. Si uno tiene más energía, puede hacer más trabajo. Si uno tiene tiempo libre, se consigue otro trabajo. Para él la vida no era mucho más complicada que eso. Una vez que entendí eso, las cosas marcharon mejor. Él era el mejor papá que él sabía como serlo. Pero no es así como yo quiero que mis hijos me recuerden, y esa no es la clase de padres que yo quiero que ellos sean. Mi deseo es lo mismo para usted como lo es para ellos: que usted edifique a sus hijos de modo que se conozcan a sí mismos, como ellos mismos, y nunca dejen de ser ellos mismos.

Por muchos años he llevado conmigo un papelito, ya amarillento por los años, por todo el país a reuniones sobre cómo criar hijos. Contiene un poema de un poeta anónimo y hace una pregunta penetrante.

¿Eres un constructor?

Los vi derribando un edificio,
Un grupo de hombres en una ciudad ajetreada,
Con un poderoso golpe y un vigoroso grito,
Lanzaban el golpe, y una pared cayó.

Le pregunté al capataz: "¿Son diestros estos hombres?
¿La clase que usted contrataría si tuviera que construir?"
Se quedó mirándome, y se rió: "No, ¡en verdad!
Mano de obra sin pericia es todo lo que necesito.

Por qué, pueden derribar en un día o dos,
Lo que a los constructores les llevó años levantar."

Me pregunté a mí mismo, al seguir mi camino,
¿Cuál de estos papeles he tratado de cumplir?
¿Soy un constructor con regla y escuadra,
Midiendo y construyendo con destreza y cuidado?
¿O son un destructor que anda por la ciudad,
Contento con el negocio de derribar?

Lo más probable es que usted está destrozando a sus hijos. El deseo de que ellos sean fuertes, con buenos modales, triunfadores, puede ser fuerte. Tan fuerte que usted tal vez se haya concentrado sólo en arreglar lo que sale mal, por lo general señalándolo. Y si somos brutalmente francos con nosotros mismos, lo que está mal es que ellos no están logrando nuestras expectativas de lo que pensamos que ellos deberían ser. Usted era deportista, así que su hijo debe serlo. Usted sacaba calificaciones sobresalientes, así que su hija también debe sacarlas. Usted tenía una vida social vibrante, así que su hija también debe tenerla. Usted tenía talento musical, así que su hijo también debe tenerlo.

Tal vez usted tiene un hijo que tiene talento natural para el béisbol, lo que le agrada porque a usted le encanta el béisbol. Usted pasa con él varias horas al atardecer jugando con él en el patio. Luego viene otro. Él ni siquiera puede atrapar la pelota, no puede lanzarla, y quiere volver a entrar a la casa para leer o escuchar música. La tentación es favorecer al hijo que se parece más a usted y sujetar a comparaciones al que no lo es. Pero ni el favoritismo ni exhibir a otro hermano o hermana como ejemplo para los otros alterará lo que Dios ordenó para cada hijo.

A algunos niños les encantan los deportes. Otros son geniales para rompecabezas y matemáticas. Algunos son desordenados y con talento artístico. Otros son estructurados y organizadores meticulosos. Algunos son estudiantes dedicados mientras que otros apenas aprueban las materias por un pelo. ¿Por qué? Porque Dios los hizo de esa manera. Pero si no tenemos cuidado, veremos sus intereses y temperamentos ordenados por Dios como defectos que hay que corregir. Incluso podemos ir tan lejos como para hacer de sus diferencias asuntos morales que hay que disciplinar, en lugar de puntos fuertes que hay que cultivar.

¿Cómo anda la paz en su hogar? ¿Es usted un constructor?

SEÑALES DE UNA VALÍA PROPIA QUE LUCHA

Algo de la frustración que usted tal vez esté atravesando con su hijo puede ser resultado de un sentido inseguro de sí mismo o una pobre imagen propia. Una y otra circunstancia puede producir problemas para las relaciones personales y conducir a una conducta muy destructiva, incluso auto destructiva.

Mecanismos de defensa

Las personas con baja estima propia levantan defensas a su alrededor para impedir que se les descubra. No les gusta lo que tienen dentro, así que no se atreven a permitirle a nadie que lo vea. Se vuelven agresivos y dominantes. Sienten la necesidad de hacer de rey de la montaña moral o intelectual. Los matasietes de las escuelas a menudo se vuelven abusivos a sus familias en lo físico, mental y emocional. Algunos lo llevan consigo a sus trabajos. La necesidad de dominar no tiene que ser física o emocional. Puede ser intelectual o espiritual. Incluso el pastor no es inmune y puede dominar a la congregación.

El primer ejemplo bíblico que viene a la mente es el rey Saúl. Era alto y guapo—el cuadro de lo que todos pensarían que un rey debería ser. La gente lo idolatraba hasta que un muchachito de la casa de Isaí, que vivía en el pueblo de Belén, mató a un gigante. Entonces el pueblo cantó: "Saúl hirió a sus miles, Y David a sus diez miles" (1 Samuel 18:7). Saúl hizo los cálculos y su inseguridad se hizo cargo, en grande. Había apostado su valía propia en la conservación de la corona y en recibir la adulación de su pueblo. Cuando David se convirtió en héroe nacional, Saúl se hundió en honda depresión. En la oscuridad de ese estado mental, los demonios afligieron su pensamiento y trató de matar a David, que escapó y huyó al desierto. Por los próximos doce años o algo así, Saúl dedicó considerable esfuerzo y gasto para perseguir a David. ¿Por qué? Principalmente porque Saúl se sentía inseguro. No podía aguantar el triunfo de otro. Pero en lugar de llegar sus inseguridades al Señor, las escondió detrás del poder.

Límites débiles

La gente con pobre imagen propia no establece límites saludables, lo que las lleva a aceptar el abuso. Pueden permitir que personas que no tienen ninguna intención de abusar de ellos lo estiren, los tiren, y les exijan. Pero con una necesidad tan abrumadora de aprobación, la gente que no tiene respeto por sí misma dan por sentado que aceptación quiere decir nunca decir que no. Brennan Manning llama a estas personas, incluyéndose él mismo: "impostores."

Los impostores se preocupan por la aceptación y aprobación. Debido a su asfixiante necesidad de agradar a otros, no pueden decir que no con la misma confianza con que dicen que sí. Así que se extienden demasiado a sí mismos en personas, proyectos y causas, motivados no sólo por compromiso personal sino también por el temor de no vivir a la altura de las expectativas de otros.[7]

Las personas con baja autoestima permiten que el mundo se limpie los pies sobre ellos porque le dan oídos a la voz de su corazón que les dice: *No valgo nada más que esto.*

Sin embargo, las personas con un sentido saludable de valía propia saben sus límites, comunican lo que necesitan, limitan hasta dónde pueden extenderse a sí mismos, rehúsan aceptar el maltrato, y realizan acción apropiada cuando alguien viola sus límites. ¿Le describe esto a usted? Si es así, lo más probable es que usted esté cultivando esas cualidades en las vidas de sus hijos. ¡Lo felicito!

Máscaras

Las personas que no se conocen o no se gustan a sí mismas a menudo llevan máscaras a fin de esconderse. Quieren aparecer:

Fuertes: "¡Me abriré paso a la fuerza por la vida!"

Espirituales: "Aprenderé el vocabulario correcto y repetiré los versículos apropiados."

Duros: "Nada puede afectarme."

Cooperadores: "Sigue a la gente que está en el poder; no levantes olas."

De corazón alegre: "Mantenlos riéndose para que no miren más hondo."

Algunos de los comediantes más cómicos nacieron y se criaron en dolor horrendo: "Jonatán Winters admite que su humor es una defensa contra las heridas de su infancia. Sus padres se divorciaron cuando él tenía siete años, y él solía llorar a solas porque otros niños le decían que él no tenía un padre. Winters reconocer la sabiduría de la observación de Thackeray de que 'El humor es el amante de las lágrimas.'"[8]

Irónicamente, las máscaras sólo prolongan la agonía. Proverbios 14:13 dice: "Aun en la risa tendrá dolor el corazón; Y el término de la alegría es congoja."

SEÑALES DE UNA ESTIMA PROPIA SALUDABLE

No se puede medir el valor de una autoestima saludable. Alguien que se acepta a sí mismo y gusta lo que ve tiene la capacidad de amar a otros sin egoísmo. Alguien que cree que es digna de compasión tiene compasión para dar. Es más, aceptar y gustar de lo que somos honra al Dios que nos creó. Validamos el hecho de que él no comete errores y que somos valiosos tal como somos.

Una imagen propia saludable se muestra en cuatro maneras importantes.

Aceptación de uno mismo

Las personas que tienen una autoestima saludable saben quiénes son. Saben qué talentos poseen, de cuáles actividades disfrutan más, y qué esfuerzos les dan más satisfacción. También se dan cuenta por igual de sus limitaciones, y no piensan menos de sí mismos por tenerlas. Se aceptan tal cuales son.

Seguridad

Las personas que saben quiénes son y se aceptan a sí mismas no se sienten amenazadas por los que tienen más talento o más educación, o más dinero, o más fama, o más cualquier cosa. No sienten ninguna necesidad de justificarse o defenderse ante ningún otro ser humano porque tienen su seguridad en Dios, ante quien ellos responden.

Contentamiento

Los que están seguros en quiénes son tal como Dios los hizo se sienten contentos con la vida que llevan. No sienten presión para desempeñar por causa de otros o para mantener una imagen que otros tal vez esperen. Se enorgullecen apropiadamente en alguna tarea hecha "como para el Señor." Están en paz con el lugar que Dios les ha asignado y con las cosas que él ha provisto.

Consciencia de sí mismos

Las personas que se aceptan a sí mismas, que se sienten seguras y contentas, se hallan en buen contacto con sus propios sentimientos. Se apropian de sus propias emociones y no sienten ninguna necesidad de proyectarlas a otros o echarle a nadie la culpa de su enojo, temor o tristeza. Experimentan la plena gama de emociones humanas, sin negar ninguna y sintiéndolas todas.

~

¿Suena hermoso? ¿No es eso lo que queremos para nuestros hijos? Permítame preguntarle, si usted pudiera darles eso a sus hijos, ¿se preocuparía mucho por lo que hacen para ganarse la vida? ¿No es eso la medida real de éxito para criar hijos?

CÓMO CULTIVAR LA VALÍA PROPIA DE UN NIÑO

Quiero subrayar tres sugerencias prácticas sobre cómo usted puede edificar a su hijo o hija y ayudarle a cultivar una valía propia robusta y durable. Las hallo en Proverbios 4:20-27, las palabras de un padre a su hijo.

Sea auténtico

Conviértase en un modelo de autenticidad.

Hijo mío, está atento a mis palabras;
Inclina tu oído a mis razones.
No se aparten de tus ojos;
Guárdalas en medio de tu corazón;
Porque son vida a los que las hallan,
Y medicina a todo su cuerpo
(Proverbios 4:22-22).

El padre le suplica a su hijo que escuche su consejo y lo aplique. Pero para que sus palabras surtan impacto, la vida del padre debe ser transparente lo suficiente como para que el hijo la vea y auténtica lo suficiente como para merecer respeto. De otra manera, nuestros hijos ven nuestro andar espiritual tal como es: un cliché. Tim Kimmel describe el concepto de esta manera:

Un cliché es una expresión o idea trivial que se vuelve insulsa debido al uso exagerado. Un cliché también se aplica a palabras o acciones que pierden su impacto o efecto como resultado de no tener conexión sustantiva al contexto más grande o más serio en que aparecen. Permítame darle un ejemplo de clichés estándar. Dos amigos se encuentran en la calle, e intercambian saludos que van más o menos así:

—Hola, Juan. ¿Cómo estás?
—Muy bien, Miguel. Y tú, ¿cómo estás?
—Bien.

¿Qué acaban de decirse estos dos hombres uno al otro? ¡Nada!⁹

Para que nuestras palabras tengan sustancia, deben tener vida; experiencia auténtica, real, sin barniz, defectuosa. Cuando lo echamos a perder, decimos: "Lo eché a perder." Cuando nos equivocamos, decimos: "Me equivoqué." Cuando ofendemos a nuestros hijos, necesitamos apropiarnos del daño que hemos causado y en forma deliberada buscar su perdón. Cuando estamos luchando con la vida, no necesitamos esconderlo todo. Nuestros hijos necesitan ver que luchamos con problemas, que ponemos nuestras preocupaciones ante Dios en oración, que aprendemos las lecciones que él tiene para enseñarnos, y que las superamos en el poder de Dios; todo delante de los ojos de ellos. Que ellos vean su vida espiritual tal como es, con verrugas y todo. Los hijos necesitan saber que los padres no tienen toda la vida resuelta por completo.

Padres farsantes crían hijos farsantes. Así que su primera tarea puede ser practicar lo que espera que sus hijos aprendan; que sepan quién es usted, que acepten quién es usted, sean quién es usted; auténtico hasta la médula.

Enseñe autenticidad

Sobre toda cosa guardada, guarda tu corazón;
Porque de él mana la vida.
Aparta de ti la perversidad de la boca,
Y aleja de ti la iniquidad de los labios.
Tus ojos miren lo recto,
Y diríjanse tus párpados hacia lo que tienes delante
(Proverbios 4:23-25).

Note la progresión: corazón, habla, dirección. Todo empieza en el corazón. El hebreo para la primera frase dice, en forma literal: "Más que toda guarda, preserva tu corazón." Esta es una manera hebrea de recalcar en especial un punto. "Primero, en primer lugar, y por sobre todo," dice, "¡guarda tu corazón!"

El corazón, para los antiguos, era la sede del intelecto, la emoción y la voluntad. Era la esencia medular de la persona e incluye mucho más que meramente pensar. Demasiado a menudo nuestras emociones y nuestras acciones están muy seriamente fuera del paso de nuestra manera de pensar, de lo que sabemos que es correcto. El padre de Proverbios 4 dirige a su hijo a examinar su corazón y protegerlo de contaminación. Si hacemos eso, entonces nuestra habla y nuestra dirección tendrán una mucha mejor posibilidad de estar donde debe estar.

Estimule a sus hijos a ser reales. Enseñe autenticidad asignando el más alto valor al corazón: más que decir las cosas debidas o incluso hacer las cosas debidas. Muchos hijos aprenden cómo hacer eso en la Escuela Dominical y escuelas evangélicas, y luego se salen de control una vez que dejan el hogar. Anímeles a ser reales. No les enseñe a proteger sus reputaciones o la suya evadiendo lo que todo mundo reprobaría o haciendo lo que ganaría aprobación.

Hace muchos años mi buen amigo Ron Demolar operaba un campamento llamado Ponderosa en el Monte Hermón en California, en donde recibía a adolescentes de iglesias de todas partes. Ahora bien, Ron es auténtico hasta los huesos; absolutamente no puede aguantar el cristianismo de cliché y tiene un muy travieso sentido del humor. Una vez me contó de un año en particular y cómo decidió fijar el tono para el resto de la semana.

Dijo: "Un buen grupo de muchachos y muchachas llegaron y estaban muy atareados impresionándose unos a otros con su espiritualidad, que yo pensé que debía romper el hielo con algunas preguntas sencillas." Él empezó con: "Oigan, muchachos. ¿Qué es gris, corre muy rápido, tiene una cola con mucho pelo, trepa árboles, y esconde nueces para el invierno?"

El lugar se quedó más quieto que un cuarto lleno de monjas. Los chicos se quedaron sentados con la mirada en el vacío. Así que les pregunté de nuevo: "Vamos . . . ¿qué es gris, corre muy rápido, tiene una gran cola con mucho pelo, trepa árboles, y esconde nueces para el invierno?"

Finalmente, una niña pequeña vacilando levantó la mano.

"Sí, adelante," le dije.

La niña vaciló, y luego dijo: "Quisiera decir que es una ardilla, pero mejor digo que es Jesucristo."

Ese es el problema con lo que yo llamo "religión de invernadero." No aprendemos cómo crecer y dar fruto; simplemente aprendemos el vocabulario preciso, y la conducta precisa, y el lenguaje corporal correcto. Empezamos a sonar como todos los demás en el invernadero, y dejamos de ver las cosas tal como realmente son, y, lo peor de todo, nos convertimos en *irreales*. Antes de que uno se dé cuenta, las palabras no tienen significado, y somos un grupo de impostores jugando a la iglesia. Eso no engaña al mundo, y—créame en esto— ¡tampoco engaña a nuestros hijos!

No sólo que debemos evitar ser irreales, sino que debemos enseñar autenticidad siendo reales y practicando lo que predicamos. Tim Kimmel propone esta solución al problema del cristianismo de cliché y al efecto horroroso que ejerce sobre los corazones de nuestros hijos.

Cuando los hijos ven a los padres que no están dormidos en sus laureles ni dejándose llevar por la corriente de su conocimiento, sino que activamente viven una vida dedicada a determinar una diferencia eterna todos los días, se inclinan mucho más a una relación apasionada con Cristo ellos mismos. Convertirá todo lo que hemos aprendido de lo académico a la acción del conocimiento a la sabiduría, y de las lecciones al amor. Necesitamos mostrarles cómo servir y animarles a cultivar relaciones con personas que necesitan un rayo de luz o una pizca de sal. Necesitamos ayudarles a buscar sus pasiones espirituales. Necesitamos ayudarles a ver que a Cristo hay que buscarlo personalmente, y no sólo académicamente.[10]

Recompense la obediencia

Tus ojos miren lo recto,
Y diríjanse tus párpados hacia lo que tienes delante.
Examina la senda de tus pies,
Y todos tus caminos sean rectos.
No te desvíes a la derecha ni a la izquierda;
Aparta tu pie del mal
(Proverbios 4:25-27).

Este conjunto de instrucciones habla de dirección, lo que a menudo llamamos andar como es debido. Es cuestión de progresar hacia decisiones sabias y evitar el dolor y tristeza que resultan de decisiones necias. Debemos enseñar a nuestros hijos el valor de andar derecho hacia adelante con Dios. Hacemos esto al trabajar con ellos para fijar una meta, mostrándoles cómo trabajar hacia esa meta usando medios que honran a Dios, y viéndoles cosechar la recompensa de la obediencia.

También puede hacer esto al ser el más ruidoso porrista de sus hijos. Aplauda su independencia, elogie su iniciativa, y cólmelos de admiración cuando escogen levantarse solos contra la presión de iguales. Y cuando fallan, cuénteles de una ocasión cuando usted falló, cómo sufrió, aprendió y creció.

EL PLATO ROJO

Hace años Cynthia y yo aprendimos una antigua tradición estadounidense que provee una manera tangible de afirmar el valor de nuestros hijos. Se llama "el plato rojo." (Se lo puede comprar en línea en algunos almacenes de regalo). Cuando se quiere honrar a alguien por un día especial, un logro significativo, o simplemente alentarlo, ponga la mesa como normalmente lo haría, sólo que ponga el plato rojo en el sitio de la persona de honor.

No hace mucho llevamos a una de nuestras hijas, todas ya adultas, a cenar en su restaurante favorito porque queríamos darle algo especial para que lo disfrute. Ella no sospechó nada sino cuando la mesera trajo su comida en un plato rojo. Su reacción no fue rara. Sus ojos de inmediato se llenaron de lágrimas. El pleno impacto de esta tradición familiar le decía lo que queríamos que ella oiga sin tener que decir una sola palabra: "Tú eres muy especial."

Ella es, y nuestra salida juntos fue un gran recordatorio de lo valioso que ella es para nosotros dos . . . y para Dios.

Luchas secretas . . . Problemas de familia

━━━━━━━━━━━━━━ ⇌ ━━━━━━━━━━━━━━

La familia disfuncional no es un descubrimiento reciente. Cuando examinamos el registro bíblico podemos trazarla hasta el mismo comienzo de la existencia humana. Adán y Eva tuvieron dos hijos: Caín y Abel. Caín cultivó una mezquina envidia por la buena posición de su hermano delante de Dios, lo que brotó en resentimiento y floreció en odio. A pesar de la advertencia del Señor: "el pecado está a la puerta" (Génesis 4:7), la raíz de odio a la larga condujo al fruto del asesinato.

Isaac, hijo del gran Abraham, tuvo gemelos con su esposa Rebeca: Esaú y Jacob lucharon en el vientre de su madre, lucharon por el favor de los padres como hijos, pelearon por la fortuna de la familia cuando jóvenes, y engendraron dos naciones que se atacarían una a otra hasta el tiempo de Cristo y más allá. Herodes el grande, descendiente de Saúl, se declaró a sí mismo "rey de los judíos," y, para salvaguardar su reclamo ilegítimo al trono, trató de matar al niño Jesús, descendiente de Jacob. ¡Ésta fue una pelea familiar de proporciones épicas!

Jacob tuvo doce hijos, incluyendo su favorito, José. Los hermanos mayores del joven lo aborrecieron tanto que tramaron su asesinato con la intención genuina de realizarlo. Sólo la conciencia a regañadientes de uno de ellos lo libró. En vez de matar a su hermano, lo desnudaron y lo echaron en un pozo seco hasta que un conveniente tráfico de esclavos les quitó el problema de las manos por una sustanciosa ganancia. Para cubrir su crimen, los hermanos mancharon el vestido de muchos colores de José con sangre de cabra y convencieron a su padre de que lo había devorado alguna bestia salvaje.

Los niveles y variedades de depravación en la familia pueden aturdir la imaginación. Conforme la población crece, el pecado crece y se extiende cada vez más. Ahora, en el siglo veintiuno, los esposos sin ninguna misericordia y a veces en forma fatal golpean a sus esposas. Las esposas dominan y engañan a sus esposos, y repetidamente les son infieles. Padres criminales y madres asesinas llenan los titulares tan a menudo y tan rápido que nos olvidamos de sus nombres y cambiamos la tristeza por el descreimiento. La investigación de James Paterson y Peter Kim en su aleccionador libro *The Day America Told the Truth* (El día en que Estados Unidos de América dijeron la verdad) reveló que el lugar más peligroso del mundo para los niños estadounidenses ¡es su propio hogar! Los hijos, atrapados en la mortal resaca de esta disfunción aturdidora, tienen escasa esperanza de saber lo que se supone que es normal y, sin que sea sorpresa, repiten el horroroso ciclo en sus propias familias.

Tal vez lo que acabo de describir es su pasado. Tal vez sea su presente. Siga leyendo. Hay ayuda para usted. Si las dificultades interpersonales de su familia no se acercan al nivel de abuso o disfunción, le insto también a que siga leyendo. Los principios que recogemos de las Escrituras se aplican para usted también.

DOS VERDADES ETERNAS

Al empezar a examinar este relato bíblico de abuso físico y sexual, permítame asegurarle que mi propósito no es aturdirlo o escribir algo deliberadamente sensacional. Mi motivación es enseñar las Escrituras, que nunca glorifican a sus héroes. Desdichadamente, incluido en la historia de una de las más asombrosas dinastías del mundo hay un relato de un escándalo espantoso que, trágicamente, ocurre en las familias de hoy. Nuestro estudio de 2 Samuel 13 de inmediato validará dos verdades eternas que instintivamente sabemos que funcionan en el mundo.

Primero, *los peores actos del mal se pueden hallar en el hogar más respetado.* No hay cosa tal como una familia perfecta. No existe. Todas las familias: famosas o tristemente famosas, afluentes o necesitadas, negras, asiáticas, caucásicas, del medio oriente, de razas mixtas, que asisten a la iglesia, irreligiosas, o paganas, todas luchan con el egoísmo y el conflicto interpersonal. Eso se debe a que el ciento por ciento de todas las familias están compuestas por personas cuyas naturalezas han quedado corrompidas por entero por el pecado desde el momento de la concepción. Algunas familias, incluso aquellas de las que nunca sospecharíamos: líderes mundiales poderosos, pastores, intelectualmente talentosos, líderes corporativos respetados, albergan los secretos más vergonzosos.

Jorge Washington dijo en 1786: "Hay que lamentar . . . que los grandes personajes rara vez están sin mancha." Tomás Jefferson añadió unos años más tarde: "Ninguno de nosotros, no, ninguno, es perfecto, y si no fuéramos a amar a alguien que tuviera imperfecciones, este mundo sería un desierto de nuestro amor." Teodoro Roosevelt ofreció estas palabras estimulantes en 1916: "No es haber estado en la casa oscura, sino haberla dejado, lo que cuenta." Mi esperanza es que hoy usted hallará el valor para dejar la casa oscura, que por largo tiempo lo ha tenido cautivo.

Segundo, *el mal no resuelto conduce a consecuencias que se inconan y causan más complicaciones.* Todo mal no resuelto se incona, y causa asuntos psicológicos debilitantes tales como el temor, pesadillas, pánico, paranoia, depresión, ira, e incluso enfermedades físicas. Conforme más se extiende, complica las relaciones dentro de la familia, distorsiona la capacidad de uno para tener intimidad apropiada o tuerce el espíritu al punto de la cólera y actos de violencia. Y, peor que todo, el pecado se puede perpetuar conforme el alma herida se vuelve villana para otra generación de víctimas inocentes.

Mi esperanza sincera es que usted que está atrapado en la trampa del abuso físico o sexual—bien sea como víctima o como el perpetrador—no espere hasta terminar este capítulo para buscar ayuda. Los pecados—especialmente pecados como el abuso— nunca se resuelven solos. Sólo se inconan y causan complicaciones futuras.

Si, por otro lado, su hogar al presente está libre de disfunción, no se apresure demasiado para descontar la posibilidad. El abuso y otras formas extremas de problemas familiares no siempre son resultados de disfunción anterior en los hogares de los padres. No escribo esto para alarmarlo, sino sólo para animarlo a tomar en serio la posibilidad de modo que usted responda pronto y apropiadamente al mal cuando aparece.

EL DRAMA VERGONZOSO

Segundo de Samuel 13 expone un escándalo real que incluye a David, el más famoso rey de Israel, y varios otros de su familia que usted tal vez no conozca. Antes de poner el escenario y presentarle a los protagonistas, permítame asegurarle que mi propósito no es ser severo o juzgar muy rigurosamente a David. El espacio no me permite explicar la profunda admiración y respeto que tengo por su ejemplo de liderazgo, fuerza personal, integridad, y devoción incuestionable al Señor. Todos deberíamos aspirar a ser un hombre o mujer de Dios como David lo fue. Con todo, debemos tener en mente las palabras de Jorge Washington: ". . . los grandes personajes rara vez están sin mancha." El carácter de David, como el suyo y el mío, tiene algunas manchas significativas. El Espíritu Santo inspiró al autor humano a incluir estos detalles nada alentadores para nuestro beneficio, de modo que podamos observar en donde David falló en su papel como padre y evitar el corazón partido que erosionó las relaciones de su familia y a la larga fracturó a la nación. Honramos mejor a los héroes al levantarnos por sobre sus fracasos.

David

En 1 Samuel 13:14 el Señor describió a David como un hombre conforme a su corazón. Era un guerrero valiente, poeta prolífico, rey generoso, líder magnético, asombroso administrador, y siervo sensible de Dios . . . y polígamo. En el mundo antiguo, tener una colección de esposas no sólo era símbolo de poder, sino que se esperaba de un rey. Pero Dios estableció una norma más alta para los reyes de Israel, prohibiéndoles que tengan un harén. Desdichadamente, David escogió ignorar lo que debía haberle parecido una restricción insignificante, y dar rienda suelta a su apetito sexual. Esta decisión tendría no pequeño efecto en su familia y, como resultado, en el reino entero. Alexander White escribió:

> Poligamia es simplemente griego para montón de estiércol. David pisoteó la primera y mejor ley de la naturaleza en su palacio de Jerusalén, y por su problema pasó todos sus días posteriores en un infierno en la tierra. El palacio de David era un perfecto pandemonio de suspicacia, intriga, celos y odio: todo estallando, hoy en incesto y hoy en asesinato.[1]

La Biblia nos da los nombres de ocho esposas además de un número desconocido de otras esposas y concubinas, todas las cuales tuvieron hijos con David (vea la tabla en la página siguiente). Para el tiempo de este escándalo, él se había recuperado de su caída moral con Betsabé, lo que incluyó el asesinato del esposo de ella, el por largo de tiempo amigo de David, Urías. David se había arrepentido, el Señor le había perdonado, y el gran rey era de nuevo el campeón de Israel contra sus enemigos. Sin embargo, la fortaleza moral de David había perdido su vieja pasión. La vergüenza por su propio pecado al parecer le había hecho tentativo al perseguir el pecado de otros, importante función como rey de Israel.

El escándalo anterior cobró su precio de otras maneras. Hasta su pecado con Betsabé, David nunca había experimentado derrota en el campo de batalla. Sus éxitos fueron fenomenales. Algunos estudiosos calculan que amplió el territorio de Israel de unos quince mil kilómetros cuadrados a unos ciento cincuenta mil kilómetros cuadrados. El Señor perdonó el pecado de David y restauró su relación íntima; sin embargo, en su inescrutable soberanía, permitiría que las consecuencias de las decisiones del rey se desenvuelvan. En 2 Samuel 12:10-11, el Señor declaró: "Por lo cual ahora no se apartará jamás de tu casa la espada, por cuanto me menospreciaste, y tomaste la mujer de Urías heteo para que fuese tu mujer. . . . He aquí yo haré levantar el mal sobre ti de tu misma casa."

Los eventos de 2 Samuel 13 siguen pisándoles los talones a esta declaración.

FAMILIA DE DAVID

1 Samuel 18:27; 1 Samuel 25:42-43;
2 Samuel 3:3-5; 1 Crónicas 3:1-9; 14:3-4

David
|
se casa con

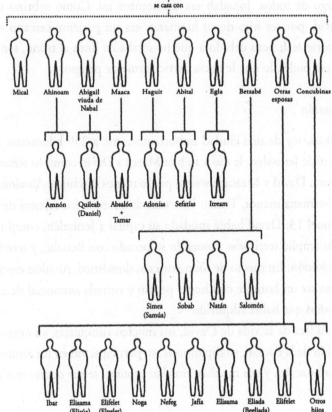

Amnón

Mientras andaba huyendo de Saúl, David se caso con Ahinoam, con la cual tuvo su primer hijo, Amnón. El muchacho pasó sus primeros años en Hebrón, en donde David tenía sólo dos esposas. Conforme el poder del rey creció, también su harén. Los primeros recuerdos de Amnón incluyeron ver a su padre coleccionar mujeres para saciar su apetito sexual.

Jonadab

Dondequiera que hay conflicto, se halla a una sabandija política poniendo a uno contra otro. Sin embargo, de alguna manera, es amigo de todos. Jonadab era un hombre así. Como sobrino de David, por ser hijo de su hermano, era un pariente cercano en la corte real; pero debido a que no estaba en línea al trono, tenía escaso poder, lo que le hacía particularmente peligroso.

Absalón

Talmai, rey de una ciudad importante como a 250 kilómetros al norte de Jerusalén, le dio a su hija Maaca a David como su tercera esposa. David y Maaca tuvieron por lo menos dos hijos: Absalón y su hermana menor, Tamar. Para cuando suceden los eventos de 2 Samuel 13, David había mudado su capital a Jerusalén, conquistado amplio territorio, cometido su pecado con Betsabé, y tenido a Salomón. En medio de todo este caos doméstico, Absalón creció hasta ser un hombre con hogar propio y entrada sustancial de los rebaños que había adquirido.

Al leer de la vida de David, sus muchas conquistas, su organización de la nación, su diplomacia, su participación en los asuntos de adoración, y sus muchas, muchas esposas, se me ocurre que él tenía tiempo suficiente para concebir hijos pero muy poco tiempo le quedaba para criarlos. Amnón y Absalón efectivamente no tuvieron padre.

Tamar

La madre de Absalón le dio a David una hermosa hija. Su belleza era la charla del palacio. Sabemos por el relato que Tamar era soltera y, por consiguiente, virgen, con toda probabilidad viviendo al cuidado de la casa de su padre. Ella, también, creció viendo el valor relativo de las mujeres y soportó la atmósfera desordenada de la casa real. Alexander Whyte describió el medio ambiente de Amnón, Absalón y Tamar de esta manera: "Un pequeño círculo de parásitos celosos y tramposos, todos odiándose y detestándose uno al otro, reuniéndose alrededor de una de las esposas de David."[2] Su influencia se extendió a los hijos.

EL COMPLOT VIL

El relato empieza con una frase inocua: "Aconteció después de esto." Segundo de Samuel 13 ocurre después de que los primeros hijos de David había llegado a ser adultos, después de su caída con Betsabé, y subsiguiente restauración, y de seguido a una victoria promisoria sobre el perpetuo enemigo de Israel, los amonitas. Tómese nota de cómo el autor humano refleja el orden de los eventos:

- El Señor dijo: "yo haré levantar el mal sobre ti de tu misma casa."
- David se recupera de la aflicción.
- Nace Salomón.

- David conquista a un obstinado enemigo.
- David vuelve del campo de batalla como rey conquistador.

La buena fortuna y circunstancias agradables parecerían sugerir que los problemas familiares de David en su mayoría se habían acabado. Sin embargo, el estilo de vida de exceso sexual, cultivado en un período de treinta años ante los ojos de sus hijos, pone en moción una cadena extraña de eventos. La Nueva Versión Internacional traduce este pasaje de la siguiente manera:

> Pasado algún tiempo, sucedió lo siguiente. Absalón hijo de David tenía una hermana muy bella, que se llamaba Tamar; y Amnón, otro hijo de David, se enamoró de ella. Pero como Tamar era virgen, Amnón se enfermó de angustia al pensar que le sería muy difícil llevar a cabo sus intenciones con su hermana (2 Samuel 13:1-2).

Amnón deseaba a su media hermana (el mismo padre, madre diferente), y la quería para sólo una cosa: relaciones sexuales. Es más, casi enloqueció dado a las fantasías por el cuerpo de ella. De ordinario, él podría haber saciado su lujuria como su padre lo había hecho; casándose con ella y haciendo de las suyas hasta que se aburriera. Pero ella era su media hermana, así que el matrimonio estaba fuera del cuadro en ese hogar judío. Ah, pero la lujuria siempre halla una manera. El primo de Amnón, Jonadab, tenía una solución: violarla.

> Y Jonadab le dijo: Acuéstate en tu cama, y finge que estás enfermo; y cuando tu padre viniere a visitarte, dile: Te ruego que venga mi

hermana Tamar, para que me dé de comer, y prepare delante de mí alguna vianda, para que al verla yo la coma de su mano. Se acostó, pues, Amnón, y fingió que estaba enfermo; y vino el rey a visitarle. Y dijo Amnón al rey: Yo te ruego que venga mi hermana Tamar, y haga delante de mí dos hojuelas, para que coma yo de su mano.

Y David envió a Tamar a su casa, diciendo: Ve ahora a casa de Amnón tu hermano, y hazle de comer (2 Samuel 13:5-7).

Tamar era inocente. Ella meramente obedeció la orden de su padre, desconociendo por completo el complot. Más tarde los detalles revelan que ella era en verdad, muy virtuosa.

Y fue Tamar a casa de su hermano Amnón, el cual estaba acostado; y tomó harina, y amasó, e hizo hojuelas delante de él y las coció. Tomó luego la sartén, y las sacó delante de él; mas él no quiso comer. Y dijo Amnón: Echad fuera de aquí a todos. Y todos salieron de allí. Entonces Amnón dijo a Tamar: Trae la comida a la alcoba, para que yo coma de tu mano. Y tomando Tamar las hojuelas que había preparado, las llevó a su hermano Amnón a la alcoba. Y cuando ella se las puso delante para que comiese, asió de ella, y le dijo: Ven, hermana mía, acuéstate conmigo (2 Samuel 13:8-11).

Tal vez esto da mucho énfasis a los detalles, pero no puedo dejar de notar que el hecho de que Amnón agarró a su hermana empezó con una invitación. ¿Pudiera haber sido que su mente estaba tan torcida por la lujuria y por una ausencia total de moralidad que en realidad pensó que ella podría aceptar sus avances?

Tome nota del completo contraste del carácter de Tamar al de su hermano. Me impresiona la respuesta de ella, sabia, razonada, e incluso gentil. Estas son las palabras de una mujer sinceramente interesada en proteger la inocencia de su hermano tanto como la propia.

Ella entonces le respondió: No, hermano mío, no me hagas violencia; porque no se debe hacer así en Israel. No hagas tal vileza. Porque ¿adónde iría yo con mi deshonra? Y aun tú serías estimado como uno de los perversos en Israel. Te ruego pues, ahora, que hables al rey, que él no me negará a ti. Mas él no la quiso oír, sino que pudiendo más que ella, la forzó, y se acostó con ella (2 Samuel 13:12-14).

Su último ruego: "Te ruego pues, ahora, que hables al rey," yo hallo de manera especial que parte de corazón. Algunos han sugerido que bien sea las leyes que prohibían este matrimonio no se siguieron o que Tamar ignoraba la ley. Pero oigo sobre todo las palabras desesperadas de una joven asustada hasta el pánico tratando de evitar que la violen, y luego luchando para preservar su virginidad, cualidad que tenía asombrosa significación en su tiempo y su cultura.

Con todo, Amnón brutalmente violó a su media hermana, y su reacción llega a ser el primero de varios aturdidores contrastes.

Luego la aborreció Amnón con tan gran aborrecimiento, que el odio con que la aborreció fue mayor que el amor con que la había amado. Y le dijo Amnón: Levántate, y vete (2 Samuel 13:15).

Tácito, el historiador antiguo, escribió: "Es, en verdad, naturaleza humana aborrecer al que uno ha lastimado."[3] En mis años como pastor he descubierto que la culpa intensa produce bien sea genuino arrepentimiento u hostilidad alarmante, y rara vez algo entre uno y otra. A pesar de los ruegos de ella, Amnón no desperdició tiempo para echar a Tamar a la calle después de haberla usado como objeto para relaciones sexuales. Para él, la hermosa e inocente Tamar no era una persona, sino una cosa que usar y luego desechar.

Sino que llamando a su criado que le servía, le dijo: Échame a ésta fuera de aquí, y cierra tras ella la puerta. Y llevaba ella un vestido de diversos colores, traje que vestían las hijas vírgenes de los reyes. Su criado, pues, la echó fuera, y cerró la puerta tras ella.

Entonces Tamar tomó ceniza y la esparció sobre su cabeza, y rasgó la ropa de colores de que estaba vestida, y puesta su mano sobre su cabeza, se fue gritando.

Y le dijo su hermano Absalón: ¿Ha estado contigo tu hermano Amnón? Pues calla ahora, hermana mía; tu hermano es; no se angustie tu corazón por esto. Y se quedó Tamar desconsolada en casa de Absalón su hermano (2 Samuel 13:17-20).

En la cultura hebrea antigua, la gente en aflicción se echaba ceniza sobre la cabeza y rasgaba sus vestidos. Era una señal de profunda angustia por una pérdida personal. Cuando Job experimentó la muerte de sus hijos y la pérdida de todo, incluyendo su salud, rasgó su túnica y se puso ceniza sobre la cabeza (Job 1:20). Tamar había perdido algo muy precioso para ella.

Tómese nota de la respuesta de Absalón a la aflicción de Tamar. Al ver el vestido rasgado de su hermana y su cabeza con ceniza, su mente de inmediato fue a Amnón. Probablemente sabía de la petición de David y había visto, sin duda, la lujuria en la cara de Amnón (los hombres rara vez dejan de notar esto), y ató cabos. Tanto como Absalón amaba a su hermana—tanto que más adelante le puso a una hija el nombre de ella—probablemente contuvo su cólera sólo por cuestión de la justicia que estaba seguro que su padre ejecutaría.

Algunos han sugerido que las palabras de Absalón a Tamar fueron encallecidas o que él minimizó la angustia de ella. Se admite, que en español y sin el beneficio de una perspectiva antigua, sus palabras pueden parecer ligeras. Sin embargo, sus acciones posteriores revelan que lo que le sucedió a ella era mortalmente serio para él. En el contexto de este relato, es mucho más probable que sus palabras tenían el propósito de calmar a su hermana, que comprensiblemente estaba histérica. Sus palabras reflejan su confianza en el sistema patriarcal de justicia que gobernaba a la sociedad hebrea.

"Pues calla ahora, hermana mía"; o sea: Cálmate; todo será resuelto a su debido tiempo.

"Tu hermano es"; o sea: Debido a que este asunto no se complica por la política de tratar con familia de otro patriarca, la justicia será rápida y segura.

"No se angustie tu corazón por esto" (literalmente: "No pongas tu corazón en este asunto"); o sea: No pienses que tu vida se ha acabado; la justicia caerá y te vindicará.

En esos días, la familia dispensaba justicia cuando uno de los suyos cometía un crimen. Si una persona cometía una ofensa contra alguien fuera de la familia, se esperaba que el patriarca le exija cuentas. Si el patriarca rehusaba hacer esto, la familia ofendida apelaba el asunto al rey, que implacablemente impondría la ley. En este caso, el patriarca de tanto Tamar como Amnón era también el rey. Absalón tenía toda razón para esperar que David ejecutara justicia rápidamente.

EL COMPLOT ASESINO

Como hijo, Absalón esperaba que su papá quisiera a Tamar lo suficiente como para intervenir. Los hijos necesitan padres que los protejan, que enfrenten con ellos las verdades difíciles, y que hagan lo que es correcto, incluso a gran costo personal. Necesitan un héroe. Necesitan alguien que crea en ellos cuando revelan abuso a manos de otro pariente o amigo cercano de la familia. Desesperadamente esperan que alguien les oiga y se vuelva su defensor: un protector, un abogado, un guardián. En este caso, dos miembros de la familia conspiraron para violar a otro. Esta fue una ocasión de salir en defensa del inocente, del desvalido, y no proteger la reputación de la familia o los intereses de los perpetradores favorecidos.

Mientras Absalón esperaba justicia, Tamar se refugió en la familia de él . . . no en el palacio.

"Y luego que el rey David oyó todo esto, se enojó mucho" (2 Samuel 13:21).

Eso es todo. Fin de la discusión. Cambio y fuera. Siga leyendo, y quedará desilusionado, incluso aturdido, al hallar que David no dice ni hace nada más respecto a la violación de su hija por parte de su hijo . . . apenas un fogonazo de cólera. Dado su propio pasado reciente: adulterio con Betsabé, asesinato de su amigo Urías, humillación pública, reputación arruinada, podemos apreciar lo tentativo que pudiera haber sido para juzgar los pecados de otro. Es más, la Septuaginta, la traducción al griego de las Escrituras hebreas, añade la nota: "pero no afligió el espíritu de su hijo Amnón, porque lo quería, puesto que era su primogénito."[4] La Versión Popular dice así: "Cuando el rey David se enteró de todo lo sucedido, se puso muy furioso; pero no reprendió a su hijo Amnón porque, como era su hijo mayor, lo quería mucho."

La pasividad de parte de David no era nada nuevo. Primero Reyes 1:6 describe de esta manera la forma en que trataba a Adonías: "Y su padre nunca le había entristecido en todos sus días con decirle: ¿Por qué haces así?" el hebreo o literal dice: "No lo corrigió de sus días," lo que quiere decir "desde sus primeros días; jamás en su vida." David era un padre pasivo para Adonías, así que razonablemente podemos estar seguros de que era pasivo hacia toda su familia en todas maneras. Trágico.

El arranque de ira de David probablemente animó a Absalón. Así que él esperó. Pasó una semana. Después un mes. Seis meses. Aunque frustrado por la pasividad de su padre, el protector de Tamar tal vez pensaba que la necesidad de justicia a la larga empezaría a carcomer el alma de su padre como le carcomía la suya. Un año. Los peores temores de Tamar demostraron ser justificados. Dieciocho meses. Mientras tanto Absalón evadía a Amnón debido al profundo odio que le guardaba. Todavía nada de David. Dos años . . . piénselo.

Después de dos años completos, la ira de David ya se había aplacado y para Absalón fue claro que su padre no haría nada para aplicarle justicia a Amnón. David había pasado a lo que sabía mejor: conquistar, componer, administrar, edificar. Tal vez pensaba que el problema se resolvería por sí solo. Pero ¿recuerda nuestro segundo principio? *El mal no resuelto conduce a consecuencias que se inconan y causan más complicaciones.*

Justo cuando David empezaba a sentirse seguro en cuanto a haber evadido otro escándalo, la cólera al rescoldo de Absalón contra su padre estaba a punto de amenazar todo lo que David había edificado. En tanto que no podemos disculpar las acciones del joven, podemos apreciar su motivo: vindicación para la desvalidamente humillada Tamar. Absalón se despertaba cada mañana para ver la "desolación," de su hermana. Noche tras noche la oía llorar hasta quedarse dormida; por dos, largos años, incluso mientras Amnón disfrutaba de la esperanza de un futuro brillante como el próximo rey de Israel. Soportar tal pasividad debe haber sido extenuante.

"Aconteció pasados dos años, que Absalón tenía esquiladores en Baal-hazor, que está junto a Efraín; y convidó Absalón a *todos* los hijos del rey" (2 Samuel 13:23).

La esquila de las ovejas era un tiempo de fiesta y celebración entre los hebreos antiguos. Trasquilar la lana de miles de ovejas requería abundantes trabajadores temporales por muchos días, y así que hacían de la ocasión un festival. También era ocasión para que el dueño comparta su riqueza con familia y amigos. En este caso, Absalón quería que su festival de esquila sea una gran reunión familiar . . . pero un complot asesino estaba fraguándose.

> Y vino Absalón al rey, y dijo: He aquí, tu siervo tiene ahora esquiladores; yo ruego que venga el rey y sus siervos con tu siervo. Y respondió el rey a Absalón: No, hijo mío, no vamos todos, para que no te seamos gravosos. Y aunque porfió con él, no quiso ir, mas le bendijo. Entonces dijo Absalón: Pues si no, te ruego que venga con nosotros Amnón mi hermano. Y el rey le respondió: ¿Para qué ha de ir contigo? (2 Samuel 13:24-26).

Hay varios detalles que integran en este pasaje. Primero, Absalón quería que toda la familia esté presente en lo que sea que hubiera planeado, incluyendo su padre. Segundo, cuando David declinó, sintiendo que su presencia sería una carga financiera demasiado alta, Absalón específicamente mencionó a Amnón en su próxima petición. ¿Podría esto haber sido su manera de medir la reacción de su padre? Si es así, la mirada en blanco de David le hizo saber que él no había conectado los puntos . . . el padre pasivo se había olvidado por completo del asunto.

Después de algún convencimiento, David convino en permitir que todos sus hijos asistan a la celebración de Absalón. Tal vez pensaba que Absalón ya había superado su ira.

Y Absalón había dado orden a sus criados, diciendo: Os ruego que miréis cuando el corazón de Amnón esté alegre por el vino; y al decir yo: Herid a Amnón, entonces matadle, y no temáis, pues yo os lo he mandado. Esforzaos, pues, y sed valientes (2 Samuel 13:28).

¡Asombroso! Aunque no debería sorprendernos. El pecado del padre pasado al hijo. Esto sólo refuerza nuestro punto anterior de que el pecado nunca se resuelve por sí solo. Es preciso volver a visitar y tratar el pecado por completo.

Y los criados de Absalón hicieron con Amnón como Absalón les había mandado. Entonces se levantaron todos los hijos del rey, y montaron cada uno en su mula, y huyeron.

Estando ellos aún en el camino, llegó a David el rumor que decía: Absalón ha dado muerte a todos los hijos del rey, y ninguno de ellos ha quedado. Entonces levantándose David, rasgó sus vestidos, y se echó en tierra, y todos sus criados que estaban junto a él también rasgaron sus vestidos (2 Samuel 13:29-31).

Cuando el rey David oyó el rumor de que habían matado a todos sus hijos, la sabandija política Jonadab se aseguró de estar en el lugar preciso en el momento preciso. Tome nota de cómo escogió entregar las noticias.

> Pero Jonadab, hijo de Simea hermano de David, habló y dijo: No diga mi señor que han dado muerte a todos los jóvenes hijos del rey, pues sólo Amnón ha sido muerto; porque por mandato de Absalón esto había sido determinado desde el día en que Amnón forzó a Tamar su hermana. Por tanto, ahora no ponga mi señor el rey en su corazón ese rumor que dice: Todos los hijos del rey han sido muertos; porque sólo Amnón ha sido muerto (2 Samuel 13:32-33).

Astuto. Con toda probabilidad sabía del complot (las ratas siempre tienen el mejor chisme), y sin embargo no hizo nada para detenerlo. Se aseguró de estar a mano para poder ser el portador de buenas noticias a David en medio de su tragedia. La selección que hace Jonadab de sus palabras da la impresión de que pensaba que la violación de Tamar era deplorable, y sin embargo sabemos que él jugó un papel central en el crimen: ¡fue idea suya!

> Y Absalón huyó. Entre tanto, alzando sus ojos el joven que estaba de atalaya, miró, y he aquí mucha gente que venía por el camino a sus espaldas, del lado del monte. Y dijo Jonadab al rey: He allí los hijos del rey que vienen; es así como tu siervo ha dicho. Cuando él acabó de hablar, he aquí los hijos del rey que vinieron, y alzando su voz lloraron. Y también el mismo rey y todos sus siervos lloraron con muy grandes lamentos.
>
> Mas Absalón huyó y se fue a Talmai hijo de Amiud, rey de Gesur. Y David lloraba por su hijo todos los días. Así huyó Absalón y se fue a Gesur, y estuvo allá tres años (2 Samuel 13:34-38).

Después de que Absalón tomó la ley en sus manos, haciendo ejecutar a Amnón, huyó a una ciudad gobernada por su abuelo materno. Claramente, el acto de Absalón de odio contra Amnón también estaba dirigido contra su padre, que nunca lidió con el horrible pecado contra su preciosa hija. Observe la profunda emoción que sintió David: "Y también el mismo rey y todos sus siervos lloraron con muy grandes lamentos," y "David lloraba por su hijo todos los días." Sin embargo no vemos acción. El versículo que sigue suplica una importante pregunta, que acentúa la pasividad de David con un gigantesco signo de admiración.

"Y el rey David deseaba ver a Absalón; pues ya estaba consolado acerca de Amnón, que había muerto" (2 Samuel 13:39).

Si David deseaba ver a Absalón, ¿por qué no fue a verlo? El reino de Gesur está como a ciento cincuenta kilómetros al norte de Jerusalén, justo al norte del Mar de Galilea. Allí permaneció Absalón en exilio con su abuelo por tres años, durante los cuales David no hizo ningún intento de restaurar sus relaciones. En el siguiente capítulo permitió que Absalón vuelva a Jerusalén pero rehusó verlo por otros dos años. Cuando Absalón presionó el asunto, la recepción que le dio David se podría describir sólo como fría.

La desconexión de David entre sus emociones y sus acciones, lo que le impidió atender el pecado de su familia, a la larga lo alcanzó. Estudiaremos esto en detalle en el próximo capítulo. Absalón encabezó una revuelta exitosa, se apoderó del trono de su padre, y lo expulsó del país. Sólo después de una guerra civil muy sangrienta y el violento asesinato de Absalón recuperó David su reino.

Al concluir nuestro estudio de los problemas y conflictos de esta antigua familia disfuncional, permítame volver a las dos verdades eternas antes de ofrecer tres principios para hoy. Permita que esto penetre en su mente de tal manera que usted nunca se olvide.

LOS PEORES ACTOS DEL MAL SE PUEDEN HALLAR EN EL HOGAR MÁS RESPETADO.

-Y-

EL MAL NO RESUELTO CONDUCE A CONSECUENCIAS QUE SE INCONAN Y CAUSAN MÁS COMPLICACIONES.

TRES ADVERTENCIAS PARA PADRES PASIVOS

En mis más de 50 años de ministerio pastoral he visto conflictos secretos y problemas familiares que aturdirían la mente. Quisiera poder decir que la descripción que la Biblia da de las dificultades de David fue extrema para hacer una impresión, pero no es así. El poder destructivo del pecado que se deja sin contener puede hacer lo mismo, o peor, en cualquier familia.

En forma clara y sencilla, la falla fatal de David como padre fue su pasividad. Conquistó naciones y edificó el reino, pero dejó que su familia resuelva sus propios problemas. Pero los hijos no pueden criarse a sí mismos. Necesitan más que comida, agua y refugio; nos necesitan a nosotros: padres activamente interviniendo que se mantienen en contacto.

Seamos francos con nosotros mismos: podemos identificarnos con la pasividad de David. Nosotros también somos culpables. El relato de David nos permite ver el resultado potencialmente mortal de la crianza pasiva de hijos, aun en el hogar de quien de otra manera sería un líder por excelencia y sensible hombre de Dios. Su experiencia también señala no menos de tres advertencias para cualquier padre que pudiera verse tentado a descuidar su papel como protector y guía.

Primero, *relaciones desconectadas y dañadas en casa resultan en miembros disfuncionales de la familia.* A ustedes que están en el proceso de criar hijos, les insto a cultivar genuina intimidad dentro de la familia para preparar a sus hijos para que sean adultos saludables que tienen la capacidad de disfrutar relaciones sanas. Esto requiere la disposición de enfrentar verdades difíciles y persistir con la acción decisiva. Enfrentémoslo; por lo general sabemos qué hacer para mantener las relaciones en su curso o para restaurarlas cuando se han estropeado, pero nos falta el valor para persistir. La brecha entre saber y hacer causó inexorable desdicha en la casa real, produciendo por lo menos tres hijos disfuncionales: Amnón, Adonías y Absalón.

Tim Kimmel, en su buen libro *Why Christian Kids Rebel* (Por qué se rebelan los hijos cristianos) escribe:

Es una cosa extraña en cuanto a nuestros pecados personales. Cuando nuestros hijos se van y no hemos resuelto con ellos nuestros pecados de comisión u omisión, estas desilusiones de la infancia crecen más y más hasta que dominan el enfoque de nuestros hijos y dictan muchas de sus acciones. Es más, nuestra renuencia a tratar de hacer la paz con nuestros hijos antes de que se vayan de casa pueden disponerlos para toda una vida de malas decisiones.[5]

A los padres de hijos adultos: ellos ya han dejado el nido, vuelan con sus propias alas, y han pasado de una relación disfuncional a otra. Tal vez usted se sienta parcialmente responsable porque su hogar fue un modelo pobre. Tal vez usted cometió o permitió (están muy cerca de ser lo mismo) abuso o descuido. ¡No ignore el fracaso pasado! Regrese. Tal vez usted necesita hacer arreglos para que alguien con preparación en asesoramiento bíblico ayude a facilitar el proceso, pero por favor, regrese. Usted tal vez oiga algunas cosas que para sus hijos serán difíciles decir y dolorosas para que usted acepte. Tal vez necesite decir algunas cosas que usted nunca dicho antes. Con todo, no hacer nada sólo prolongará la angustia y dará al pecado más oportunidad de engendrar más complicaciones.

No se engañe por el silencio como David se engañó. Después de dos años de calma, él pensaba que el asunto se había resuelto por sí mismo; pero el pecado no resuelto nunca se resuelve por sí mismo.

Segundo, *los padres pasivos y permisivos producen hijos coléricos y frustrados.* Muchos de los problemas se pueden rastrear a nuestro hábito de esta demasiados ocupados. Como Peter Marshall escribió una vez: "Andamos tan apurados, que detestamos perdernos un panel de la puerta giratoria." Estamos tan atareados, tan impulsados a completar la siguiente tarea en la oficina o en la iglesia, que casi ni tenemos tiempo para pensar en las relaciones personales en casa. Sin embargo, le pregunto, ¿cuántos de sus mejores recuerdos incluyen una tarea bien hecha? Lo más probable es que ninguno de sus recuerdos incluya alguna tarea para nada. Una vida bien vivida se compone de recuerdos, y no de una lista de verificación completa. Los recuerdos se hacen de momentos en el tiempo, y no de tareas.

Si fuéramos brutalmente honestos con nosotros mismos, tendríamos que admitir que los problemas que nuestros hijos nos presentan pueden sentirse como tareas añadidas a una lista ya sobrecargada. Así que ponemos en prioridad nuestros días, poniendo los asuntos desagradables casi al fondo, resolviendo darles debida atención si empiezan a acercarse a nivel de crisis. Mientras tanto, el hijo oye el mensaje que hemos enviado: *Tú eres menos importante que el proyecto que debo completar antes del próximo miércoles.* Con razón se amargan.

Si usted se halla viviendo con hijos coléricos y frustrados, en lugar de echarles la culpa, mire dentro de sí mismo. No busqué a quien echarle la culpa, y mucho menos a sus hijos. Mire dentro de usted mismo.

¡Cómo quisiera que David hubiera enfrentado la verdad difícil y la hubiera resuelto! Pienso que su fuerza, su sabiduría, su liderazgo, su sensibilidad, su influencia . . . si él hubiera invertido todas esas grandes cualidades en sus hijos, la historia habría sido muy diferente. Amnón necesitaba oír desde el principio: "Hijo: yo he hecho una trastada de mi vida al permitir que mi deseo por las mujeres corra sin freno. No permitas que te consuma, porque te llevará al desastre. Yo no debo permitir que continúe."

Tamar necesitaba que su padre sea su protector. Absalón necesitaba que él defienda la justicia y castigue el pecado de Amnón; pero David se escurrió. Permaneció pasivo, ajeno, preocupado con los asuntos del estado. En consecuencia, Tamar se marchitó y desesperó. Absalón creció en su venganza al punto del asesinato. Me doy cuenta de que parte de nosotros en secreto aplaude a Absalón por hacer el trabajo que David debía haber hecho. Pero debo recordarle que para el tiempo del asesinato, el motivo de Absalón se había convertido de justicia apropiada a odio personal. Como veremos en el próximo capítulo, su odio amargo no conocía límites.

Repito, si sus hijos están coléricos y frustrados, mire dentro de usted mismo. ¿Ha permanecido usted pasivo y desligado a pesar de los problemas que ha visto que ardían en ellos? Tal vez usted no sepa qué hacer. Haga *algo*. Buscar consejo sabio sería un buen lugar para empezar; pero haga *algo*.

Tercero, *los conflictos no resueltos y sin reconciliación producen heridas que nunca se sanan por sí mismas*. Hay que resolver los conflictos. Hay que buscar y compartir la verdad. Hay que reconocer los errores y arrepentirse de ellos. Hay que buscar clausura y avenencia. De otra manera, uno deja una herida que en realidad nunca se cierra. Sus hijos tal vez nunca se amarguen ni busquen venganza tan agresivamente como Absalón, pero nunca serán plenamente ellos mismos con usted. Es más, su relación nunca penetrará más que la herida más fresca: cordial, tal vez incluso agradable, pero para siempre carecerá de profundidad.

Si usted halla que los miembros de su familia son distantes, no dé por sentado que debido a que usted se siente bien todo marcha bien. Extiéndase. Permítales que descubran esa herida que llora y abierta. No tenga miedo de mirarla. Una actitud defensiva, de protección propia, o intentos de explicar sus intenciones son como echar ácido en ella. Más bien, ofrezca empatía, no defienda nada, y pida perdón. Su vulnerabilidad será un ungüento saludable para el miembro de familia herido. Le garantizo que una vez que la herida empieza a sanar, usted se sorprenderá por la gracia que recibe; mucho más satisfactoria que la justificación que al presente se ofrece a sí mismo.

¿Puedo recordárselo? Nunca es demasiado tarde para empezar hacer lo debido.

Espero que usted halle algún consuelo en la primera verdad eterna y que le dé valor. *Los peores actos del mal se pueden hallar en el hogar más respetado.* También espero que usted tomará en serio la segunda verdad. *El mal no resuelto conduce a consecuencias que se inconan y causan más complicaciones.* Deliberadamente resista estas racionalizaciones comunes:

- "¡Él es el que me debe una disculpa! Él debe dar el primer paso."
- "Cuando ella quiera tomar en serio esta relación, aquí estoy. La espero."
- "No es gran cosa; se resolverá por sí misma si le damos tiempo."
- "Vamos, nadie es perfecto. Comparado a _____, a mí me va bastante bien."
- "Eso es historia antigua; nadie la recuerda. ¿Para qué escarbar problemas viejos?"
- "Todos en nuestra familia son creyentes. Cada persona puede llevar sus heridas directamente al Señor."

A todas esas afirmaciones se puede dar una respuesta de dos palabras: *¡Se equivoca!*

El primer paso es *suyo.* Délo.

Seis

Del resentimiento a la rebelión

━━━━━━━━━━━━━ ⚬⟋ ━━━━━━━━━━━━━

A todos les gusta un buen relato. Como la mayoría sabemos, la Biblia está llena de ellos. Relatos de amor, odio, gracia, venganza, rechazo y redención. Relatos de padres e hijos están entretejidos en la trama de las Escrituras. Dos relatos de padre e hijo en particular me cautivan: uno en el Nuevo Testamento, y el otro en el Antiguo Testamento, cada uno con un resultado muy diferente. El relato del Nuevo Testamento nos habla de un joven que se rebeló y de un padre que manejó muy bien el asunto, con paciencia esperando que el hijo vuelva a sus cabales y regrese. Ese relato termina con una gran exhibición de misericordia y gracia cuando el muchacho descarriado, esperando nada más que el lugar de un esclavo en la casa, llega a casa para ver a su padre corriendo por el campo para abrazarlo. Un vestido, anillo, fiesta, y, lo mejor de todo, una relación restaurada. El padre clama: "Este mi hijo muerto era, y ha revivido; se había perdido, y es hallado" (Lucas 15:24). ¡A todos les encanta ese relato!

El rebelde príncipe encantador

El relato del Antiguo Testamento no es favorito de nadie. Tiene un fin triste y desilusionante. El padre es un héroe nacional, un rey poderoso. Él tiene un hijo que toma el mal camino; más de uno, en realidad; y él tiene una gran parte de la responsabilidad por los pecados de su hijo.

El rey es David, por supuesto. Gran hombre de Dios, el más grande líder de Israel, algo así como un hombre del Renacimiento antes de su tiempo. Cuando adolescente se enfrentó a un gigante en el campo de batalla sin otra cosa que una honda y una piedra y su fe en el Señor sólida como una roca. Como resultado el rey Saúl lo invitó a que sirva en su corte como poeta y músico, lo que él hizo con toda fidelidad hasta que el rey se volvió en su contra y trató de asesinarlo en cólera y envidia. Aunque el Señor había rechazado a Saúl debido a su desobediencia y había ungido a David para reemplazarlo, David se vio obligado a vivir la vida de un fugitivo por una docena de años o más. Sobrevivió, por la gracia de Dios, y empezó su reinado poco después de que Saúl murió.

A los treinta años David empezó a edificar el poder y prosperidad de su nación, crecimiento que continuó sin interrupción por cuarenta años. Un astuto historiador dijo que durante el reinado de David había "una gallina en cada olla y una uva en cada vid." Las fronteras se extendieron, la economía floreció, los corazones de la gente se volvieron de nuevo a su Dios, y el Señor halló en este rey un hombre conforme a su propio corazón. Pero los hijos dirían otra historia . . . especialmente Absalón. Dentro de las paredes del palacio, el mundo de Absalón que era "un perfecto pandemonio de suspicacia, intriga, envidia y odio; todo estallando; hoy en incesto, y hoy en asesinato."[1]

Por un lado no queremos ser demasiado duros con David, debido a que su devoción y fidelidad al Señor nos haría avergonzar a muchos de nosotros. Por otro lado, no queremos ponerlo en un pedestal ni idolatrarlo como un superhombre espiritual. En tanto que fue el más grande rey de Israel hasta el nacimiento de Cristo, e idolatrado por judíos del pasado y del presente, sufrió de la misma enfermedad de pecado que nos aflige a usted y a mí. La nación lo veneraba como héroe, pero Amnón, Tamar, Adonías, Absalón y docenas de otros hijos pudieran haber dicho otro relato. Para ellos, era papá, lo que quiere decir que lo veían cuando nadie más estaba mirando. Su punto de vista no era para nada lisonjero.

Este relato en particular explora la rebelión de un hijo. Obviamente, las muchachas pueden rebelarse, y se rebelan. Sin embargo, es un hecho que la rebelión de un hijo por lo general es más agresiva en naturaleza, mucho más abierta. Las muchachas a menudo se rebelan de maneras autodestructivas que por lo general no incluye quebrantar la ley o contribuir a las estadísticas sociales. Su cólera tiende a volverse hacia dentro y enmascararse de otras maneras, incluyendo la anorexia, mutilación propia, o dependencia y promiscuidad. Los muchachos, en contraste, tienden a dirigir su cólera hacia otros. De acuerdo al libro *Bringing Up Boys* (Criando muchachos) de James Dobson:

> Los muchachos, al compararlos con las muchachas, tienen seis veces más la probabilidad de tener discapacidades de aprendizaje, tres veces más la probabilidad de ser drogadictos registrados, y cuatro veces más la probabilidad de que se les diagnostique como perturbados emocionalmente. Son un mayor riesgo para . . . toda

forma de conducta antisocial y criminal. . . . El 77 por ciento de los casos en los tribunales relativos a delincuencia incluyen varones. . . . El 90 por ciento de los que están en programas de tratamiento de drogas son varones. El 95 por ciento de muchachos que tienen que ver con la corte juvenil son varones.

Tal vez la evidencia más perturbadora de la crisis tiene que ver con el aumento en violencia entre varones, especialmente los tiroteos aterradores escolares en Littleton, Colorado; Jonesboro, Arkansas; Springfield, Oregon; Paducah, Kentucky; Gibson, Oklahoma, Santee y El Cajón, California. . . . La mayoría de los jóvenes asesinos hasta este punto han sido jóvenes blancos varones que no pudieron explicar sus motivos. Cuando se les preguntó por qué, la mayoría simplemente dijeron: "Yo no sé."²

MANTENIENDO LA VERDAD A DISTANCIA

Absalón no habría tenido problemas para poner el dedo sobre sus razones. Para el tiempo de los eventos que se describen en 2 Samuel 14, Absalón había estado viviendo con su abuelo materno en Gesur, como a ciento cincuenta kilómetros al norte de Jerusalén. Aunque David en secreto anhelaba reconciliarse con Absalón, permaneció pasivo respecto a su relación. Después de tres años del inexplicable silencio, Joab le dio al rey un empujón en la dirección correcta.

Joab era el comandante en jefe de David en el campo de batalla. Había estado con David desde el principio y, por décadas, sirvió al rey con lealtad incuestionable. Es más, cuando David quiso que Urías, el esposo de Betsabé, muera en la batalla, Joab fue el hombre que recibió la nota y cumplió esas órdenes fatales sin vacilación ni preguntas. Era un animal militar y político hasta el hueso. Debido a que no se conoce a Joab particularmente por su sentimentalismo, todo lo que podemos hacer es adivinar que traer a Absalón de regreso en Jerusalén era bueno para la carrera de David. Por medio de un plan complejo, convenció a David de que traer Absalón de regreso del exilio era sabio.

Entonces el rey dijo a Joab: He aquí yo hago esto; ve, y haz volver al joven Absalón. Y Joab se postró en tierra sobre su rostro e hizo reverencia, y después que bendijo al rey, dijo: Hoy ha entendido tu siervo que he hallado gracia en tus ojos, rey señor mío, pues ha hecho el rey lo que su siervo ha dicho. Se levantó luego Joab y fue a Gesur, y trajo a Absalón a Jerusalén. Mas . . . (2 Samuel 14:21-24).

"Mas . . ." palabra poderosa. Tiene el poder singular de hacer que todo lo que antecede que de inútil. David convino que Absalón debía regresar a casa, mas . . .

"Mas el rey dijo: Váyase a su casa, y no vea mi rostro. Y volvió Absalón a su casa, y no vio el rostro del rey" (2 Samuel 14:24).

Si alguna vez usted tiene la oportunidad de visitar la Tierra Santa, tome tiempo para caminar por la frontera de la ciudad antigua. No le llevará mucho tiempo porque la antigua Jerusalén era impresionantemente pequeña. Muy poca distancia separaba sus casas, y el espacio relativamente pequeño hubiera exigido que David y Absalón se esfuercen para evitar el contacto. ¿Qué clase de bienvenida a casa era *ésta*? ¿Qué estaba tratando David de evadir: su hijo o la verdad de sus propios fracasos como padre?

He hallado *Parents in Pain* (Padres en dolor) de John White penetrante, y a veces libro incómodo de leer. Escribe con gran empatía por los padres de hijos descarriados, pero insiste en que sanar las relaciones enajenadas requiere que abracemos con valentía la verdad; especialmente si resulta ser difícil.

En un punto me preguntaba si debía tratar de las diferentes clases de problemas en que los hijos se meten: drogas, licor, crimen, homosexualidad, matrimonios secretos, embarazos y paternidad, y cosas por el estilo. Sin embargo me di cuenta de que en cierto sentido casi da lo mismo cuál es la naturaleza del problema. Las reacciones de los padres siguen las mismas líneas. Aturdimiento es aturdimiento. Desconfianza es desconfianza. Ira es ira. Agotamiento es agotamiento, y desesperanza es desesperanza. Cualesquiera que sea la causa de nuestros conflictos, nuestra reacciones humanas siguen patrones similares; y es con esto que usted necesita ayuda. Quiero darle una mano para que se levante del piso vivo, incluso para disfrutar de la alegría de nuevo.

Mi objetivo es incluso más alto. . . . Me gustaría abrirle una puerta, una puerta de esperanza . . . por la que usted puede pasar a una vida más llena y más rica de lo que tal vez haya conocido antes; porque el Dios en quien yo creo se especializa en sacar del mal algo bueno, del dolor algo de fuerza, y alegría de la tragedia.

Lo bueno empieza cuando usted encara la verdad de frente, por mucho que lo enferme. Por mucho que usted quiera alejarse y vivir en algún otro lugar, usted en efecto se casó. Usted en efecto tuvo hijos. Están vivos y son suyos. El problema no se irá pretendiendo que no está allí.

Los problemas incluyen sus sentimientos: su herida, su ira, su pánico, su desilusión, su vergüenza, su humillación, su deseo alterno de gritarle a alguien (su cónyuge, su hijo, los amigos de sus hijos, la maestra de escuela) y encerrarse en el baño y no hablar con nadie. Mírelos. Existen. Son parte del problema que usted encara. Incluso el sentido de desesperanza. Y mirarlos, poder enfrentarlos plena y honestamente, y medirlos es el primer paso para resolverlos. Usted no puede resolver los problemas cerrando los ojos a ellos.[3]

Algunos de ustedes que están leyendo este libro están haciendo lo que hizo David. Mantuvo a su hijo enajenado en proximidad cercana pero rehusó mirarlo, restaurar la relación, o examinarse a sí mismo. Tal vez usted ha estado esquivando algunas realidades dolorosas. Usted sabe el mal que se interpone entre usted y la otra persona. Usted sabe que es responsable por algo, si no todo, y sin embargo usted escogió pretender que no existe. Los detalles del desastre relacional le hacen sentirse como que le abrumarán con sentimientos y perspectivas que no puede aguantar. Desdichadamente, la solución que usted ha escogido no funcionará para siempre. El silencio no resuelve nada. Mientras más espere, más crece la distancia. Así que . . . usted entiende ese estancamiento entre padre e hijo.

"Y estuvo Absalón por espacio de dos años en Jerusalén, y no vio el rostro del rey" (2 Samuel 14:28).

Tenga presente que Absalón tenía hijos: dos hijos y una hija, a la que le puso el nombre de Tamar, como su hermana. Los nietos de David vivían a corta distancia de su casa, y sin embargo él no hizo nada para reconciliarse con su hijo, ni siquiera por causa de los nietos. Absalón desesperadamente quería restaurar su relación con su padre. Dejó una vida cómoda en la propiedad de su abuelo, presumiblemente disfrutando de calor y aceptación de esa familia, y se fue a vivir en la comunidad estrecha de Jerusalén, sólo para que su propio padre lo ignore.

GRITANDO PARA HACERSE OÍR

Después de dos años de silencio incómodo, Absalón habló con Joab esperando que él pudiera impulsar a David en la dirección correcta de nuevo. Al no recibir respuesta, trató otra vez. Ignorado una segunda vez, Absalón decidió hacer sentir su presencia más agudamente quemando la cosecha de cebada del general, lo que no era muy diferente a matar una cucaracha con escopeta. Resultó. "Entonces se levantó Joab y vino a casa de Absalón, y le dijo: ¿Por qué han prendido fuego tus siervos a mi campo?" (2 Samuel 14:31).

Permítame recapitular brevemente la experiencia de Absalón hasta este punto. El creció con un padre cuyo trabajo era dirigir la nación con santidad y justicia, y sin embargo todo el tiempo, David coleccionaba mujeres para su harén contra la ley de Dios. Absalón vio cómo esta debilidad por las mujeres llevó a su padre a cometer adulterio con la esposa de su amigo y cubrirlo con asesinato. Presenció a su padre descartar la agonía de Tamar como si no fuera nada e ignorar sus repetidos gritos por justicia por dos años completos, y sin embargo David lloró y se lamentó cuando mataron a Amnón. Absalón vivió en exilio por tres años hasta que David presumiblemente lo llamó a casa, a lo cual él respondió anhelantemente, sólo para que se le diga: "No voy a quitarte la vida, pero no te quiero cerca de mí." Finalmente, cansado de esperar y desesperado por alguna clase de resolución, buscó la ayuda de un intermediario, que resultó ser igual de insensible como el rey. Para ganarse la atención de Joab, Absalón había incendiado las cosechas.

¿Ve usted lo que yo veo? Veo a un joven que con paciencia espera que su padre haga lo que debe hacer, sólo para verse desilusionado vez, tras vez, tras vez. Veo a un hijo que grita pidiendo que se le oiga. Veo un proceso de criar hijos que modela hipocresía, recompensa con descuido la buena conducta, y responde a las necesidades legítimas del hijo sólo cuando éste hace algo horriblemente malo. Veo años de ira justificable edificándose hacia una masa crítica: una bomba de tiempo debajo del palacio.

De ninguna manera estoy disculpando la respuesta de Absalón a los eventos terribles en su vida. Él tenía otras alternativas que podía haber tomado. Él podía haber vuelto a Gesur para vivir en paz con su abuelo. Pero seamos francos, David lleva gran parte de la responsabilidad por la explosión de Absalón. Siete años después de la violación de Tamar, cinco años después del asesinato de Amnón, cuando finalmente David acepta ver a su hijo cara a cara, su conducta pasiva enciende la mecha de Absalón.

> Vino, pues, Joab al rey, y se lo hizo saber. Entonces llamó a Absalón, el cual vino al rey, e inclinó su rostro a tierra delante del rey; y el rey besó a Absalón (2 Samuel 14:33).

Un beso en la cultura del Cercano Oriente antiguo era parecido a nuestro apretón de manos. David le dio el saludo cortés acostumbrado, que era también un símbolo de afinidad, pero nada más. Este era el momento para más que un beso, incluso uno de corazón. Era un tiempo para palabras; en realidad, una charla muy larga. Cuánto mejor hubiera sido que David hiciera que Absalón se pusiera de pie y lo hubiera abrazado con las palabras: "Absalón, Absalón, ven acá. No puedo decirte cuántas noches he pasado despierto dándome cuenta de toda las cosas que hice mal. No puedo expresarte plenamente la angustia de mi alma cuando recuerdo cómo te he descuidado, lo ausente que he estado. ¡Cuánto me he equivocado! Absalón, por favor, perdóname." No vemos nada de esto. Simplemente . . . un beso.

Los hijos nunca dejan de buscar el amor de sus padres hasta que los padres demuestran que no pueden conseguirlo. El beso superficial de David confirmó lo que Absalón había sospechado.

DEL RESENTIMIENTO A LA REBELIÓN

El capítulo siguiente en 2 Samuel empieza con las palabras: "Aconteció después de esto . . ." ¿Después de que? Después de los años pasivos. Después de la distancia. Después de mudarse a la misma ciudad. Después de dos años más de silencio ensordecedor. Después de siete años de pesadilla después de la violación. Después de esperar y orar por la reconciliación. Después de un beso patético.

"Después de esto," Absalón consiguió un carro y reunió a una banda de tropas leales. Entonces se colocó junto a la puerta por donde debían pasar los que se dirigían para obtener justicia de David. Empezó a usurpar la autoridad de David, interceptando a sus ciudadanos con las palabras: "Mira, tus palabras son buenas y justas; mas no tienes quien te oiga de parte del rey" (2 Samuel 15:3). Al parecer, la pasividad de David se extendió a su vida pública, lo que le dio a Absalón amplia oportunidad para edificar lealtad entre el pueblo.

No lo mencioné antes, pero Absalón no solamente era un príncipe, sino un príncipe guapo. Su cara y cuerpo no tenían defectos ni cicatrices, y su pelo negro largo, y frondoso, le daba la apariencia de un astro de cine. Por meses sin fin, su imponente figura trató compasivamente con la gente que necesitaba justicia. Tal vez los escándalos del palacio erosionaron la confianza de los seguidores de David, lo que hacía al guapo príncipe incluso más atractivo . . . y engañoso.

> Y decía Absalón: ¡Quién me pusiera por juez en la tierra, para que viniesen a mí todos los que tienen pleito o negocio, que yo les haría justicia! Y acontecía que cuando alguno se acercaba para inclinarse a él, él extendía la mano y lo tomaba, y lo besaba.

De esta manera hacía con todos los israelitas que venían al rey a juicio; y así robaba Absalón el corazón de los de Israel (2 Samuel 15:4-6).

Permítame añadir una palabra de consejo para cualquiera que sirve como asociado de un líder. Mientras usted esté asociado con ese líder, la lealtad es lo primero. Si no puede seguir leal a su líder, renuncie a su cargo. Note que no digo que siempre debe estar de acuerdo. La lealtad no quiere decir que uno siempre concuerda. Sin embargo, incluso en sus desacuerdos, actúe en el mejor interés de su líder. Si no puede hacer eso, es tiempo de mudarse.

El deber de Absalón como hijo de David era perseverar en la búsqueda de una relación reconciliada, o por lo menos retirarse en silencio digno. Más bien, él uso su posición para debilitar y derrocar el liderazgo de su padre. En lugar de ganarse corazón de su padre, decidió apoderarse de su trono. Con el tiempo, la argucia de Absalón empezó a rendir resultados.

Y mientras Absalón ofrecía los sacrificios, llamó a Ahitofel gilonita, consejero de David, de su ciudad de Gilo. Y la conspiración se hizo poderosa, y aumentaba el pueblo que seguía a Absalón.

Y un mensajero vino a David, diciendo: El corazón de todo Israel se va tras Absalón. Entonces David dijo a todos sus siervos que estaban con él en Jerusalén: Levantaos y huyamos, porque no podremos escapar delante de Absalón; daos prisa a partir, no sea que apresurándose él nos alcance, y arroje el mal sobre nosotros, y hiera la ciudad a filo de espada (2 Samuel 15:12-14).

En lugar de tratar de razonar con Absalón, David reaccionó con temor, y con buenas razones en este punto. Cuando el resentimiento crece a rebelión, casi cualquier cosa es posible, incluso el asesinato. David, tal vez por primera vez, reconoció lo profundamente que Absalón había quedado afectado, y el rey sabía que su propia vida ahora corría peligro.

Y los siervos del rey dijeron al rey: He aquí, tus siervos están listos a todo lo que nuestro señor el rey decida. El rey entonces salió, con toda su familia en pos de él. Y dejó el rey diez mujeres concubinas, para que guardasen la casa. Salió, pues, el rey con todo el pueblo que le seguía, y se detuvieron en un lugar distante (2 Samuel 15:16-17).

"Un lugar distante" con toda probabilidad quiere decir la última residencia de la ciudad antes de cruzar el Valle del Cedrón, que corre entre Jerusalén y el Monte de los Olivos. Puedo ver a David deteniéndose para dar una última mirada a la ciudad antes de irse, tal vez para siempre. Me imagino como entró en claro enfoque la verdad sin barniz sobre cómo él llegó a verse exiliado por su propio hijo. Veo a un David diferente después de este momento. No más pasividad, no más orgullo, sólo vulnerabilidad. Su corazón había quedado contrito por sus errores y se enterneció cada vez más hacia Absalón. Y cuando alguna gente le lanzó piedras y le escupió, él contuvo a sus amigos para evitar que se desquiten y aceptó el maltrato.

La retirada de David de Jerusalén le llevó al mismo fondo. En este lugar extenuante, solitario de su vida, el orgullo y desdén desaparecen, dejando sólo una disposición de aceptar la humillación por el mal hecho. Es en este momento cuando vemos la verdadera grandeza de David. Cuando se afligen, la mayoría de personas se amargan; el espíritu de David solamente se hizo más dulce.

Viéndolo aplastado de esta manera recabó lo mejor de sus seguidores leales. En característica elocuencia, F. B. Meyer escribe:

La amarga hora de la prueba reveló un amor de parte de sus adherentes al cual el viejo rey tal vez se había vuelto algo ajeno. . . . Su gente le dice que no debe entrar a la batalla, porque su vida no tiene precio, y vale como diez mil de las de ellos.

Es como si Dios se inclinara sobre esa alma golpeada, y conforme los golpes de la vara abrían largos surcos en la espalda del sufriente, el bálsamo de Galaad era derramado en las heridas abiertas. Las voces hablaban más gentilmente; las manos tocaban la suya con más suavidad. . . . La compasión llovía tiernas seguridades sobre su senda; y, mejor que nada, los brillantemente enjaezados ángeles de Dios. . . . La protección de Dios acampaba alrededor en su camino y en su acostarse.[4]

No sabemos cuánto duró la rebelión. Lo que sí sabemos es a qué extremo había llegado el odio de Absalón. Ahitofel había sido amigo y consejero del rey hasta que Absalón se mudó al palacio. Entonces se volvió el mejor amigo de Absalón . . . y su perverso consejero.

Y Ahitofel dijo a Absalón: Llégate a las concubinas de tu padre, que él dejó para guardar la casa; y todo el pueblo de Israel oirá que te has hecho aborrecible a tu padre, y así se fortalecerán las manos de todos los que están contigo. Entonces pusieron para Absalón una tienda sobre el terrado, y se llegó Absalón a las concubinas de su padre, ante los ojos de todo Israel (2 Samuel 16:21-22).

Note el lugar del juego de poder de Absalón: el techo del palacio. No podemos menos que preguntarnos si fue el mismo lugar en donde David primero deseó con lujuria a Betsabé. David no hace ningún esfuerzo por desquitarse. Es más, todo el asunto le rompió y le ablandó el corazón. A la larga, la guerra civil se volvió a favor de las tropas leales a David, que hicieron huir al ejército de Absalón. Cuando David recibió las noticias, mostró gran misericordia y dictó órdenes estrictas de perdonar la vida de su hijo.

> Y el rey mandó a Joab, a Abisai y a Itai, diciendo: Tratad benignamente por amor de mí al joven Absalón. Y todo el pueblo oyó cuando dio el rey orden acerca de Absalón a todos los capitanes.... Mirad que ninguno toque al joven Absalón (2 Samuel 18:5, 12).

Desdichadamente, el normalmente leal comandante de David, Joab, desobedeció la orden.

> Y se encontró Absalón con los siervos de David; e iba Absalón sobre un mulo, y el mulo entró por debajo de las ramas espesas de una gran encina, y se le enredó la cabeza en la encina, y Absalón quedó suspendido entre el cielo y la tierra; y el mulo en que iba pasó delante. Viéndolo uno, avisó a Joab, diciendo: He aquí que he visto a Absalón colgado de una encina (2 Samuel 18:9-10).

Cuando el curtido general, endurecido en la batalla, oyó las noticias, reprendió al mensajero por no haber matado a Absalón al punto. Entonces Joab, de malas pulgas como perro de basurero, reunió a un pequeño escuadrón y se dirigió al árbol donde estaba Absalón, con asesinato en mente.

Y respondió Joab: No malgastaré mi tiempo contigo. Y tomando tres dardos en su mano, los clavó en el corazón de Absalón, quien estaba aún vivo en medio de la encina. Y diez jóvenes escuderos de Joab rodearon e hirieron a Absalón, y acabaron de matarle (2 Samuel 18:14-15).

Joab claramente desobedeció la orden de su rey, probablemente por primera vez. Era cruel e implacable como el que más, pero era práctico como el que más. Tenía en la mira al líder de la rebelión y sabía que matar Absalón pondría un fin rápido a la guerra civil, lo que restauraría el reino de David y perdonaría las vidas de sus compatriotas en ambos lados. También sabía que David no tendría el corazón para tomar esta decisión tan difícil. Si Absalón seguía vivo, sus fuerzas habrían continuado la lucha. Como resultó, el ejército rebelde rápidamente rompió filas y se esparció. Contento de la que la guerra se había acabado, Joab contuvo a su ejército y permitió que la gente se vaya a casa en paz.

Cuando los mensajeros de Joab llegaron con las noticias del campo, sin que sea sorpresa la primera pregunta de David no fue ni sobre la batalla ni sobre los soldados, sino en cuanto a Absalón.

El rey entonces dijo al etíope: ¿El joven Absalón está bien? Y el etíope respondió: Como aquel joven sean los enemigos de mi señor el rey, y todos los que se levanten contra ti para mal (2 Samuel 18:32).

Eso es una manera hebrea gentil, arcaica, de decir: *Absalón está muerto.* El texto hebreo dice que nadie "se estremeció" en respuesta a las noticias. La pérdida de otro hijo en circunstancias trágicas era más de lo que podía aguantar, especialmente después de haberse enfrentado a la parte que él tuvo en su caída. Peor que todo, cualquier posibilidad de reconciliación desapareció con la muerte de Absalón.

> Entonces el rey se turbó, y subió a la sala de la puerta, y lloró; y yendo, decía así: ¡Hijo mío Absalón, hijo mío, hijo mío Absalón! ¡Quién me diera que muriera yo en lugar de ti, Absalón, hijo mío, hijo mío! (2 Samuel 18:33).

Esas son las dolorosas y lastimeras palabras de un padre que se aflige por la pérdida de un hijo con quien tenía muchos asuntos sin resolver. Pocas palabras en todo el Antiguo Testamento son más trágicas que estas.

PASANDO DEL RESENTIMIENTO A LA RECONCILIACIÓN

La ira no se vuelve resentimiento de la noche a la mañana; es un proceso que lleva tiempo. Lo mismo reparar una relación. La reconciliación rara vez ocurre en forma repentina y completa. Por lo general, empieza con una irrupción y después crece conforme las dos personas aprenden a confiar de nuevo la una en la otra. En forma típica, mientras más ha durado el distanciamiento, más tiempo lleva la restauración completa.

TRES PRINCIPIOS VALIOSOS

Al pensar en ese miembro de su familia: hijo, padre, hermano, y trata de reparar el rompimiento en su relación, tenga en mente tres principios extremadamente importantes.

Primero, *las relaciones fracturadas empiezan a sanar cuando estamos dispuestos a oír y admitir la verdad.* Las relaciones se edifican en la verdad, incluso cuando esa verdad es desagradable. La división ocurre cuando dejamos de escucharnos uno al otro. Esta ruptura en la comunicación nos permite escudarnos de la responsabilidad y comportarnos de manera que enajenan más a la persona que aducimos amar. Si usted halla que es el que más habla en una relación, y es renuente a oír todo lo que el otro tiene para decir, es más probable que usted sea el que se equivoca. ¿Cuán valiosa es esa persona para usted? ¿Cuán significativa es su relación?

Incluso si han pasado años, le ruego que usted oiga a esa persona y admita la verdad en cuanto a usted mismo . . . sea lo que sea y a dónde sea que conduzca. Es muy probable que sea una conversación incómoda y humillante, dolorosa y con lágrimas. Usted tal vez tenga que permitir que la cólera de su ser amado se exprese por completo conforme usted acepta la responsabilidad por sus fracasos. Esta es la ocasión que usted debe preguntarse qué valora más: ¿su orgullo o su ser querido?

La fractura en su relación nunca hallará completa sanidad mientras usted no esté dispuesto a oír y admitir la verdad. Casi ni tengo que decirle que no reconciliarse en esa relación le acosará y le hará daño, si acaso no lo destruirá, a la larga. Y permítame asegurarle que los conflictos familiares persistentes pueden ser los más dañinos.

Segundo, *la reconciliación continua teniendo lugar conforme dejamos de controlar y manipular a la otra persona.* Cuando controlamos y manipulamos la interacción entre nosotros mismos y la otra persona, apagamos la comunicación, lo que en efecto pone la relación en espera. Si usted está manipulando, no está relacionándose. Esto puede ocurrir de muchas maneras diferentes, pero la más común en medio del conflicto es echar la culpa. Un autor sabiamente escribe:

> Cada vez que echamos la culpa, estamos buscando un chivo expiatorio para una real dislocación en la cual nosotros mismos estamos implicados. Echar la culpa es un sustituto defensivo en lugar de un examen honesto de la vida que procura el crecimiento personal en el fracaso y conocimiento propio en los errores.[5]

Esto no quiere decir que no podemos ventilar nuestros agravios con la otra persona. La comunicación y echar la culpa tienen motivos muy diferentes. La comunicación es el proceso de entender y ser entendido. Echar la culpa, por otro lado, es algo que hacemos primordialmente en nuestras propias mentes. Procura echar la responsabilidad por el estado lamentable de las cosas en la otra persona, todo sin la necesidad de hablar. Por nuestra actitud declaramos: *No necesito la verdad. No necesito oír a la otra persona. Sé lo que ha sucedido y todo es culpa de él, o ella.*

Cuando controlamos o manipulamos la relación, sea echando la culpa o con otros medios, quitamos a Dios como mediador. Eso nos pone a nosotros a cargo; posición muy peligrosa para cualquiera.

Tercero, *alivio final viene cuando dejamos todo resentimiento y aceptamos nuestra responsabilidad.* Después de que hablé sobre este tema una joven me dijo: "Soy una hija que tiene con sus padres una relación tal como la que usted ha descrito. ¿Qué puedo hacer ahora para hacer que mis padres escuchen?"

Le dije: "Pues bien, nada. Eso es tarea de Dios. Ruth Graham una vez dijo: 'Mi trabajo es amar a Billy; es tarea de Dios hacerlo bueno.' Es responsabilidad suya apropiarse de su parte en el conflicto, sea lo que sea. Enfoque su energía en asumir la responsabilidad por sí misma, y permita que Dios cambie el corazón de la otra persona."

Y eso es lo difícil: ¿Qué tal si el corazón de la otra persona *nunca* cambia? Esto sucede todo el tiempo. Tal vez le suceda a usted. Esto no cambia el principio. Si usted no suelta su resentimiento y se apropia de su responsabilidad, seguirá atrapado. Usted habrá cambiado la alegría por una vida mediocre; y, ¿para qué? La ilusión de tener razón.

La otra persona a lo mejor se muere antes de usted pueda reconciliarse. Usted tal vez necesite visitar la tumba, ponerse de pies o arrodillarse en oración, y pedirle a Dios que le dé paz interior.

Usted tal vez necesite que un asesor le ayude a sacar el ancla del resentimiento y limpiar la basura conforme usted vuelve a su curso. Sean cuales sean sus circunstancias, no se demore. No desperdicie otro día luchando consigo mismo. Suelte su resentimiento largamente estancado. Deje de tratar de ser responsable por hacer que la otra persona haga lo que es debido. Asuma la responsabilidad por usted mismo.

~

Estoy agradecido a nuestro Salvador, Jesucristo, por hacer del "mal" algo tan cierto. Él pago la pena por todo mal que podíamos hacer: todo pensamiento malo, toda acción horrible, todo motivo impuro, todo momento de desquite; no dejándonos nada para pagar. Él cubrió toda transgresión al derramar su sangre en la cruz. Si usted ha recibido su dádiva gratuita de la vida eterna usted tiene la libertad y el poder de aceptar la responsabilidad por sus propias faltas. Nadie puede condenarlo: ni sus seres queridos, ni sus enemigos, ni siquiera Satanás.

La verdad sea dicha, usted no tiene excusa para dejar sin sanar las relaciones fracturadas y erosionadas. Usted no tiene nada que perder, como no sea su orgullo. ¿Y que le ha conseguido eso hasta aquí, de todas maneras?

Siete

Palabras afirmadoras y estimulantes para los padres

━━━━━━━ ✒ ━━━━━━━

Un hombre en Phoenix, Arizona, avanzado en años, y sintiéndose de malas pulgas, levantó el teléfono y llamó a su hijo en Nueva York. "No me gusta arruinarte el día, pero tengo que decirte que tu madre y yo vamos a divorciarnos. Ni ella ni yo podemos seguir juntos. Cuarenta y cinco años de esta desdicha es demasiado."

"Papá, ¿de qué estás hablando?" El hijo parecía alarmado.

"Ya no podemos aguantar ni siquiera vernos el uno al otro. Además, tú y tu hermana ya son adultos, así que no hay razón para que sigamos juntos. A decir verdad, ya me cansé de hablar del asunto, así que tú puedes decirle eso a tu hermana en Chicago." Con eso colgó de golpe.

Frenéticamente, el hijo llamó a su hermana, la que de inmediato estalló. "¡Ellos *no* se van a divorciar *ni en sueños!*" gritó. "Yo me encargo de eso."

Así que ella llamó a Phoenix y antes de que su padre pudiera terminar de decir *hola*, ella le espetó: "Ustedes *no* van a echar al caño cuarenta y cinco años de matrimonio así porque sí. Ustedes *no* se van a divorciar. No hagan absolutamente nada hasta que yo llegué allá. Voy a llamar a mi hermano y ambos llegaremos allá mañana. Mientras tanto, no hagan nada, ¡ME OYES!" Sin esperar respuesta, colgó furiosa el teléfono.

El viejo tunante colgó el teléfono, se volvió a su esposa, y le dijo con una sonrisa: "Pues bien, los dos estarán aquí para el Día de Acción de Gracias, y ellos mismos pagarán sus propios boletos."

Algunos padres tienen ingenio en particular para aturdir a sus hijos. El resto por lo general son heroicos en silencio. Hace poco vi un fragmento de una penetrante vuelta al hogar. Un avión de transporte militar había aterrizado, y los miembros de las familias de estos soldados que volvían se habían reunido cerca de la pista para ver a sus seres queridos después de tanto tiempo. La hilera de soldados, todos vestidos en uniforme de camuflaje y cargando sus pertenencias, bajaron por la rampa.

Un camarógrafo tuvo la presencia de ánimo para alejar su cámara del avión y enfocar a la multitud, en la que había una mujer en particular: esposa y madre, con un hijo a cada lado, y uno en sus hombros. El pequeño en sus hombros tenía un letrero que decía: "Mi papá es mi héroe."

Me quedé pensando en esa escena por un momento. Al parpadear para secarme las lágrimas, me imaginé cómo ese esposo debe haberle casi quitado a la mujer su vida con besos, y luego debe haber levantado a cada hijo para un gigantesco y largo abrazo. Me pregunté lo que ese pequeño debe haber estado pensando. Pequeño como era, probablemente nada más que: *Quiero a mi papá, mi héroe.*

El diccionario en inglés *Merriam-Webster's Collegiate Dictionary* define *héroe* como: "[Uno] a quien se mira por sus logros y cualidades nobles, que muestra gran valor, objeto de extrema admiración y devoción."[1] Para sus hijos que nunca han usado esa palabra, y posiblemente nunca la usen, ustedes son sus héroes, mamá y papá. A pesar de lo común e inepto que usted tal vez se sienta, usted es una persona de gran valor, que posee cualidades nobles, alguien que trabaja para lograr algo grande: convertir a sus hijos en adultos saludables. Hay que elogiarlo por asumir esta tarea terriblemente difícil y que en su mayor parte no se agradece.

Ah, usted no es perfecto, y nadie espera perfección excepto usted mismo. Por cierto, usted ha cometido sus errores, aunque la mayoría de sus decisiones han sido hasta el sacrificio. Usted se ha vertido a sí mismo en los hijos, lo que a veces le ha dejado vacío. Pero permítanme asegurarle que su inversión no es en vano. Criar hijos no es tarea fácil y no se recibe gran cosa en cuanto a afirmación verbal. Si usted no ha oído esto en largo tiempo, permítame agradecerle a nombre de sus hijos.

Gracias por los muchos sacrificios que usted hace. Gracias por hacer lo que hay que hacer incluso cuando las cosas no resultan bien. Gracias por decir lo que puede ser difícil que sus hijos acepten, y por ser el que dice la verdad cuando usted preferiría ser amigo. Gracias por amarlos cuando usted se sentía que no lo querían. Gracias por cumplir su papel con tanta devoción y fidelidad, aun cuando a usted se le esté agotando la esperanza, la energía y las ideas.

Gracias por el gran servicio que usted nos hace a todos nosotros en el cuerpo de Cristo, y no sólo a los hijos.

EL PADRE MODELO

En los dos capítulos previos examinamos la vida de familia de un gran hombre que, a pesar de sus muchas cualidades impresionantes, abandonó su papel como padre. Es más, yo hallo escasa evidencia en las Escrituras que sugieran que David alguna vez aceptó la responsabilidad de criar a alguno de sus hijos. Amnón y Absalón fueron hijos difíciles, con certeza, pero la pasividad de su padre mezclada con su ausencia hizo poco para domeñar la inclinación de ellos al mal, dejándoles sin fronteras, escasa dirección, y pocas razones para actuar mejor que sus peores impulsos.

Ahora quiero que estudiemos el ejemplo de otro padre, uno cuyos hijos también fueron difíciles. Él modela un tipo de crianza santa de los hijos que se queda corta de la manipulación y control (lo que nunca produce buenos resultados en los hijos) y sin embargo se las arregla para ofrecer dirección fuerte y cariñosa. Rehusó ceder a la indulgencia o ignorar la conducta mala de sus hijos, y sin embargo asumió la responsabilidad apropiada como padre de ellos al procurar el mejor y mayor bien de ellos.

Este padre es el personaje central de uno de los relatos más familiares y más queridos de la Biblia. Hablando estrictamente, es ficticio, un personaje imaginario en una parábola de Jesús. Sin embargo, también es el padre más real de todos. Al relatar la historia que a menudo se llama "El hijo pródigo" en Lucas 15:11-32, Jesús reveló las destrezas de criar hijos de su propio Padre celestial. Por su ejemplo, aprendemos cómo un padre santo guía al hijo, por terco, rebelde, iracundo, o egoísta que ese hijo o hija sea o pueda ser.

Los principales personajes son un padre y dos hijos rebeldes. El más joven se desenfrenó y todos lo supieron. El mayor ardía en ira santurrona mientras todos lo veían como un joven leal y obediente. (Lo examinaremos el próximo capítulo). A pesar del pobre carácter y decisiones necias de sus hijos, debo destacar que el padre no les hizo ningún mal. Ambos hijos fueron culpables de rebelión, cada uno a su manera, y de alguna manera se las arreglaron para hacer de su padre el chivo expiatorio. Muchos padres se pueden identificar con la soledad de este hombre.

Ernest Shackleton, en su libro *The Voyage of the Endurance* (El viaje de la perseverancia) escribe: "La soledad es la pena de liderazgo."² Eso es cierto en cuanto a criar hijos. Cuando pienso del padre del pródigo, veo a un nombre solitario en una lucha solitaria. Después de todo lo que había hecho por su hijo, su hijo lo hace a un lado y opta por un largo alejamiento. Después de todo lo que había esperado, el padre vivió con la posibilidad muy real de que tal vez nunca vuelva a ver a su hijo.

CUALIDADES DE UN PADRE IDEAL

Mirando a este relato como hijo, padre y abuelo, tres observaciones amplias vienen a la mente.

Primero, *noto que el padre estableció un medio ambiente cómodo, que cultiva, y lleno de gracia.* Esta es una de las más importantes contribuciones que un padre o madre pueden hacer en la vida de su hijo. Las palabras y acciones son importantes, pero la atmósfera que producimos ejerce un enorme impacto en el sentido de seguridad y bienestar del hijo o hija. La descripción de Jesús nos dice que este padre no es una figura sobrehumana; es nada más que un hombre del pueblo que ama a sus hijos, ama a la madre de ellos, y cuida bien su hogar y a todos los pertenecen a esa familia.

Segundo, *Jesús describió a un hombre con el que se podía hablar y lleno de gracia.* El hijo evidentemente se sintió en libertad de decir lo que pensaba sin temor de reproche o rechazo. El padre ni siquiera lucha contra la escueta demanda de su hijo. "Padre, dame la parte de la herencia que me toca" (Lucas 15:12, VP). Veo en el muchacho insolencia, un espíritu de derechos, una falta de respeto egocéntrica por el hecho de que era prerrogativa del padre repartir su riqueza, y del hijo exigirla. Con todo, él estiró la mano y dijo, en efecto: "Quiero lo que me pertenece . . . y lo quiero *ya*."

De acuerdo a la ley judía, que se anota en Deuteronomio 21, el padre debía repartir la riqueza de la familia en partes iguales entre sus hijos, y el hijo mayor recibiría la doble cantidad de los demás como "derecho de primogénito." En este caso, el hijo mayor debía recibir dos tercios de los bienes del padre, y el menor recibía una tercera parte. Normalmente, por supuesto, esto se hacía después de la muerte del padre, a menos que él escogiera legar su fortuna antes. La petición del hijo fue grotesca; sin embargo, el padre en efecto recibió un beneficio: uno que tal vez sería sabio considerar. Él escogió transferir su riqueza a sus hijos antes de morir, lo que quería decir que él estaría presente para ver cómo la disfrutaban y podría regocijarse junto con ellos.

Tercero, *el padre conoce a su hijo*. Siendo mayor y más sabio, sabe que los tiempos difíciles son inevitables. Él sabe que el muchacho tiene edad suficiente para irse de casa, pero también sabe que ese hijo no tiene madurez suficiente como para enfrentarse a las tentaciones y demandas de vivir por cuenta propia. Enfrentaba el reto de que su hijo venga con su mano egocéntrica extendida, sabiendo, muy adentro, que todo un día resultaría como tiro por la culata. Con todo, este padre no ofreció resistencia. Porque sabía que su hijo no estaba en un marco mental como para escuchar, tratar de impartir sabiduría había sido inútil. Los buenos padres conocen a sus hijos.

Las familias a menudo llegan a este momento difícil de verdad. Por toda una variedad de razones, un hijo o hija decide que es tiempo de irse o alejarse. Por difícil como se siente, por lo general es mejor dejarles que se vayan; atender a la petición con un esfuerzo de buena fe por ayudarlos a mudarse. No estoy sugiriendo que un padre debe pensar que esto es nada más que fanfarronería del hijo o hija. Muy a menudo, no lo es. Lo que estoy sugiriendo es que resistir al deseo de un hijo de irse de casa sólo oscurecerá un problema con otro. En tanto y en cuanto él o ella se sientan encadenados, nadie—y mucho menos el hijo—podrá reconocer y enfrentar los asuntos reales.

Este padre sabía que aflojar el apretón era su única esperanza de un día redimir a su hijo. Estoy seguro de que también entendía que los días por delante serían muchos más negros antes de que su hijo viera la luz. Y se daba cuenta de que tal día tal vez nunca vendría.

ACTITUDES DE UN PADRE IDEAL

Aunque a este relato se le ha dado el título de "El hijo pródigo," la figura central en el relato es el padre. Nos identificamos con el hijo que se descarría, y luego vuelve, pero Jesús relató esto para enseñarnos sobre el Padre. Lucas 15 empieza con el relato de una oveja perdida, en la cual descubrimos que el Padre se regocija por la restauración de una oveja. Su próximo relato recalca el mismo punto usando una moneda que se recupera. En Lucas 15:11-32 Jesús nos da un vistazo más detallado del carácter del Padre, y en él hallo cuatro actitudes paternales destacadas que vale la pena emular.

139

Está dispuesto a escuchar y a correr riesgos

El padre no estaba *obligado* a escuchar; *escogió* escuchar; y por cierto no tenía que *entregar* su riqueza; escogió *entregarla.*

Jesús contó esto también: "Un hombre tenía dos hijos, y el más joven le dijo a su padre: 'Padre, dame la parte de la herencia que me toca.' Entonces el padre repartió los bienes entre ellos. Pocos días después el hijo menor vendió su parte de la propiedad, y con ese dinero se fue lejos, a otro país, donde todo lo derrochó llevando una vida desenfrenada" (Lucas 15:11-13, VP).

No se nos dice nada de la conversación que tuvo lugar durante el proceso. El padre habría tenido que vender por lo menos una tercera parte de todos sus bienes a fin de entregarle efectivo al hijo, lo que habría llevado tiempo. Se nos dice que "pocos días después" el hijo se fue de casa. Por cierto, el padre habría aprovechado ese tiempo para tener por lo menos una buena charla entre padre e hijo, tal vez varias. Me imagino que le habría dicho algo como esto:

Hijo: ahora tienes más dinero del que jamás tendrás en tu vida. Por primera vez no sólo vas a estar viviendo lejos de casa, lo que nunca ha pasado antes, sino que estarás viviendo sin que nadie te pida cuentas, ni te ponga límites, y sin la influencia de tu familia. Yo no estaré a tu lado para hacerte las preguntas difíciles o aconsejarte.

El mundo es un lugar cruel. Hay aprovechadores por todas partes que estarán listos para quitarte todo lo que tienes. Ten cuidado. Cuida tu dinero. Escoge tus amigos con mucho cuidado. Más importante que todo, guarda tu corazón. Los principios que te he enseñado funcionarán igual de bien lejos de mí como han funcionado mientras hemos estado juntos. Pronto estarás por cuenta propia. Cuando hay higos, hay amigos, y cuando sepan que tienes dinero, harán todo lo posible por quitártelo. No permitas que eso suceda.

Es más, con certeza enfrentarás tentaciones que nunca sabías que existían. Sé fuerte, anda con prudencia y pureza. Consérvate andando cerca de Dios.

Usted sabe el sermón. Es el que los buenos padres les dan a su hijo o hija cuando éste se va de casa, sea para asistir a alguna universidad distante, o al servicio militar obligatorio, o simplemente se muda a vivir por cuenta propia o con algunos amigos. Cualquier padre dispuesto a dejar en libertad a un hijo debe estar dispuesto a escuchar y arriesgarse. Este padre le da al hijo el dinero que le correspondía.

Está dispuesto a dejarlo en libertad completa

No vemos resistencia de parte del padre. No hay discusión, ni súplicas, ni llantos, ni aferrarse. Dejó a su hijo en libertad para que viva por cuenta propia, sin controlarlo y manipularlo. Sencillamente dejó que se vaya.

Una mañana el muchacho empacó sus pertenencias y "se fue lejos, a otro país," a geografía y costumbres nada familiares, y a una cultura desconocida que tenía sorpresas inesperadas, incluyendo "amigos" inusuales que le esperaban. No le llevó mucho tiempo olvidarse del consejo de su padre al empezar a darse a "una vida desenfrenada." (¡La palabra significa vida desenfrenada y desordenada antes que [meramente] extravagante o voluptuosa"[3]). Desperdició todos sus bienes en una bacanal imprudente de

141

placer, gastando dinero a manos llenas. ¡Era libre! Volaba con sus propias alas, y pronto halló un montón de compañeros dispuestos a ayudarle a hacer fiesta. Ellos podían distinguir un blanco fácil, así que se aferraron a él como parásitos.

"Pero cuando ya se lo había gastado todo, hubo una gran escasez de comida en aquel país, y él comenzó a pasar hambre" (Lucas 15:14, VP).

No tenemos ni idea de cuánto le duró el dinero al gastarlo sin ningún control, pero a la larga empezó a acabársele. Se redujo del departamento de lujo en el último piso del rascacielos a un cuchitril en el segundo piso en un tugurio de la ciudad. Finalmente tocó el fondo cuando una hambruna cayó sobre la tierra. Esto habría sido como quedarse en bancarrota poco antes de la quiebra de la Bolsa de Valores de 1929. Cualquiera que ha estado completamente sin recursos y en verdad con hambre puede identificarse con la suerte de este joven. La desesperación, mezclada con la depresión y el pánico, resultaron en que llegó al punto más bajo de su vida.

Fue a pedir trabajo a un hombre del lugar, que lo mandó a sus campos a cuidar cerdos. Y tenía ganas de llenarse con las algarrobas que comían los cerdos, pero nadie se las daba (Lucas 15:15-16. VP).

El que se halla en ese predicamento consideraría hacer cualquier cosa para sobrevivir, incluso comer cosas que jamás habría imaginado comer. El único trabajo que el joven pudo hallar fue cuidar cerdos; ¡ocupación degradante en extremo para un judío! E incluso allí, no pagaba lo suficiente para llenarle el estómago. Cuando uno tiene tanta hambre como para comerse el agua sucia de los puercos, ¡en realidad uno está muriéndose de hambre!

A veces al observar las Escrituras es importante notar lo que el autor escoge *no* decir. Debemos tener cuidado en cuanto a las conclusiones que derivamos de esta deliberada omisión, pero la mayoría de padres se preguntarían: *¿Dónde está el padre?* El padre del muchacho estaba donde siempre había estado. No estaba buscando a su hijo. No le escribió cartas para animarlo. Rehusó suplicarle al muchacho que vuelva, ni le ofreció cambiar el hogar si él volvía ni tampoco le prometió ser un mejor padre. No vemos evidencia de culpa o angustia de parte del padre, sintiéndose como un fracaso, o echándose la culpa por la condición de su hijo. Es muy natural que un padre o madre sienta o piense eso. *¿Qué hice mal? ¿Qué debía haber dicho que no dije? ¿Qué dije que no debería haber dicho? ¿Cómo fue que causé esto?* Pero este padre no hizo nada de eso. En su reacción al retorno del hijo, hallamos un indicio importante.

"Cuando todavía estaba lejos, su padre lo vio y sintió compasión de él. Corrió a su encuentro, y lo recibió con abrazos y besos" (Lucas 15:20. VP).

El padre tenía sus ojos en el horizonte, tal vez estudiándolo varias veces al día mientras el nombre del hijo pasaba por sus labios en oración, anhelando verle seguro, suspirando tenerlo consigo. El padre del muchacho no estaba presente con él en la depravación de la pocilga, pero nunca jamás se olvidó de su hijo en sus conversaciones privadas con Dios.

Estuvo dispuesto a esperar que Dios cambie a su hijo.

Lea las siguientes palabras lenta y cuidadosamente. Penetre en ellas.

Y tenía ganas de llenarse con las algarrobas que comían los cerdos, pero nadie se las daba. Al fin se puso a pensar: '¡Cuántos traba-jadores en la casa de mi padre tienen comida de sobra, mientras yo aquí me muero de hambre! Regresaré a casa de mi padre, y le diré: Padre mío, he pecado contra Dios y contra ti; ya no merezco llamarme tu hijo; trátame como a uno de tus trabajadores.' Así que se puso en camino y regresó a la casa de su padre.

"Cuando todavía estaba lejos, su padre lo vio y sintió compasión de él. Corrió a su encuentro, y lo recibió con abrazos y besos" (Lucas 15:16-20. VP).

Note que el padre no trató de acelerar la transformación del muchacho mediante manipulación a pesar de lo mucho que quería que su hijo esté en casa. Estuvo dispuesto a esperar con paciencia y permitir que Dios cambie el corazón de su hijo.

Esto es fácil de escribir, y sin embargo terriblemente difícil de hacer. Ver a uno de los hijos de uno tocar fondo es una de las expe-riencias más dolorosas que un padre o madre pueden soportar. Pero no se pierda la última línea de esa primera frase: "pero nadie se las daba."

Una vez, después de hablar sobre este tema, una madre vino a verme bañada en lágrimas. Habló con dificultad al decir: "Cuando mi hijo cumplió dieciséis años consiguió su primer trabajo, compró su primer coche, tomó las primeras drogas, quedó adicto, y no le he visto por veinte años." Después de cumplir dos sentencias en la cárcel, enfrentaba una tercera. Allí fue cuando se despertó. La madre añadió: Nunca lo busqué, pero siempre mantuve encendida la luz para él."

El padre del relato de Jesús tuvo que dejar que su hijo se revuelque en un chiquero con todas sus consecuencias. De manera similar, la madre tuvo que dejar a su hijo en la cárcel, completamente solo con sus pensamientos. Por difícil que esto es para un padre o madre, así es como tiene que ser, o de lo contrario el pródigo y sus sentidos siempre seguirán ajenos. Es más, el padre o madre nunca se dan por vencidos, siempre dejan encendida la luz, y mantienen la puerta de su corazón sin llave con la esperanza de que ese sufrimiento logrará su objetivo.

Hace años leí algo que nunca he olvidado: "El dolor levanta la bandera de la realidad en la fortaleza del corazón rebelde." El muchacho estaba sufriendo. Vivía en el mismo chiquero con cerdos. Su estómago gruñía por el hambre. Su trabajo era una mofa de todo lo que una vez consideraba sagrado. Su cuerpo era un testamento mugroso, sucio, hediondo de su caída de la pureza ritual como judío. No podía llegar más bajo.

Tocó fondo, exactamente dónde necesitaba estar a fin de "volver en sí," o "caer en cuenta." La frase griega literalmente dice: "volvió en sí mismo." El venerable erudito Bautista A. T. Robertson escribe: "Como si hubiera estado fuera de sí mismo como lo estaba de casa. A decir verdad, había estado lejos, fuera de su cabeza, y ahora empezaba a ver las cosas tal como eran en realidad."[4]

Así que, por último, el corazón del hijo pródigo se humilló y estaba genuinamente contrito. Es útil recordar que un corazón contrito no hace demandas, ni tiene expectativas, ni echa la culpa a nadie. Esta actitud aparece en el discurso que practica para decirle a su padre: "Padre mío, he pecado contra Dios y contra ti; ya no merezco llamarme tu hijo; trátame como a uno de tus trabajadores" (Lucas 15:18-19). El quebrantado joven practicó y afinó su discurso todo el camino de regreso a casa. Memorizó las palabras, habiéndolas repasado vez tras vez.

Me encanta lo que dice la línea que sigue: "Y levantándose, vino a su padre" (Lucas 15:20). No se levantó y volvió a su casa, o a su dormitorio, o a sus amigos, o a su riqueza, o a su posición social. Nada de esto le atrajo a casa. Él regresó *a su padre*. Anhelaba estar con su papá, restaurar esa relación. Recuerde esto: en el relato de Jesús, el padre es una imagen verbal de Dios Padre. Nuestro Dios pacientemente espera que recuperemos nuestros cabales . . . que volvamos a Aquel en quien hallamos todo lo que anhelamos y necesitamos. Desdichadamente, obstinadamente rehusamos hacerlo mientras no hemos agotado todas los demás alternativas y por último llegamos a darnos cuenta de que nuestro esfuerzo por proveer para nosotros mismos es inútil.

Me encanta la manera en que un poeta lo dice penetrantemente:

¿A quién tenemos, Señor, sino a ti,
para que sacie el alma sedienta?
¡Inagotable fuente!
¡El agua es gratis!
Todos los demás manantiales están secos.[5]

Estuvo dispuesto a aceptar, perdonar y restaurar

"Así que emprendió el viaje y se fue a su padre. Todavía estaba lejos cuando su padre lo vio y se compadeció de él; salió corriendo a su encuentro, lo abrazó y lo besó" (Lucas 15:20, NVI).

El joven se limpió las palmas, y dio a sus líneas un repaso final conforme su casa aparecía la distancia. Su corazón debe haberse saltado un latido. Cuando su padre le vio venir "todavía estaba lejos." ¿No es eso grandioso? El papá estaba sentado en el porche del frente, escudriñando cualquier silueta que apareciera en la distancia. Estaba sentado allí vigilando por el paso distintivo de su hijo. Estaba dispuesto a esperar, ¡pero anhelante! Su alegría no tuvo límites el día en que reconoció a su muchacho. Sin ningún momento de vacilación, se lanzó cruzando los campos para abrazar con amor a su hijo.

¡Qué contraste al recibimiento que recibió Absalón! Después de un alejamiento de cinco años, todo lo que David consintió en darle a su hijo fue un beso frío y a regañadientes; nada que no le habría dado a cualquier dignatario visitante. En contraste, mire la bienvenida que recibió el pródigo. Los verbos revelan los sentimientos de su padre.

Su padre lo *vio*
y *se compadeció* de él;
salió corriendo a su encuentro,
lo *abrazó*
y lo *besó*.

El muchacho hedía como majada podrida de puerco, pero su padre no lo notó. Le abrazó y le besó más de una vez. La forma del verbo griego "besar" tiene un prefijo que indica que el padre le besó "con fervor," lo que con toda probabilidad quiere decir que lo besó vez, tras vez, tras vez. Tome nota especial de la ausencia de condenación o condescendencia. No le dijo: "Pues bien, "¡ya era hora!" o "¡Espero que hayas aprendido la lección!" o "¡Deberías sentir vergüenza!" Nada de eso. Sólo vemos a un padre agradecido de tener a su hijo entre sus brazos de nuevo. No se preocupaba por tener razón, o ser vindicado, o aplacar su orgullo. Estuvo dispuesto a aceptar a su hijo, perdonar su necedad, y restaurar su relación.

147

Es más, cuando el muchacho trató de pedir disculpas, el padre ni siquiera le dejó de terminar su bien repasado discurso. "El hijo le dijo: 'Padre mío, he pecado contra Dios y contra ti; ya no merezco llamarme tu hijo'" (Lucas 15:21. VP).

El hijo tenía más para decir. ¿Recuerdan el resto? Estaba listo para añadir: "Trátame como a uno de tus trabajadores," pero antes de que él pudiera terminar, su padre exclamó por sobre sus hombros:

'Saquen pronto la mejor ropa y vístanlo; pónganle también un anillo en el dedo y sandalias en los pies. Traigan el becerro más gordo y mátenlo. ¡Vamos a celebrar esto con un banquete! Porque este hijo mío estaba muerto y ha vuelto a vivir; se había perdido y lo hemos encontrado' (Lucas 15:22-24).

La mejor ropa de la casa habría sido la que pertenecía al padre. El anillo con toda probabilidad era el anillo de sellar de la familia, que funcionaba de manera muy parecida a la tarjeta de crédito actual, dándole la capacidad de comprar lo que quisiera y obligaba a la familia a pagar la deuda. Es más, los criados, contratados o de otra naturaleza, rara vez tenían el privilegio de llevar sandalias. Los criados ponían sandalias en los pies de otros. Un canto popular entre los esclavos durante un período vergonzoso de la historia de Estados Unidos de América era "Todos los hijos de Dios tienen zapatos." Puesto que los esclavos andaban descalzos, era un lujo digno de describir al cielo.

Una vez que el hijo había sido restaurado a su lugar previo de respeto en la familia, su padre incluyó a todo el pueblo en la bienvenida que le dio al hijo. El "becerro más gordo" era un ejemplar selecto del hato, especialmente preparado en el lapso de varios días antes de matarlo para que sea particularmente suculento y tierno. Un becerro entero habría sido suficiente para dar de comer a toda una población pequeña. El padre declaró: "Maten al becerro, enciendan carbón, e inviten a todo el pueblo. ¡Vamos a tener una parrillada!" ¿Por qué? "Porque este hijo mío estaba muerto y ha vuelto a vivir; se había perdido y lo hemos encontrado'" (Lucas 15:24). Se alegraron, bailaron y cantaron.

Un viejo himno capta el corazón de la gracia del Padre con estas palabras:

¿Quién es un Dios perdonador como tú?
O, ¿quién tiene gracia tan rica y gratuita?[6]

Si alguna cualidad de Dios le separa de los dioses de las sectas y religiones falsas, es la gracia. Ninguna otra religión presenta a un Dios que libre y completamente perdona a sus seguidores. Los que buscan apaciguar a los ídolos siempre tienen que trabajar y seguir trabajando, demostrar y seguir demostrando, ganarse y seguir ganándose para recibir el amor de su Dios; el cual incluso entonces puede decidir que no basta. ¡No nuestro Padre celestial! El muchacho todavía estaba recubierto con la pestilencia y mugre del chiquero, todavía chorreando sudor por su larga caminata a casa, cuando su padre le puso un vestido limpio: el vestido que normalmente se hubiera reservado para sí mismo. El padre aceptó a su hijo tal como estaba, le perdonó libremente, y le restauró por completo. Entonces danzó.

Esa escena me hace sonreír y aplaudir. La música y danza ahogó toda la culpa y vergüenza del pródigo.

TRES PREGUNTAS PARA PADRES FIELES

Quiero presentarle tres preguntas. Espero que usted reduzca el paso lo suficiente para considerar cada una de ellas. No se limite meramente a leer esta última sección para pasar apurado al próximo capítulo. Si lo hace, habrá invertido el tiempo pero se habrá perdido los beneficios.

¿Tiene usted un padre o madre al que necesita agradecer?

Empecé ofreciendo unas pocas palabras de afirmación y estímulo para padres, pero ellas no significan gran cosa procediendo de mí como significarían si procedieran de usted. Si usted no ha sido una mamá o papá por mucho tiempo, tal vez no haya tenido tiempo suficiente para tener ese sentido algunas veces abrumador de ineptitud y culpa que acompaña a la crianza de los hijos. La duda puede ser debilitadora cuando los padres piensan en todas las cosas que deberían haber hecho y no hicieron, todas las equivocaciones que cometieron, la sabiduría que adquirieron demasiado tarde, los lamentos, demasiados para numerar. Los padres tienden olvidarse de los éxitos. Pasamos por alto la seguridad que proveímos, las trastadas que limpiamos, los sacrificios que hicimos, las ocasiones en que usted y yo hallamos tan especiales que nuestros padres jamás consideraron.

Sus padres necesitan oír de usted. No espere hasta una fiesta para expresar su gratitud. Agradézcales ahora mismo con una nota escrita a mano, y resuelva hacerlo a menudo. "Gracias por los cientos de cosas que hiciste y de las que nunca supe, los muchos sacrificios que hiciste tan calladamente, tan desprendidamente. Gracias por proveer comidas tan nutritivas y proveer techo; nunca supe cuánto era el pago mensual de nuestra casa, y nunca vi el recibo de abarrotes y víveres. Te agradezco por quererme a pesar de mi ignorancia, mis arranques de ira, mi falta de respeto, las muchas veces que te causé dolor. Gracias."

Si usted quiere que su padre o madre tenga un día muy especial, agradézcale. No estoy seguro de lo que se sentirá mejor: la satisfacción o el alivio.

¿Tiene usted un hijo o hija al que necesita dejar en libertad?

Esta no es una pregunta para responder a la cual usted espera a que su hijo o hija cumpla dieciocho años. Esta es una pregunta que usted empieza a encarar el día en que envía a su hijo al Jardín de Infantes, y cada vez que él o ella le preguntan: "¿Puedo . . .?"

Soltar al hijo a veces es algo que se practica mentalmente con mucha anticipación antes de que él o ella se marche a la universidad, o al servicio militar, o se case, o a algún trabajo. Soltar a un hijo es una disciplina emocional que se debe practicar todos los días. Créame, sé lo difícil que es. Al hijo o hija le falta madurez para saber en cuanto al mundo y lo peligroso que puede ser para el ingenuo. Usted ve peligros que su hijo ni siquiera puede empezar a captar. Es más, usted está cansado. Las responsabilidades que usted enfrenta son legiones. Usted tiene suficiente para pensar con las tensiones que tiene, para no mencionar la preocupación añadida de permitir que su hijo o hija hagan algo que incluye un daño potencial; y tal vez incluso requiera su participación, lo que exige más energía de la que tiene para dar.

Aquí es donde Cynthia y yo hemos hecho algo que puede ayudar. Decidimos, cuando nuestros cuatro hijos iban creciendo, que siempre diríamos que sí, a menos que fuera absolutamente esencial decir que no. Si usted hace esto con integridad, se sorprenderá (¡y tal vez se desaliente algo!) al ver cuán pocas veces un no es la respuesta apropiada. Como ve, no es la respuesta fácil. No requiere pensamiento, ni esfuerzo, ni gasto, ni riesgo, ni ansiedad, ni discusión, ni confianza, ni crecimiento; nada. Es más, es una manera segura de instilar resentimiento en la relación, lo que probablemente se convertirá en un perpetuo juego de tira y afloja, e incluso tal vez rebelión abierta.

Nosotros hallamos los beneficios de ser padres que dicen que sí mucho más satisfactorios de lo que pudiéramos habernos imaginado. Sí, no sólo es una respuesta positiva, sino que es una respuesta de fe. Requiere que confiemos en el Señor para que cuide a nuestros hijos. Tenemos que confiar en él para capacitarlos para que se levanten a la altura de hacerle frente a la responsabilidad adicional que la libertad demanda. Hay mucha gracia en esa confianza. Nuestros hijos por lo general se sentían tan honrados por nuestra confianza que se esforzaban el doble para evitar defraudarnos. Un sí requiere una inversión personal de tiempo y esfuerzo, y con frecuencia incluye dinero, lo que constantemente nos estiraba en nuestra propia zona de comodidad. Un sí nos obligaba a buscar crecimiento en nuestros hijos, lo que habría sido muy fácil soslayar de otra manera, y casi sin excepción, los hijos nos sorprendieron con su madurez. También mantuvo abiertas y activas las líneas de comunicación.

Por su inversión de fe, usted disfrutará de una relación relativamente libre de rebelión. Sus hijos pronto aprenderán que un no, no es su deseo, sino que circunstancias más allá de su control—en unas cuantas ocasiones—lo exigen. Es más, aceptarán un no más fácilmente porque es relativamente raro, y han aprendido a apreciar la realidad de las limitaciones. Usted pronto descubrirá que la libertad que usted concede a sus hijos a menudo se traduce en mayor libertad para usted mismo.

Lo mejor de todo, el día en que usted deje que sus hijos se vayan al mundo para pararse en sus propios pies será mucho más fácil. Usted lo hará con mayor confianza porque su hijo o hija estará bien preparado para equilibrar la libertad y la responsabilidad, porque ha tenido mucha práctica.

¿Tiene usted un pródigo que necesita perdón y restauración?

Si es así, el futuro de su relación tensa e incómoda en su mayor parte está fuera de su control. Digo en un mayor parte, porque hay cosas que usted puede hacer además de orar por el retorno de su hijo o hija. Le insto a adoptar la actitud de su Padre celestial hacia todos sus pródigos.

Esté dispuesto a entregar todo el asunto al Señor, lo que lo librará de mucha preocupación y le dará la libertad para soltar a su hijo. Mientras el hijo o hija no se sienta libre de su hostilidad, su culpa, sus expectaciones, y cualquier otra actitud controladora, usted prolongará el enajenamiento. Permítame repetir estas palabras con toda fuerza: *Suelte a su hijo.*

Esté dispuesto a esperar que el Señor cambie a su hijo sin que usted sienta la necesidad de intervenir y apresurar el proceso. Si su hijo está distraído por su voz que lo reprocha e instruye, estará demasiado distraído como para notar la cirugía de corazón que Dios quiere hacer en él. Hacerlos buenos es la gran meta de Dios para todos nosotros. Para tomar prestad una línea de Ruth Graham, su tarea es amar a su hijo o hija; es tarea de Dios hacer bueno al hijo. Espere en el Señor. Deje que las cosas sean. Dios quiere que su hijo o hija sea bueno incluso más de lo que *usted* quiere.

Esté dispuesto a aceptar, perdonar y restaurar. La cualidad más atractiva de Dios es su gracia; y para que nosotros demostremos gracia así de asombrosa es una empresa de tamaño divino. ¿Puede usted aceptar a su hijo o hija si vuelve a casa, plenamente arrepentido, todavía hediendo con el lodo de la pocilga? ¿Puede usted dejar a un lado el rechazo y muchos de los comentarios que avergüenzan, y su propio dolor, sin esperar que su hijo haga reparaciones para usted? ¿Puede usted restaurar a su hijo a su lugar anterior de honor en su corazón y en su vida? Por supuesto, un sólido y firme cimiento de confianza tendrá que ser restaurado con el tiempo. Las lesiones internas y heridas profundas del corazón necesitan tiempo para sanar. Pero la pregunta crucial es: ¿Está usted dispuesto a aceptar, perdonar, y restaurar cuando llega esa llamada telefónica por tanto tiempo esperada?

La prueba de su disposición se demuestra cuando usted lava y plancha su mejor vestido, cuando usted pule ese anillo, conserva un par de buenas sandalias junto a la puerta, y tiene las invitaciones listas para enviarlas. Todo lo que falta es el sonido de esa voz dicha en un tono de arrepentimiento profundo, y auténtico, que dice: "He vuelto. Te quiero. . . . ¿Puedo volver a casa?"

Practique su respuesta, empezando hoy: ¡Sí!

154

Ocho

Cómo confrontar las "actitudes de hermano mayor"

———————— ⌐ ————————

Los relatos que Jesús nos dio nunca dejaron de conectarse con asuntos de la vida real. No pienso que es coincidencia que él puso este relato del hijo pródigo en el contexto de la familia, por lo menos por dos razones. Primero, su alegoría se dirigía a dos clases de personas dentro de la comunidad judía, o de la familia judía, por así decirlo, que vivían en agudo contraste una con otra. Segundo, cualquiera que tiene hermanos o hermanas puede apreciar las emociones casi instintivas que intervienen en los conflictos entre hermanos. La conducta irritante de parte de alguien fuera de la familia puede resultar en frustración, en tanto que las mismas acciones de parte de un pariente pueden inspirar profundo resentimiento, e incluso odio. Como padres, no podemos darnos el lujo de tomar a la ligera las actitudes negativas persistentes ni resentimientos amenazadores entre hermanos. Así que al examinar

155

las "actitudes de hermano mayor" en la parábola de Jesús, es mejor si aplicamos a la familia los principios que descubrimos.

Jesús relató esto para exponer la verdadera naturaleza de los fariseos. Ellos, junto con sus actitudes desprovistas de gracia, asechaban a Jesús dondequiera que iba. Su legalismo era implacable. De paso, es espíritu farisaico todavía vive en muchos (¿la mayoría?) de los círculos cristianos. Como un autor valiente escribió:

> Hay personas que no quieren que seamos libres. No quieren que seamos libres ante Dios, aceptados tal como somos y por la gracia de Dios. No quieren que seamos libres para expresar nuestra fe original y creativamente en el mundo. Quiere controlarnos; quieren utilizarnos para sus propios propósitos. Ellos mismos rehúsan vivir ardua y abiertamente en fe, pero se aglomeran con otros pocos y tratan de lograr un sentido de aprobación insistiendo que todos nos veamos iguales, hablemos igual, y actuemos igual, validando así el uno la valía del otro.
>
> Entonces tratan de aumentar su número sólo a condición de que los nuevos miembros actúen, hablen, y se comporten igualito a ellos. Éstos se infiltran en las comunidades de fe "para espiar la libertad que tenemos en Cristo" y no es infrecuente que hallen la manera de controlar, restringir y reducir las vidas de los cristianos libres. Sin darnos cuenta de eso sentimos ansiedad por lo que otros digan de nosotros, preocupándonos con obsesión respecto a lo que otros piensen que debemos hacer. Ya no vivimos las buenas nuevas sino que con ansiedad tratamos de memorizar y recitar el guión que alguna otra persona nos ha asignado.[1]

Otro lugar en que hallamos fariseos del día moderno, o "mata gracia" como yo los llamo, es la familia. El hogar es el último lugar en que miraríamos, aunque es el primer lugar en que el legalismo mete su horrible cabeza.

¿Legalismo en el hogar? Sí. Tal vez usted nunca antes pensó de la conducta de algunos familiares de esa manera. Los mata gracia han estado aquí por muy largo tiempo y están en todas partes. Todo el tiempo en que ha habido perdón, han habido los que prefieren guardar rencores, condenar y criticar. Todo el tiempo que ha habido la oferta de libertad, han habido aquellos a quienes les gustaría quitarnos la libertad. Todo el tiempo en que hemos podido volar espiritualmente, han habido los que consideran su llamamiento cortarnos las alas, y aplastarnos y contenernos. Todo el tiempo que ha habido hijos e hijas pródigos, que reconocen y se arrepienten de lo que han hecho mal, han habido hermanos y hermanas mayores que se han disgustado por su regreso, y han resistido cualquier pensamiento de compañerismo, ciertamente en el sentido más hondo de la palabra. Los mata gracia no simplemente contaminan las iglesias con sus estándares de valía convenientemente escogidos; le drenan la vida al hogar de otra manera feliz y sano. Lo único que librará a su familia del control debilitador de un legalista es la verdad. Tiene el poder de hacer libres a los críticos que no perdonan y que condenan; sólo si lo permiten. Desdichadamente, por lo general no es así.

ANATOMÍA DE UN FARISEO

Retroceda conmigo al primer siglo. Volvamos a entrar en una escena en donde Jesús enseña a un grupo de sus seguidores.

Dijo entonces Jesús a los judíos que habían creído en él: Si vosotros permaneciereis en mi palabra, seréis verdaderamente

157

mis discípulos; y conoceréis la verdad, y la verdad os hará libres (Juan 8:31-32).

Muchos están familiarizados con la declaración "la verdad los hará libres," pero pocos se percatan de cuál era el público de Jesús y las circunstancias que recabaron sus palabras. Él estaba hablando a nuevos convertidos judíos, que anteriormente fueron discípulos de los fariseos, que gobernaban a sus seguidores mediante severa condenación e intimidación controladora. Brennan Manning describe particularmente bien a los legalistas del día de Jesús.

Los fariseos, que llevaban la religión como un escudo de autojustificación y una espada de juicio, instalaron las frías demandas del perfeccionismo gobernado por reglas porque ese método les daba estatus y control, y a la vez reaseguraba a los creyentes que estaba marchando al paso en el camino de la salvación. Los fariseos falsificaron la imagen de Dios para convertirla en un tenedor de libros eterno, de mente estrecha, cuyo favor se podía ganar sólo mediante la observancia escrupulosa de leyes y regulaciones. La religión se convirtió en una herramienta para intimidar y esclavizar antes que para liberar y fortalecer.[2]

Los fariseos conocían la Toráh, los primeros cinco libros de las Escrituras del Antiguo Testamento; pero no se detenían con el estudio de las Escrituras escritas, y la memorización de mucho de ella; también le añadieron. En el espíritu de obediencia, y espíritu sincero, estoy convencido, le añadieron no sólo docenas, sino cientos de reglas y regulaciones, instrucciones que pensaban que estaban en el mismo plano de los libros inspirados que escribió Moisés. Estaban tan convencidos de sus propios estándares de valía ante Dios, que estaban ciegos a los motivos subyacentes:

estatus y control. Si alguien no se ajustaba a esas reglas y regulaciones, los fariseos lo descartaban como indigno de la relación especial de Dios con la familia judía. Cualquiera que no llegaba a la medida de esta falsa justicia vivía una vida de intimidación y temor puesto que vivía bajo el pulgar de estos jueces autonombrados. Hasta que . . .

Un profeta inconformista, de la parte rural del norte de Israel, un autonombrado "mesías," un don nadie analfabeto según las normas farisaicas, empezó a viajar por todas partes y predicar al público en general. Era controversial en sus puntos de vista de justicia y absolutamente escandaloso en su selección de discípulos. Mientras más popular llegaba a ser él, más les disgustaba a los legalistas. Su resentimiento sólo se intensificó cuando se unieron a la banda de sus discípulos individuos cuestionables, como Mateo.

> Después de estas cosas salió, y vio a un publicano llamado Leví, sentado al banco de los tributos públicos, y le dijo: Sígueme. Y dejándolo todo, se levantó y le siguió (Lucas 5:27-28).

Leví es el sobrenombre del discípulo que nosotros conocemos como Mateo, el escritor del primer libro de nuestro Nuevo Testamento. Cuando Jesús lo llamó, él era un cobrador de impuestos, un traidor, un judío que actuaba como representante del opresivo imperio romano. Su tarea era quitarles dinero a sus compatriotas, bajo la amenaza de cárcel, a fin de llenar el cofre de guerra de Roma. Como un beneficio colateral, recibía tratamiento especial y el derecho de exigir más de lo que era debido a fin de llenar su propia billetera. Si el impuesto era de diez monedas, él podía presentar una cuenta por doce y guardarse la diferencia. Para mejorar su posición, los cobradores de impuestos traicionaban a sus propios compañeros, cambiando su solidaridad judía para convertirse en títeres útiles de Roma. En consecuencia, los cobradores de impuestos eran hombres universalmente odiados, muy parecidos a los judíos que cooperaron con la persecución que desató Hitler durante el holocausto nazi de la década de los cuarenta. Los fariseos no permitían que ni el borde de su vestido toque a un cobrador de impuestos, para no decir nada de tratarlos con bondad o escogerlos como discípulos.

Así que el rabí galileo aturdió a los expertos de la ley y a los fariseos al perdonar pecados (algo que sólo Dios puede hacer), y luego llamó a los peores pecadores para que se unan a su círculo interno de doce discípulos (algo que ningún maestro respetable haría). Ésas decisiones fueron suficientes para desquiciar a los mata gracia, pero lo que él hizo luego los sacó del quicio.

Y Leví le hizo gran banquete en su casa; y había mucha compañía de publicanos y de otros que estaban a la mesa con ellos (Lucas 5:29).

Mateo "dejándolo todo, se levantó y le siguió" (Lucas 5:28). Se convirtió. Fue un hombre cambiado. Un creyente. Para celebrar su nueva vida, hizo una gran recepción para todos sus compañeros cobradores de impuestos y, según el propio Evangelio de Mateo, para toda una casa llena de otros pecadores y proscritos. ¿Puede imaginárselo? Jesús está a la mesa del banquete, rodeado y disfrutando con toda clase de que personas que un fariseo habría esquivado como indignas de asociación, indignas del pacto, indignas del favor de Dios.

Ahora bien, al leer esto, sospecho que usted se siente bastante seguro; tal vez un poco engreído. Yo lo admitiría. Tampoco exactamente aprecio la significación de comer con cobradores de impuestos. No conozco personalmente a ningún agente del Departamento de Impuestos, pero estoy seguro que muchos de ellos son buenas personas. Así que pongamos esto en términos que podamos comprender.

Imagínese que usted es miembro del comité encargado de la responsabilidad de hallar un pastor para dirigir a su congregación. Usted se reúne con un joven con buena educación, buenas credenciales, y referencias de personas que usted no conoce. Su teología y personalidad parecen ser una buena combinación, así que usted planea otro encuentro para permitir que otros miembros de liderazgo de la iglesia lo conozcan. Mientras tanto, usted descubre que él frecuenta una parte de la ciudad conocida por su escandalosa vida nocturna. Es más, a menudo él va a una cantina de homosexuales, no a repartir tratados ni llevando a la espalda a un letrero con versículos bíblicos, sino para cenar. Después de comer, disfruta jugando billar o a unas cuantas partidas de dardos con los homosexuales que frecuentan el lugar. Ellos saben el nombre de él y él el de ellos. Son sus amigos. No condona su estilo de vida, ni defiende ninguna acción de pecado. Él se comporta bien, pero también pasa algo de su tiempo allí, y Dios lo está usando para ministrarlos.

¿Cómo le suena eso? Honestamente.

Tal vez los homosexuales no lo hagan sentir incómodo. Inserte la porción demográfica que usted prefiera: cabezas rapadas, republicanos, liberales, demócratas, católico romanos, otra raza, los muy ricos . . . usted tiene su categoría. Es fácil respingar la nariz a los fariseos por su falsa justicia hasta que nuestras propias preferencias privadas y sensibilidades son pisoteadas. Digamos las cosas tal como son; todos tenemos algo de fariseo en nosotros.

Felizmente, Jesús hizo la voluntad del Padre y aceptó la invitación para cenar con esta colección de los más detestados pecadores de Israel. Rodeado de ellos, disfrutó de una buena comida, tal vez incluso de música y risa. Rodeado de todos ellos, ¡piense la oportunidad que tenía! El legendario general de marina "Chesty" Puller dijo una vez: "Está bien, están a nuestra derecha, están a nuestra izquierda, están frente a nosotros, están detrás de nosotros . . . esta ocasión no se nos pueden escapar."[3] Jesús se sentó toda una noche rodeado de las personas que quería alcanzar, personas que nunca se hubieran acercado a Dios o a su edificio o a sus representantes. Más bien, Dios se acercó a ellos en la persona de Jesucristo, quien les llevó la verdad que los haría libres.

Ahora note a quien se acercan los fariseos con sus quejas:

> Y los escribas y los fariseos murmuraban contra los discípulos, diciendo: ¿Por qué coméis y bebéis con publicanos y pecadores? (Lucas 5:30).

¿No es eso un fariseo? No tienen el valor o integridad para hablar con Jesús directamente, así que rezongan sus quejas a sus discípulos. La palabra griega que se traduce *murmuraban* indica un tono en voz baja, a hurtadillas. El *Strong's Lexicon* lo define de esta manera:

> 1) murmurar, musitar, rezongar, decir algo en contra en tono bajo. 1a) arrullo de palomas. 1b) de los que consultan en secreto. 1c) de los que se quejan con descontento.[4]

Así es como los fariseos de cualquier era mantienen su dominio. Utilizan insinuaciones, culpabilidad por asociación, campañas en voz baja, demagogia. Enfocan los aspectos más oscuros de la naturaleza humana: suspicacia y vergüenza. "¿Cómo pueden ustedes seguir a un maestro que se codea con *esa* clase de gente?"

Sus tácticas no se le escaparon de Jesús. Ellos lo atacaron en secreto, pero él contestó abiertamente. No tenía ninguna razón para esconder la verdad.

Respondiendo Jesús, les dijo: Los que están sanos no tienen necesidad de médico, sino los enfermos. No he venido a llamar a justos, sino a pecadores al arrepentimiento (Lucas 5:31-32).

La verdad del mensaje de Jesús giraba alrededor de una palabra que ningún fariseo tenían su vocabulario: gracia. Cómo llegar a ser genuinamente justo, cómo recuperarse del pecado, cómo volver a casa al Padre celestial, cómo hallar propósito, una razón para seguir después de hacer una trastada desdichada de la vida. Pero para llegar allá tenemos que cruzar el puente de la gracia.

Hace poco me hallé en el extremo receptor de la gracia. Viajaba por una carretera en mi camioneta bastante rápido, y noté los festivos colores de azul y rojo relampagueando en mi espejo retrovisor. Mi esperanza de que el agente de policía estuviera persiguiendo al carro que estaba delante de mí resultó ser falsa. Después de pedir mi identificación, me preguntó: "¿Sabe usted porque lo detuve?"

"Sí, señor," tartamudeé. (Uso "señor" en abundancia cuando un oficial de policía está parado junto a la ventana de mi auto).

"¿Sabe usted a qué velocidad venía?"

Le dije: "No, señor. No lo sé. Tal vez mi velocí . . ."

"Sí, ya sé; todos los velocímetros están dañados."

Estoy bromeando en cuanto a esta parte. Enseguida admití que no estaba vigilando mi velocidad, y que en realidad no tenía excusa para ir tan veloz. Entonces oí esas maravillosas palabras de gracia: "Voy a dejarlo que siga esta ocasión con sólo una advertencia."

Me sentí aliviado, contento, humilde, y agradecido a la vez. ¿Saben por qué? Porque no merecía que mi ofensa quede sin castigo. Merecía una multa por exceso de velocidad. El oficial de policía extendió gracia, mérito inmerecido. Con la gracia, uno no recibe lo que se merece; se reciben cosas buenas que no se han ganado y que no se pueden pagar. Debo añadir que la actitud de gracia del oficial se quedó conmigo. No sólo que llenó mi corazón de gratitud, sino que hizo que mi pie se aligerara bastante.

Para resumir estos pensamientos sobre el legalismo, permítame indicar que los fariseos quieren justicia. Jesús ofrece libertad. Los fariseos esperan que los discípulos se ganen el respeto de sus maestros antes de que se les dé enseñanza. Jesús quiere que vengamos tal como somos. Nadie tiene que limpiarse a fin de que Dios lo acepte como pecador. No piense que usted necesita dejar de fumar o de emborracharse, dejar las drogas, corregir sus hábitos sexuales, o someterse a algún otro proyecto de mejora propia con la esperanza de ganarse el favor de Dios. La gracia nos alivia de la necesidad de "limpieza." ¿Recuerdan a Saulo de Tarso? Mientras estaba camino a Damasco para encerrar cristianos, se convirtió a Cristo. Su "limpieza" siguió a su conversión. Jesús asistió a las fiestas de cobradores de impuestos por la misma razón por la que el médico va al hospital para hacer cirugía. Allí es donde se lo necesita.

NUESTRO RELATO

Ahora, entonces, veamos cómo todo esto se relaciona al relato de Jesús. Muy a menudo el enfoque de la atención en la parábola que Jesús relató del hijo pródigo es el muchacho descarriado, ingrato, necio, que desperdició su herencia y luego regresa arrastrándose a casa. Al relato no se le llama "El padre fiel" o "El hermano santurrón," probablemente porque la mayoría de nosotros nos identificamos con el pródigo. Nos gusta pensar que somos como él. Podemos identificarnos con su necedad; y anhelamos conocer la alegría del perdón y experimentar la oportunidad de empezar de nuevo.

El hermano menor tenía una gran vida para empezar: un gran papá, vida segura, un techo sobre su cabeza, abundante comida, criados para servirle, ganado para criar y, si el padre moría, una tercera parte de los bienes sin ninguna de las responsabilidades de liderazgo que el hermano mayor tendría que asumir. Exigió lo que le tocaba temprano y muy pronto se fue a una tierra distante, sin límites ni responsabilidad. Sus decisiones necias lo llevaron a la pobreza, peleando con puercos por sobras de comida. Cuando se cansó de las llagas, la diarrea, los calambres del hambre, el sabor amargo en la boca, y el constante vacío por dentro, recuperó sus cabales. La esclavitud en la casa de su padre sería mejor que la libertad entre los puercos, así que volvió a su padre sin esperar nada.

Cuando llegó a casa, en lugar de rechazo y castigo, recibió gracia: vestido, un anillo, un par de zapatos . . . y una gigantesca fiesta de bienvenida con todo el pueblo. ¿Por qué? Dijo el padre: "Este hijo mío estaba muerto y ha vuelto a vivir; se había perdido y lo hemos encontrado" (Lucas 15:24, VP). Pronto la fiesta estaba

165

a todo dar, con gran comida, música alegre, mucho canto y danza, llena de alabanza a Dios por el regreso de un hijo amado. ¡Qué deleite! Todo era perfecto, excepto . . .

> Y su hijo mayor [del mismo padre] estaba en el campo; y cuando vino, y llegó cerca de la casa, oyó la música y las danzas; y llamando a uno de los criados, le preguntó qué era aquello. Él le dijo: Tu hermano ha venido; y tu padre ha hecho matar el becerro gordo, por haberle recibido bueno y sano. Entonces se enojó, y no quería entrar. Salió por tanto su padre, y le rogaba que entrase (Lucas 15:25-28).

Con el ceño fruncido de un mata gracia, el legalista se acercó al lugar para oír los sonidos de una fiesta que él no había preparado para un hermano. A decir verdad, él nunca le recibió bien en casa. Estos controladores no sólo retienen la gracia, sino que se resienten contra cualquiera que la da o la recibe. El hermano mayor permaneció enfurruñado y distante, sintiéndose santurronamente noble por haber estado en los campos cuidando los negocios de la familia mientras éste hermano insensato estaba desperdiciando su vida. Su orgullo alimentaba el fuego de su resentimiento.

Su padre salió y empezó a rogarle; pero él contestó y le dijo a su padre:

> He aquí, tantos años te sirvo, no habiéndote desobedecido jamás, y nunca me has dado ni un cabrito para gozarme con mis amigos. Pero cuando vino este tu hijo, que ha consumido tus bienes con rameras, has hecho matar para él el becerro gordo (Lucas 15:28-30).

No podemos dejar de impresionarnos por la gracia del padre. Casi cualquier otro padre hubiera agarrado al muchacho por el cuello ¡y lo hubiera arrastrado hasta detrás del granero para darle un ajuste de actitud! No este padre; tan lleno de gracia, tan paciente. A pesar de su gentil razonamiento, el hijo santurrón se aferró a su resentimiento, algo que los Alcohólicos Anónimos dicen que es como beber veneno y esperar que el otro se muera. Desde su punto de vista, él tenía buena razón. Con el pródigo revolcándose en una pocilga, el hermano mayor parecía un santo. Contra el desperdicio y avaricia de su hermano, su propia lealtad y actitud consciente de legalista parecía sobrehumana. Y con su rival fuera en una tierra distante, él podría gloriarse en el calor de la atención indivisa de su padre.

"ACTITUDES DE HERMANO MAYOR"

Mire de nuevo el discurso del hermano mayor mientras hago unas pocas observaciones.

Primero, *fue un malagradecido*. Obviamente se había olvidado de que su padre era el dueño de todo. Dos tercios de una herencia apreciable habían pasado a él. Su padre se jubiló en fecha temprana y le dejó a él a cargo. Sin embargo eso no era suficiente a menos que su hermano hubiera acabado sin nada.

Segundo, *fue mezquino y narcisista*. Su padre le había dado todo lo que tenía, y sin embargo él se resintió contra su hermano porque éste recibió el honor de una celebración de bienvenida a casa. "Pero yo soy el hijo *bueno*. ¿Dónde está *mi* fiesta? ¿Dónde está *mi* recompensa?" Obviamente llevaba una cuenta detallada de toda buena obra y todo acto justo. Eso alimentó tanto su orgullo, que no podía aguantar la "injusticia" de la gracia.

Tercero, *exageró los pecados de su hermano a fin de hacer que su justicia parezca más brillante.* Note el detalle que añadió a la responsabilidad de su hermano: "ha malgastado tu dinero con prostitutas." Las expresiones griegas del relato no sugieren que el joven haya sido abiertamente inmoral. El término que se traduce "una vida desenfrenada" (VP), o "perdidamente" (RVR), quiere decir "disipación." La palabra "pródigo" quiere decir "imprudentemente extravagante, caracterizado por el gasto abundante y en desperdicio."[5] Un respetado diccionario griego dice: "Lc 15:13 habla de la vida disipada del pródigo sin especificar la naturaleza de su vida. . . . Simplemente muestra un gasto despreocupado y botarate en contraste con la [hambruna] que se avecinaba."[6] En otras palabras, no se nos dice cómo derrochó su fortuna, sólo que lo hizo porque fue necio.

Cuarto, *tenía una imaginación morbosa.* ¿Prostitutas? ¿Por qué ese pecado en particular? Tal vez el hijo mayor fue más transparente en su perorata de lo que quería serlo. Tal vez si él hubiera hecho efectivo su herencia y se hubiera ido fuera allá de los límites y de la responsabilidad, él también habría dado rienda suelta a su indulgencia y saciado sus apetitos sexuales.

Por último, y lo más significativo, *sentía que su relación con su padre dependía de ser fiel y bueno.* Lea de nuevo el pasaje. ¿Puede percibir su confusión? Note la conexión entre "te he servido . . ." y "jamás me has dado . . ." Para el legalista, la aprobación del padre es resultado directo de la buena conducta, lo que explica su aturdimiento porque el hijo menor reciba una fiesta después de una conducta tan mala. Esta perspectiva exagera el bien que hacemos y no comprende la misma cualidad que separa a Dios de todos los dioses falsos: gracia.

Antes de empezar a cazar legalistas, considere estas palabras penetrantes:

Este muchacho hizo todas las cosas debidas. Era obediente, hacendoso, apegado a la ley, y trabajaba duro. La gente lo respetaba, lo admiraba, lo elogiaba, y con probabilidad lo consideraba un hijo modelo. Por fuera, el hijo mayor era impecable. Pero cuando se vio frente a la alegría de su padre por el retorno de su hermano menor, un poder oscuro erupciona y sale a borbotones a la superficie. De repente, él se vuelve brillantemente visible una persona resentida, orgullosa, cruel, egoísta, una que había permanecido profundamente escondida, aunque había ido creciendo cada vez más fuerte y más poderosa con los años.

Mirando profundamente dentro de mí mismo y luego alrededor de mí a las vidas de otros, me pregunto ¿qué hace más daño, la lujuria o el resentimiento? Hay tanto resentimiento entre los "justos" y los "buenos." Tanto juicio, condenación, y perjuicio entre los "santos." Hay tanta cólera escondida entre los que se preocupan tanto por evadir el "pecado."

Es tan difícil alcanzar a la perdición del "santo" resentido precisamente porque está tan estrechamente casada con el deseo de ser bueno y virtuoso.[7]

Él entonces le dijo: Hijo, tú siempre estás conmigo, y todas mis cosas son tuyas. Mas era necesario hacer fiesta y regocijarnos, porque este tu hermano era muerto, y ha revivido; se había perdido, y es hallado (Lucas 15:31-32).

Shakespeare escribió en uno de sus sonetos: "El amor no es amor que altera cuando halla alteración." La gracia del padre es en verdad asombrosa. Su amor no se altera por el encuentro con este hijo. Él mostró al hijo mayor la misma gentileza que le dio al menor. Reconoció su "fidelidad" y le colmó de aprecio. Sin embargo la actitud hermano mayor no le permitiría aceptar la gracia de su padre. Su deseo de hacerse digno del amor del padre *a sus propios ojos* le impidió ver su necesidad del mismo, y así no se deleitó en el amor que le había sido dado todo el tiempo.

Note como el padre se refirió al pródigo: "este tu hermano." El legalista no reconoció su parentesco antes, pero el padre no iba a dejar que se le olvide. También quería que su hermano mayor desvíe su enfoque de sí mismo y empiece a valorar lo mismo que el padre valora, una relación con sus hijos. "Este tu hermano era muerto, y ha revivido; se había perdido, y es hallado." Pero los legalistas no pueden ver nada más allá de sí mismos. Sólo pretenden valorar lo que Dios valora, pretendiendo amar la justicia. Pero si su corazón en realidad latiera con el de Dios, se unirían a la fiesta cuando el malo se arrepiente. Enfrentémoslo; los legalistas rara vez hacen fiesta.

LOS PAPELES QUE DESEMPEÑAMOS

En los tres papeles presentados en la historia de Jesús de esta familia, hallo tres principios que se aplican a usted y a mí, independientemente de su edad, sexo o situación. Cada uno de nosotros puede hallarse en cada uno de estos tres papeles: el padre, el hermano mayor y el pródigo.

Primero, *todos tenemos suficiente de la rebelión del hermano menor en nosotros que debería impedirnos juzgar y criticar a nadie.* Cada uno de nosotros emergimos del vientre de nuestra madre como rebelde. Como expliqué con detalle en un capítulo previo, somos completamente corruptos por el pecado desde el mismo momento de la concepción. Tan pronto como pudimos tomar decisiones responsables, tomamos el tesoro de nuestro Padre y neciamente lo desperdiciamos de tal manera que no tenemos nada para ofrecerle cuando volvemos. Cualquier obra justa que traemos lleva la pestilencia de nuestra propia pocilga.

Felizmente, nuestro Padre no quiere nada más que nuestro regreso. Él espera, mirando el horizonte por nuestro paso familiar. Anhela recibir nuestro arrepentimiento con un aluvión de besos, un vestido, un anillo, un par de zapatos, y una celebración con su ejército celestial. La gracia nos espera. Si usted no ha vuelto a él con fe sencilla, como de niño, le invito a hacerlo ahora. Si no tiene las palabras precisas, haga suyas la del pródigo: "Padre, he pecado contra el cielo y contra ti, y ya no soy digno de ser llamado tu hijo" (Lucas 15:21). Dios ya ha prometido recibirlo y darle favor inmerecido, perdón por la muerte sacrificial de su Hijo, Jesús, y la vida eterna por su resurrección de los muertos. No espere. No trate de mejorarse a sí mismo primero. Venga a él tal como está.

Si hoy usted está llevando un vestido, un anillo, y zapatos que no se merece, recibido por la gracia del Padre, nunca, jamás olvide su pocilga. Si en verdad está arrepentido y genuinamente en relación con el Padre de nuevo, ni siquiera puede condenar al fariseo por su ceguera santurrona. Usted verá que él, también, necesita la compasión del Padre.

Segundo, *todos tenemos tanto del orgullo del hermano mayor en nosotros que podríamos ser igualmente crueles e hipócritas.* La mayoría de nosotros somos inseguros lo suficiente como para elevar nuestra propia posición a costa de otros. Así que nos mordemos la lengua y meneamos la cabeza por la necedad del hermano mayor mata gracia, y sin embargo muy adentro, escondemos un orgullo que no es menos insidioso. Permítame urgirle a ser franco lo suficiente como para encarar el hecho de que la última vez que alguien de quien en particular no gustábamos tuvo un tropiezo moral, nos levantamos un poco más alto en nuestra propia mente, ¿verdad? En vez de lamentar por la caída de un pródigo compañero, lo vimos como una oportunidad de anotar otro punto de mérito en nuestra columna. No mire ahora, pero ¿podría ser eso un indicio del barro debajo de nuestros propios vestidos de justicia?

Es también probable que usted tenga un fariseo viviendo en su casa, tal vez un hijo o hija, un padre, o incluso un esposo o esposa. Usted y yo no podemos hacer nada para cambiar a un fariseo; es un problema del corazón que sólo el Señor puede arreglar. Sin embargo, usted puede hacer lo que Jesús hizo. Mantenga la verdad a plena vista para que todos la vean. Reconozca por lo menos una afirmación de legalista; usted *no* merece el amor y el favor de Dios. Usted *es* un pecador indigno; sin embargo, también es hijo. Dios le ha dado un anillo y un par de sandalias para probarlo. No se avergüence de su indignidad; eso proclama la gracia de Dios más fuerte. Es una verdad que tiene poder para hacer libre al legalista; si tan se uniera la fiesta. No sermonee. No regañe. No se justifique a sí mismo. Sencillamente viva la verdad de su libertad abierta y gozosamente, y por obligación, sino en amor.

Tercero, *todos necesitamos más de la gracia del Padre en nosotros.* Aunque somos hijos, hemos vuelto a nuestro lugar de privilegio e intimidad con el Padre, tenemos una responsabilidad de pasar esa gracia a nuestros propios hijos y amigos. El padre de la parábola de Jesús tenía seguridad suficiente para soltar a su miope hijo sin discusión. Fue fuerte lo suficiente para esperar con gran paciencia que él vuelva. Fue fiel lo suficiente para seguir orando y esperando a pesar de la falta de esperanza visible. Fue perdonador lo suficiente para recibir a su hijo sin aporrearlo y sermonearlo a su regreso. Fue generoso lo suficiente para restaurar a su hijo a su lugar anterior de honor, a pesar de lo poco que se merecía. Tuvo gracia suficiente para rogarle humildad a su hijo mayor. La gracia saturó todas sus palabras y obras, y sin embargo, debo recalcar, él nunca rebajó sus normas ni hizo a un lado su amor por la justicia. Para el padre, a diferencia del hermano mayor, la gracia y la justicia no son enemigos mortales.

Como padre o madre, usted tendrá a ambos de estos hijos viviendo en casa, ¡a menudo en la misma persona! Ambos necesitan la intervención firme y sin embargo llena de gracia, del padre del pródigo.

En su penetrante libro *What's So Amazing About Grace?* (¿Qué hay de asombroso en la gracia?) Philip Yancey cuenta la historia real de una prostituta que vivía en las calles. Conversando con un hombre que trabajaba con los indigentes en Chicago admitió que no podía ganar suficiente dinero vendiéndose a sí misma para pagar su hábito de drogas, así que empezó a alquilar a su hija: de apenas dos años, a hombres especialmente depravados interesados en eso. Aquel hombre informó del abuso, por supuesto, y rescataron a la niña. Pero durante su encuentro, le preguntó si había considerado ir a alguna iglesia en busca de ayuda.

"Nunca olvidaré la mirada de aturdimiento puro, ingenuo, que cruzó por su cara. '¡Iglesia!' gritó ella. '¿Por qué jamás iba a ir allá? Ya me estoy sintiendo terrible en cuanto a mí misma. Ellos sólo me haría sentir peor.'"

Lo que más me llamó la atención del relato de mi amigo es que mujeres muy parecidas a esta prostituta corrieron hacia Jesús, y no alejándose de él.[8]

¿Qué tal si ella llega a su iglesia? O, ¿qué tal a su casa? ¿Qué tal si ella fuera su hija? ¿Qué clase de bienvenida recibiría ella? ¿Caracteriza la gracia a su hogar, o es condicional su aprobación?

¿Saben sus hijos que ustedes los quiere independientemente de cualquier obra buena o mala que hagan? ¿Ha permitido usted que un fariseo controle su hogar? Probando más profundo, ¿es *usted* ese fariseo? Le presento el reto de confrontar esas "actitudes de hermano mayor"—incluso si las halla en sí mismo—con la verdad pura, sencilla, de amor, y de gracia. Y al hacerlo, recuérdese usted mismo las palabras de Jesús, vez tras vez:

SI EL HIJO LOS HACE LIBRES,
USTEDES SERÁN VERDADERAMENTE LIBRES

(JUAN 8:36, VP).

Nueve

Cómo aumentar la
prioridad de la familia

─────────────── ⌁ ───────────────

$\mathcal{E}$s tiempo de irse a casa.

No quiero decir en un vehículo; quiero decir en su corazón. Cuando usted se va casa en su corazón, reconoce la prioridad de su familia y subraya su valor. Su vida declara a todos los que observan sus hábitos que estas personas son más importantes para usted que cualquier otra cosa en la tierra. Merecen su tiempo y su devoción. Le ayudan a permanece sensible, real, y también responsable. La interacción que usted disfruta con su familia fortalece su carácter de manera que usted puede enfrentar mejor con integridad una cultura corrupta,

El promotor y autor sobre la familia Gary Bauer emitió un llamado similar en su libro *Our Journey Home* (Nuestra jornada a casa):

> ¿Podría ser que necesitamos humildemente "irnos a casa"? Por más de treinta años ahora hemos descartado muchas de las reglas

y restricciones dolorosamente aprendidas por prueba y error en miles de años de civilización. Pensando que podríamos tenerlo todo y hacerlo todo, nos dedicamos a lo que equivaldría una parranda nacional. En lugar del sacrificio propio, nuestra cultura ha elevado la autosatisfacción como el tema de la hora. Se ha restado énfasis a la responsabilidad, en tanto que al mismo tiempo hemos creado una nueva categoría completa de derechos: por lo general derechos a la auto expresión ilimitada o alguna forma de conducta autodestructiva. La virtud se ha puesto en el anaquel, y el sonrojarse (como Mark Twain escribió, los humanos son los únicos animales que pueden sonrojarse, o necesitan sonrojarse) ha pasado de moda. Enfrentados a una epidemia de enfermedades venéreas, los gurús culturales, desde Hollywood a las arenas deportivas, nos instan a adorar en el altar del "sexo seguro."

Ahora nos hemos despertado con una cruda monstruosa. Nuestras escuelas no funcionan. Nuestros hijos están peor que hace treinta años. Más de una cuarta parte de ellos nacen fuera del matrimonio. La ruptura de la familia está a niveles récord. Los impuestos son elevados, pero el gobierno quiere incluso más ingresos. El déficit del presupuesto federal está fuera de la vista, y muchos presupuestos estatales están igual de mal o peor. Las calles no son seguras. En algunas de nuestras ciudades retumban los disparos, e incluso nuestras cunas no son seguras. Tenemos menos tiempo con nuestras familias. Incluso con todas las horas adicionales que pasamos en el lugar de trabajo, estamos atrasándonos competitivamente.

Si hubo algún tiempo para irse a casa, es este.

Algunos pesimistas aducen que irse a casa es imposible después de tantos años del estar en el lado errado de la ciudad. Hemos estado lejos demasiado tiempo, dicen. La vieja casa está tapiada, y los parientes se han mudado y no han dejado dirección de seguimiento.[1]

No puedo decir que concuerdo por entero con el pesimismo de este fragmento de Bauer. Tengo dos objeciones. Primero, no pienso que el corazón humano haya empeorado. Ha estado completamente corrompido desde que los primeros humanos cometieron el primer pecado. Segundo, no pienso que tengamos la capacidad para hacer nuestro mundo un mejor lugar en que vivir. Soy un realista, así que sé que el pecado siempre tendrá el potencial de destruir las vidas de las personas, las familias y las comunidades. Pero también soy un optimista. Pienso que conforme las personas se someten al Señor por completo, dan mayor prioridad a sus familias. Si suficientes personas harían eso, eso transformaría radicalmente nuestro mundo. Eso no es pensamiento ilusorio; ese es el mensaje de las Escrituras. Cándidamente, si no pensara que las cosas pueden mejorarse, no estaría en el ministerio, y por cierto no podría predicar la palabra de Dios con algún sentido de confianza y esperanza.

En toda la historia, las grandes sociedades han surgido y desaparecido. De acuerdo a la investigación de algunas mentes impresionantes en el campo de la sociología, la fuerza de las familias individuales casi siempre jugó un papel decisivo en el éxito de una cultura. En tanto que estoy convencido de que la institución de la familia puede ser fortalecida, Gary Bauer tiene razón: la tendencia presente no parece buena. Los papeles respectivos de esposo y esposa han llegado a estar tan difusos, que muchos hombres y mujeres no saben lo que deberían estar haciendo para cumplirlos. Los padres no pueden definir sus papeles en las vidas de sus hijos más allá de la provisión de techo, vestido, y tres comidas al día.

Muchos hijos no tienen idea de quiénes son, por qué son importantes, o cómo podrían contribuir a su mundo. No es sorpresa que la importancia de la comunidad también casi se ha desvanecido. El concepto de ayudar al prójimo se ha convertido en una noción curiosa de una era pasada. Uno tiene que *conocer* al vecino antes de poder ayudarle. ¿Cómo podemos hacer eso con una cerca de privacidad de casi tres metros de altura separándonos?

Ahora, seamos francos. Las personas *dicen* que valoran a su familia por sobre la carrera y la realización personal, pero, ¿cuán conectadas están a otras personas que viven bajo su mismo techo? Hagamos esto más personal. Si no fuera por los celulares y mensaje de texto, ¿cuánto contacto tendría usted con sus hijos? ¿Cuándo fue la última vez que usted pasó treinta sólidos minutos deliberadamente cultivando a alguien que lleva sus genes?

Sé que tenemos el potencial de dar prioridad a nuestras familias. Aunque el corazón humano ha quedado corrompido por el pecado, todavía anhela la estabilidad, cultivo, y dirección que proveen las familias. Al precipitarnos al futuro, no podemos evitar sentir la tensión que crece en nuestros lazos al pasado. A riesgo de esos sonar pasado de moda, anhelamos los valores de nuestros antepasados: valores de familia, por así decirlo. Estándares claramente definidos de bien y mal. Intimidad en casa, reverencia en la iglesia, seguridad en la escuela y en el barrio, equidad en el trabajo, y sentido común en las cortes. Tal vez por eso el canto de tono gentil "Abuelo" se convirtió en un éxito.

Abuelo: cuéntame de los buenos días de antaño.
A veces se siente como si el mundo hubiera enloquecido.
Abuelo, cuéntame, llévame de regreso al ayer,
en donde las líneas entre el bien y el mal no parecían tan difusas.

¿En verdad los que se querían realmente se enamoraban para
siempre,
estando uno al lado del otro venga lo que venga?
¿Era una promesa en realidad algo que la gente guardaba,
y no simplemente algo que decían?
¿En realidad las familias inclinaban la frente para orar?
¿En realidad los papás nunca se iban?
Oh, abuelo,
cuéntame de los buenos días de antaño.[2]

Además del deseo básico que tenemos por familias fuertes y
comunidades sólidas, la razón primaria para mi optimismo son
las Escrituras. Una de las recompensas de permanecer compro-
metido a la palabra de Dios es que usted tiene en las puntas de
sus dedos la verdad absoluta, inspirada por Dios. Siempre es a
tiempo, completamente confiable, claramente pertinente, y por
completo aplicable. Aunque casi tres milenios han pasado desde
que fueron compuestos, mi optimismo para nuestro futuro viene
de los Salmos 127 y 128.

UN ANTIGUO HIMNO FAMILIAR

Dentro del himnario de Salmos hallamos quince cantos breves:
Salmos 120-134, que componen una sección llamada por muchos
"El salterio pequeño." Los editores hebreos antiguos añadieron una
súper inscripción a estos Salmos que dice: "Cántico de ascenso."
La mayoría de las versiones de la Biblia en español ponen esto
en cursivas justo debajo del número del Salmo, y dice: "Cántico
gradual" o "Cántico de ascenso gradual." Pero el hebreo incluye
un artículo definido, lo que yo pienso que es significativo.

179

Nadie sabe a ciencia cierta por qué se les llama Salmos de ascenso, aunque abundan las teorías. La teoría más creíble da el mejor sentido al artículo definido en la súper inscripción. Cuando un judío se acercaba al templo de Salomón, se suponía que subía por quince escalones que conducían al vestíbulo. La tradición dice que en cada uno de los tres festivales anuales, el judío fiel se detenía en cada escalón para repetir o cantar el salmo correspondiente. La mayoría de ellos, aunque cortos, reflexionan virtualmente en cada faceta importante de la vida de la comunidad judía. No es sorpresa que los dos de la mitad, el Salmo 127 y el 128, contemplan la relación del Señor con la familia, y lo importante que es una familia saludable y santa para la prosperidad de la nación.

Poniéndolos juntos me recuerda un monumento histórico cerca de Houston, Texas. El imponente monumento San Jacinto tiene un mural gigantesco que combina varios cuadros de eventos clave en orden cronológico, que rastrean la historia de Texas. Estos dos salmos forman un mural literario, rastreando los eventos más importantes de la vida de la familia. Al andar alrededor de este monumento, vemos a una pareja casada estableciendo su hogar, teniendo hijos, criándolos y cuidándolos en estrecha asociación con el Señor, y finalmente soltándolos para que a su vez tengan hijos. El inspirado mural muestra una familia floreciente tal como Dios propuso, una familia cuyos miembros ponen la más alta prioridad en él y cada uno en el otro. Si observamos con detenimiento, descubriremos tres principios importantes y dos recordatorios cruciales en el camino.

TRES PRINCIPIOS FUNDAMENTALES

El Salmo 127 empieza con un principio fundamental sobre el cual se construye todo lo demás.

Si Jehová no edificare la casa,
En vano trabajan los que la edifican;
Si Jehová no guardare la ciudad,
En vano vela la guardia.
Por demás es que os levantéis de madrugada,
y vayáis tarde a reposar,
Y que comáis pan de dolores;
Pues que a su amado dará Dios el sueño
(Salmo 127:1-2).

El lenguaje hebreo tiene por lo menos dos maneras de recalcar un punto. El primero es repetir un término o frase. El segundo es cambiar el orden usual de las palabras en la estructura gramatical moviendo las palabras recalcadas al principio de la oración. Si querían martillar de manera especial el punto, empleaban ambos métodos. En este caso, el hebreo literal para las primeras dos líneas diría:

Si el Señor no edifica no la casa, *en vano* los que la edifican trabajaron;
Si el Señor no guarda la ciudad, *en vano* ha velado la guardia.

Para el hebreo antiguo, el término *casa* quería decir mucho más que una estructura física. En el Antiguo Testamento, una casa representaba a la familia y, más significativamente, el legado de la familia: la prosperidad y la posición social de futuras generaciones. Los constructores podían construir una casa palaciega, pero si el Señor no estaba edificando a la familia por dentro, todo metro cuadrado de esa imponente estructura era espacio desperdiciado.

El primer principio: *es inútil construir una casa o una familia usando sólo el esfuerzo humano.* Note la frase repetida "Si el Señor no." Para darle a su familia una prioridad más alta, usted debe mantener al Señor en el primer lugar. Ponga al Señor en el centro de su relación y permita que su devoción a él permee todo segmento de la vida en su hogar.

La gran tentación es llenar los anaqueles con manuales sobre cómo hacerlo, y aprender y aplicar consejos, trucos y métodos. Aunque creo firmemente en la ciencia de la psicología y el valor del asesoramiento de familia, la verdad que estos profesionales descubren le pertenece a Dios. Por consiguiente, podemos utilizar ese conocimiento para nuestro beneficio. Sin embargo, ningún autor humano ni tampoco ningún método probado y comprobado puede sustituir una relación auténtica con el Dios viviente. Sin él, con demasiada facilidad tratamos de construir una casa usando fuerza humana por razones egoístas o con el propósito de impresionar a otros.

Con el correr de los años, Cynthia y yo hemos construido unas pocas casas. Uno de nuestros constructores (a quien más tarde despedimos) parecía decidido a construir nuestra casa por causa de los visitantes en lugar de sus residentes. Después de describir un rasgo en particular, él dijo: "¿No quieren esto en la entrada?"

"No; no queremos eso," respondí.

Él insistió: "Ah, ¡pero las demás casas de este barrio lo tienen!"

A lo que yo respondí: "Eso me hace incluso quererlo menos."

"¿Está seguro? Ahora, cuando ustedes entren, pueden tener esto y lo de más allá. Eso con certeza hará gran impresión."

"No me interesa en hacer una gran impresión. Me interesa en construir la casa que *nosotros* queremos."

"Pero," dijo él, "piense en toda la gente que va a venir."

"En realidad, somos nosotros los que estaremos viviendo aquí. No se trata de lo que todos los demás piensen." Entonces dije: "De paso, ¿se preocupa la mayoría de sus clientes tanto por lo que los demás piensen?"

Me dijo: "En realidad, como el noventa por ciento de la gente que quiere que yo construya sus casas, las construyen para impresionar a otros: sus vecinos, sus invitados."

¿Cuán ridículo es eso? ¿Por qué yo voy a querer vivir en una casa que les gusta a otros? Y aquí está el martillazo real: muchas de esas mismas personas están pagando mucho más de lo que pueden pagar, así que acaban siendo esclavos del banco o de un segundo trabajo. Trasnochan las vidas de sus hijos, pensando: *Soy un gran proveedor. Ellos tienen buenas cosas porque yo trabajo horas largas y arduas.*

Han construido una estructura impresionante, pero su casa real se está derrumbando.

Tome nota del versículo 2: "Por demás es que os levantéis de madrugada, y vayáis tarde a reposar, Y que comáis pan de dolores; Pues que a su amado dará Dios el sueño."

La tentación es pensar que si trabajamos duro lo suficiente, obtenemos suficientes títulos académicos, o trabajamos suficientes largas horas y ganamos suficiente dinero, a la larga podemos progresar lo suficiente como para reducir el paso más adelante. Pero pensar que en esas categorías alguna vez será "suficiente" es un engaño propio de la persona obsesionada con el trabajo que sacrifica miles de días soleados por lo que pudiera ser un día lluvioso. Su tentación es añadir horas a su día y días a sus semanas, levantarse temprano e irse tarde a la cama, engullir al apuro algo de comida entre una tarea y otra, subir al cargo más alto, sentirse satisfecho sólo con los resultados del trabajo arduo.

Si eso lo describe a usted, tengo una palabra de consejo: ¡DETÉNGASE! Ni siquiera le agradezca a Dios por eso. Usted no lo recibió de él; usted se lo buscó a costa de su familia. Esa es la vida del que edifica su casa por la fuerza humana sin mirar al Señor para que la edifique. El Señor de nuestras vidas llama inútil a esta clase de construcción inútil. ¿Recuerda? "Por demás es . . ."

El salmista declara que cuando el Señor toma a su cargo el proceso de construcción, los dueños duermen como nenes. Prosperan aunque disfruten de una buena noche de sueño, mientras que el obsesionado por el trabajo continúa en la brega. Y, encarémoslo, al obsesionado por el trabajo le encanta su trabajo arduo; se siente satisfecho sólo con las cosas que le recuerdan su sudor y esfuerzo. Las dádivas gratuitas de la mano de Dios le parecen como si estuviera haciendo trampa.

Permítame examinar más hondo haciéndole varias preguntas. Si usted valora las cosas que se ha ganado más que las cosas que ha recibido por la gracia de la mano de Dios, ¿cómo afectaría eso sus prioridades? ¿Familia? ¿Finanzas? ¿El lugar del Señor en su hogar? Esto nos lleva al segundo principio.

El Señor debe tener primera prioridad sobre todo, incluyendo el hogar y la familia. Esto en forma típica impacta el presupuesto de dos maneras importantes. Primero, exige que miremos al Señor para nuestras entradas. Él puede usar una carrera o inversiones sabias para proveer para nuestras necesidades materiales, pero nunca debemos confundir la dádiva con el Dador. Esta prioridad entra en juego cuando consideramos un movimiento en una carrera: sea que nos lleve a donde no se puede hallar ninguna buena iglesia, o incluya una demanda significativa de nuestro tiempo y energía. Aunque se duplique el salario, el costo puede ser la primacía del Señor es nuestra casa.

Segundo, es un reto a nuestro plan de ofrendar. Permítaseme aclarar que el Señor no necesita nuestro dinero. Él ya es dueño de todo el universo, incluyendo todo lo que tenemos en nuestra posesión. Cualquier cosa que tengamos deberíamos considerarla como préstamo. Así que no nos permitamos pensar que estamos haciéndole algún favor. El reto a dar nos obliga a aclarar nuestras prioridades. Cuando respondemos a la invitación de Dios para unirnos a él para realizar lo que sólo él puede hacer, cuando invertimos nuestro dinero en el reino antes que en satisfacer algún antojo, declaramos que él tiene precedencia sobre nuestros deseos.

En tanto que Salmo 127:1-2 describe el establecimiento de un esposo y una esposa para el establecimiento de un nuevo hogar, en los versículos 3 al 5 continúa el mural de la familia con la añadidura de los pequeños. Ellos señalan un tercer principio: *Conforme llegan los hijos, a cada uno se lo debe atesorar como un don de Dios y dársele prioridad sobre nuestra vocación y satisfacción personal.*

He aquí, herencia de Jehová son los hijos;
Cosa de estima el fruto del vientre.
Como saetas en mano del valiente,
Así son los hijos habidos en la juventud.
Bienaventurado el hombre que llenó su aljaba de ellos;
No será avergonzado
Cuando hablare con los enemigos en la puerta
(Salmo 127:3-5).

Tome nota del eslabón entre los versículos 2 y 3:

Pues que a su amado dará Dios . . .
. . . herencia de Jehová son los hijos.

Al revisar las imágenes que el Señor usa para describir a los hijos, no leo "cargas familiares," "interrupción," "accidente," "boca para alimentar," "estorbo," "reto," ni "tejido fetal." Veo términos que describen a cada niño como un don especial de Dios, un bien que enriquece una casa y le da honor. El cuadro de los hijos como flechas pudiera parecer extraño a nuestra perspectiva occidental y del siglo veintiuno, pero la mayoría de personas del mundo antiguo no miraban al gobierno civil para que los alimenten o los proteja. Dependían de su familia, su "casa." Una familia fuerte proveía seguridad, provisión y compañerismo, así como también un sentido de identidad y pertenencia. Por lado, estar sin familia era estar completa y literalmente desvalido.

Para poner esto en términos más contemporáneos, piense en un soldado moderno en batalla llevando un rifle de alto poder con la cartuchera completamente cargada, una pistola semiautomática de calibre 45 a la cintura, y un morral lleno de municiones. Ese es el cuadro del hombre que habla en serio. Es poderoso. Es intimidante. No tiene que preocuparse porque lo asalten en la calle. De manera similar, cualquiera que pudiera querer aprovecharse de una familia pensaría dos veces en cuanto a una pareja que ha sido bendecida con una casa llena de hijos robustos y fuertes de corazón e hijas fuertes inteligentes e industriosas.

Para continuar con la metáfora, las flechas son objetos puntiagudos, delicados y peligrosos. En un campamento para adolescentes una vez tomé lecciones sobre arquería que podría haber sido desastroso. Después de mis primeros cuatro intentos, el instructor hizo despejar el área y se puso detrás de mí juntos con los demás preocupados mirones mientras yo trataba de dirigir al blanco una flecha. Con un blanco del tamaño de un colchón tamaño gigante, y estando como a unos cinco metros de distancia, finalmente logré acertar al borde.

Las fechas en las manos de un arquero diestro pueden alimentar y defender la casa, pero pocas cosas son más mortales que una flecha mal dirigida. Lo mismo se puede decir de hijos confundidos, indisciplinados y mal dirigidos. Aprender a dirigir a un hijo requiere concentración, diligencia, una disposición para parecer necio, abundante práctica, y paciencia; mucha paciencia.

Yo he sido bendecido con cuatro flechas muy puntiagudas. Originalmente pensé que nuestra aljaba estaba construida para dos: un hijo y una hija, Alfa y Omega, principio y fin. Luego nos mudamos a Nueva Inglaterra (en donde nieva mucho) y entonces vino nuestro tercer hijo. A poco de volver a nuestro estado natal de Texas, tuvimos la cuarta. Obviamente, el Señor quería que tengamos más dones de los que habíamos esperado, pero, con toda franqueza, ¡no puedo imaginarme la vida sin los cuatro hijos que Dios nos dio! Qué mucho más pobre sería el mundo sin alguno de ellos. El Señor colocó esas cuatro flechas en las temblorosas manos de un padre guerrero para que los dirija y los cuide bien. Decir que he sido bendecido sería la declaración más subestimada del año.

Tome nota de los pensamientos de conclusión del Salmo:

Bienaventurado el hombre que llenó su aljaba de ellos;
No será avergonzado
Cuando hablare con los enemigos en la puerta
(Salmo 127:5).

Las dos últimas frases describen cómo los padres y los hijos disfrutan de un beneficio mutuo de su relación. Los padres son bendecidos al tener su aljaba llena de flechas, pero "ellos," es decir, los hijos, no se avergonzarán cuando deban defender a la familia en público.

La puerta de la ciudad de costumbre servía como tribunal de la comunidad. Allí se reunían los dirigentes de la ciudad para hablar sobre el orden civil, discutir y decidir disputas, presenciar y sellar contratos. Era un lugar para hablar con los enemigos en público a fin de celebrar negocios y resolver desacuerdos. Si nuestros hijos han sido guiados bien, estarán sobre sus propios pies con la seguridad de la confianza de una casa fuerte. Habrán recibido la herencia de un apellido respetado. Una "casa" fuerte, edificada por el Señor y cultivada por padres que tengan las prioridades claras, les da a los hijos el mejor cimiento para disfrutar seguridad y éxito en la vida.

DOS RECORDATORIOS CRUCIALES

Muchos piensan que los editores hebreos específicamente escogieron y arreglaron estos quince cantos individuales para formar una progresión, y la estrecha asociación de los Salmos 127 y 128 ayuda a respaldar esta idea. Salmo 128:1 toma las mismas palabras con que empieza Salmo 127:5: "Bienaventurado todo aquel . . ." El mural continúa con escenas de una familia que crece y prospera. El Señor establece y construye la casa, llenándola de hijos. En esta escena, él es el centro de la vida.

> Bienaventurado todo aquel que teme a Jehová,
> Que anda en sus caminos.
> Cuando comieres el trabajo de tus manos,
> Bienaventurado serás, y te irá bien.
> Tu mujer será como vid que lleva fruto a los lados de tu casa;
> Tus hijos como plantas de olivo alrededor de tu mesa.
> He aquí que así será bendecido el hombre
> Que teme a Jehová
> (Salmo 128:1-4).

¡Qué cuadro de una familia floreciente! "Temor," en este caso, se refiere a la reverencia saludable del Señor que resulta en obediencia. Esto no es el temor que tenemos de los huracanes o de los ataques cardíacos. Dios no está parado encima de nosotros esgrimiendo un garrote con un clavo en la punta, esperando a que fracasemos. El temor a la represalia no motiva la obediencia de nadie. El temor que hace que un hogar florezca se ve más como asombro.

Mi padre y mi madre solían decir: "Nuestro hogar es un hogar que teme a Dios." Con eso ellos querían recordarnos que todo lo que decimos y hacemos refleja nuestra relación con el Señor. Le reconocemos como el Rey Soberano de nuestra casa. Aprendimos temprano a respetar su nombre y a guardarnos de no usarlo a la ligera o en vano. Aprendí a respetar el lugar de adoración y a aprender de memoria los cantos de adoración. Aprendí a acercarme a la Palabra de Dios con un espíritu de asombro que todavía me llena hoy. Aprendí de mi mamá y de mi papá a agradecerle al Señor por todo lo bueno, por grande o pequeño que sea, y también a aceptar los tiempos difíciles sin quejarme.

Cuando una relación con el Señor es la primera prioridad en el hogar—por sobre todo lo demás, incluyendo carrera o incluso ministerio—él da prosperidad y bienestar a todos en esa casa. Note los rasgos del hogar que adora al Señor conforme el pasaje se dirige al hombre.

Él halla satisfacción en su trabajo en lugar de frustración, y cuando trabaja estará contento y seguro, en lugar de frenético y agotado. Es más, su esposa e hijos prosperarán. Las imágenes de una vid que da fruto y ramas de olivo cargadas simbolizaban paz y seguridad en el antiguo Israel. Las viñas y olivares requerían mucho tiempo para su cultivo, exigiendo años de cuidado antes de producir la primera fruta útil. Sólo una tierra que disfruta de abundante lluvia, un buen clima, y libre de guerra o conflicto interno puede producir uvas y aceitunas. Cuando un esposo busca al Señor para que proteja y cuide de su casa, él disfruta de una esposa a la que se describe como una vid que lleva fruto, e hijos alrededor de su mesa como ramas cargadas de aceitunas. Este es un cuadro hermoso de paz y prosperidad.

Pienso que esta imagen verbal del mundo agrícola va mucho más hondo que la promesa simplista y de servicio propio "Adórame, y yo te daré mucho dinero." Primero, no hallo nada de monetario en las bendiciones, aunque el dinero no queda excluido. El hombre hallará satisfacción en su trabajo conforme él mira al Señor, y no al trabajo, para provisión y protección. La mujer disfruta del cuidado atento, gentil, concienzudo, y afirmación de parte de su esposo, lo que la permite florecer. Los hijos se reúnen alrededor de la mesa de la familia como ramas de aceitunas, imagen que simbolizaba paz, el remanente fiel de Israel.

Tengo que admitir que no sé casi nada de horticultura. Tengo que pagar a un jardinero para que mantenga mi césped y mis jardines para que no se vean como desierto. Es más, me dijo más de una vez: "Le sugiero que se mantenga lejos de las plantas." Él me conoce bien. Sin embargo, sí sé esto: las plantas saludables no aparecen por casualidad. Requieren conocimiento, y cuidado para estar verdes y crecer.

Hace años conocí a un excelente jardinero llamado Manuel. Curioso en cuanto a su talento, le pregunté: "¿Cómo lo hace? Todo lo que yo toco se marchita."

Con bondad me respondió: "Yo estudio las plantas, aprendo lo que es más les gusta, experimento y observo su respuesta, y . . . pues bien, les hablo."

"Me está tomando el pelo."

"No," me dijo. Y luego señalando a una azalea cargada de flores, me dijo: "En realidad le canto a esta."

Está bien, tengo que admitir. He oído eso antes pero no le di mucha importancia, y la ciencia detrás de la teoría demostró ser bastante endeble. Pero se me ocurrió que la clase de persona que dedica tiempo para hablarle a una planta debe ser un horticultor particularmente sensible por naturaleza. La serenata probable que no haga nada, pero un jardinero que canta puede hacer milagros con las plantas. He visto eso en persona, lo que señala a los dos primeros recordatorios importantes: *Un hogar feliz no ocurre por casualidad; es el resultado de darle al Señor la primera prioridad e invertir tiempo y atención en la familia.*

Barbara Bush pronunció el discurso de graduación de 1990 en el notoriamente feminista Wellesley College. Muchas de los estudiantes protestaron por la selección de la conferencista. No la consideraban digna de honor, puesto que había escogido la maternidad y el cuidado de la casa como su vocación en lugar de perseguir una carrera fuera de casa. A pesar de las objeciones, la señora Bush decidió capitalizar en lo que consideró un momento enseñable.

Atesoren sus conexiones humanas: sus relaciones con su familia y amigos. Por varios años a ustedes se les ha recalcado la importancia de la dedicación y trabajo arduo para su carrera, y, por supuesto, eso es verdad. Pero por importantes que sean sus obligaciones como médico, abogado o dirigente de negocios, ustedes son primero seres humanos y esas conexiones humanas: con cónyuges, con hijos, con amigos, son las inversiones más importantes que jamás harán.

Al final de su vida jamás lamentarán no haber aprobado un examen más, ni haber ganado otro veredicto, o no haber cerrado otro negocio. Lamentarán el tiempo que no pasaron con un esposo, un hijo, un amigo o un padre o madre . . . .

Sea cual sea la era, sean cuales sean los tiempos, una cosa nunca cambiará: padres y madres, si tienen hijos, ellos vienen primero.

Ustedes deben leerles a sus hijos, abrazar a sus hijos, y deben querer a sus hijos. Su éxito como familia . . . nuestro éxito como sociedad depende no de lo que sucede en la Casa Blanca, sino de lo que sucede dentro de su casa.[3]

El Salmo 128 sube en un crescendo con una bendición en los versículos 5 y 6:

Bendígate Jehová desde Sion,
Y veas el bien de Jerusalén todos los días de tu vida,
Y veas a los hijos de tus hijos.
Paz sea sobre Israel
(Salmo 128:5-6).

A menudo oro pidiendo que yo no me convierta en una persona con quien es difícil vivir. Espero que nuestros hijos quieran estar alrededor mío a pesar de mi edad . . . ¡que mis nietos querrán mudarse para vivir con nosotros!

Esta escena final del mural de la familia refleja una casa en la edad avanzada. Las ramas de olivo han dado su fruto. Los hijos se han casado y han empezado a prosperar por cuenta propia. Son productivos, saludables, seguros, fuertes y felices. La pareja anciana ha hecho el mejor servicio posible a su comunidad y a su país. Han establecido una casa fuerte, que adora a Dios, y han cultivado a sus jóvenes y señoritas, y los han dejado en libertad para que vivan por cuenta propia para establecer hogares fuertes, que adoran a Dios. Estos padres merecen la bendición: "El Señor te bendiga; que goces de la recompensa de un Israel próspero, y que veas que tus hijos prosperan como tú." *¡Shalom a Israel!*

Shalom, de paso, incluye mucho más que la idea de paz. También lleva la edad de prosperidad, compleción, solidez, seguridad, salud y amistad. Desear *shalom* a alguien es desearle el mayor estado posible de bienestar y gozo. Cuando experimentemos las maravillas del cielo, habremos hallado el verdadero significado de *shalom*. La bendición del Señor a una familia fuerte, que adora a Dios, ¡llega a ser *shalom* a Israel!

El segundo recordatorio: *cuando le damos prioridad a la familia, la comunidad próspera.* ¿Puede imaginarse el efecto transformador en su barrio si todos y cada uno le diera mayor prioridad a su propia familia? Construíamos puertas en nuestras cercas. Construíamos veredas de una casa a otra. Nos reuníamos para proteger nuestros vecindarios porque alguien trata de hacerle daño a uno de nosotros. Seríamos mutuamente responsables . . . y el amor fluiría. Entonces cada una de esas familias produciría un número de otras casas edificadas por el Señor, y entonces esas se reproducirían. Antes de muchas generaciones, ¡toda una nación podría ser transformada! Estoy convencido de que este fue el plan de Dios para Canaán, empezando con el gran éxodo de Egipto y sus palabras a la primera generación a punto de recibir la tierra prometida. Él dijo: "Oye, Israel: Jehová nuestro Dios, Jehová uno es. Y amarás a Jehová tu Dios de todo tu corazón, y de toda tu alma, y con todas tus fuerzas" (Deuteronomio 6:4-5).

COMO AUMENTAR LA PRIORIDAD DE SU FAMILIA

El asunto de toda buena lección de la Biblia siempre se reduce a la misma palabra: *¿cómo?* Como la mayoría de asuntos de la fe, las respuestas son sencillas de entender y difíciles de poner en práctica. Para ayudarle a recordar las he reducido a cuatro retos en frases breves.

Primero, *piense en la familia.* Antes de que se mude, antes de que acepte la promoción, antes de que se comprometa al gran proyecto o al trabajo adicional o a la fecha límite de entrega, piense en la familia. Pregúntese: *¿Qué hará mayor bien a mi cónyuge e hijos: el dinero adicional o mi participación personal en sus vidas?* A veces, lo confieso, la mejor opción es ganar el dinero extra. La provisión es una parte importante de su papel como padre. Sin embargo, ¿cuán a menudo usted acepta la asignación adicional o la mayor responsabilidad en el trabajo sin detenerse a hacer la pregunta dura? ¿Cuán a menudo la prioridad de su familia cae en la lista cada vez que una nueva oportunidad de apuntalar su carrera se presenta?

Antes de hacer esa compra tan costosa, antes de comprometerse a esos pagos, ¿cuántas horas exigirá que usted esté lejos de su familia para ganarse el dinero para pagarlo? Ponga esas horas de inversión a su familia en el un plato de la balanza y el beneficio de la compra en el otro. ¿A qué lado se inclina la balanza? ¿Qué toma prioridad?

Segundo, *diga que no. No* probablemente puede ser la palabra más poderosa y liberadora que usted puede añadir a su vocabulario. Desdichadamente, dos asuntos difíciles la hacen una palabra rara en los labios de muchos padres y madres: complacer a la gente y el temor de parecer grosero.

A nadie le gusta desilusionar a otros, especialmente amigos y personas que respetamos. Tenemos mucho miedo de que al decir que no haremos daño a la amistad, o desilusionaremos al otro tanto que nunca recuperaremos la confianza. Así que, si esto ayuda, trate de verlo de esta manera, bien sea en voz alta o mentalmente: *No estoy diciéndole que no a usted. Estoy diciéndole que sí a mi hijo. Necesito pasar ese tiempo con él o ella.*

Desdichadamente, el abarcar demasiado ha llegado a ser tan aceptado, y tanto se lo espera en nuestra cultura que muchos consideran grosero rehusar a una petición si no tienen una excusa contundente. La gente no tiene idea de lo que consigue un sencillo no, cortés y dicho de manera agradable. Pruébelo alguna vez. La próxima vez que reciba una llamada telefónica de telemercadeo, simplemente decida que su única respuesta será un amistoso y cortés: "No, gracias." Nada de explicaciones, nada de excusas, nada de cólera, nada de incomodidad; nada de justificaciones, ni discusiones, ni racionalización. Simplemente: "No, gracias." Y repítalo tan a menudo como sea necesario. Vea lo que suceda. (No lo aceptarán con facilidad, así que esto es gran práctica).

Entonces, cuando usted haya reunido la fuerza suficiente, trátelo con alguien cara a cara cuando necesita desligarse de una obligación. "No, lo lamento pero no puedo esto ocasión. Tal vez en otra ocasión." De nuevo, nada de explicaciones, nada de excusas, nada de justificación, nada de discusión y racionalización. Sea cortés, sea amable; pero, sobre todo, sea firme. No será fácil, pero su práctica con los tele mercaderes le servirá muy bien.

Tercero, *dedique tiempo*. El propósito de decir que no a prioridades en competencia es decirle que sí a su familia. Apague el televisor. Lean juntos. Jueguen juntos. Den una caminata, hagan algunas preguntas, conversen sobre los asuntos, descubran las esperanzas uno del otro, los temores, los colores favoritos, y los recuerdos más cálidos. Salgan de la casa y hagan algo no acostumbrado, o si nunca están en casa juntos, tal vez deberían quedarse en casa.

Hace poco un viejo amigo fue a parar al hospital. La muerte se había llevado a su esposa algún tiempo antes, y él mismo tuvo un encontrón muy cercano con ella. En cierto punto sus ojos se encontraron con los míos y me dijo: "Chuck: Quédate cerca de Cynthia. Dedícale tiempo." Sabía que debía tomar en serio ese consejo de un viudo con una cicatriz de arriba abajo sobre el pecho. El tiempo tenía un significado muy diferente para él. La urgencia de su voz y la pasión de sus palabras me estremecieron hasta el hueso. ¿No es tan fácil perder el camino en el ajetreo de la vida?

El tiempo no se ofrece libremente. Uno tiene que ser deliberado y duro con uno mismo. No se engañe pensando que será mejor una vez que termine el proyecto presente, o cuando ellos contraten a la otra persona que han estado prometiendo, o una vez que la economía mejore, o después de . . . No sucederá. Usted tiene que apropiarse del tiempo; y exigirá que sacrifique algo significativo a cambio. Siempre es así. Así que, por favor, tome tiempo.

Cuarto, *sea paciente*. No espere que meses o años de un hábito largamente arraigado se pueden deshacer en una semana, o que la intimidad al instante desvanecerá la incomodidad una vez que decida estar presente con las personas de su familia. Nadie construye una casa en un solo día. Empiece con lentitud; déle a su familia tiempo para que se reajusten. A lo mejor usted quiera empezar asistiendo a los partidos o presentaciones de la banda. Comience llevando a un hijo o hija a cenar, sólo los dos, o con su cónyuge. Entonces tal vez puedan disfrutar de paseos de todo un día, o ir a alguna función para hacer algo divertido juntos. Estas cosas tienen su manera de convertirse en tradiciones que su familia atesorará por años por venir. Pero no espere que todo resulte de la noche a la mañana. Eche el vistazo a largo plazo; edifique persistente y deliberadamente; y sea paciente.

⌐

¿Es tiempo de que se vaya a casa? Si no está seguro, entonces tal vez es tiempo de preguntarle a su cónyuge o a sus hijos algunas preguntas vulnerables. "¿Se sienten ustedes más importantes para mí que mi carrera? Si pasar más tiempo juntos quisiera decir que tuviéramos que mudarnos a una casa más pequeña, o comprar un coche menos costoso, ¿estarían dispuestos? ¿Sienten ustedes que los conozco? En su opinión, ¿cuán central es el Señor en nuestra familia?"

Tal vez el tiempo que hacer esas preguntas es ahora, antes de que usted se halle contemplando el cielo raso de una habitación en un hospital. Y si esa llegara a ser su experiencia, su cama estará rodeada de personas que le suplican que se mejore porque usted

pensó en su familia,

dijo que no,

dedicó tiempo,

y permaneció paciente.

Ahora, por favor, . . . váyase a casa.

Cómo restaurar las relaciones después de haberlas estropeado

===

$\mathcal{E}$sta noche usted disfruta de una ocasión muy especial. Tiene planes de reunirse con algunos amigos para cenar. Se encuentran en un restaurante favorito, cómodo, y disfrutan de su atmósfera cálida, invitadora, y excelente comida, preparada y servida para disfrutar de toda la ocasión. Usted se queda tomando café y disfrutando de la conversación mucho después de que se han llevado los platos, y al personal del restaurante parece no importarles. Mientras tanto, el restaurante lentamente se va quedando vacío. Por último, usted se levanta, se estira, se despide de sus amigos, y sale al aire nocturno perfectamente en calma. Instintivamente alza la vista para ver miles de millones de estrellas esparcidas por toda la bóveda negra por encima, y eso le hace lanzar un largo y profundo suspiro, y piensa: *Qué noche tan perfecta.* Y lo fue. Buena comida, buenos amigos, buena conversación . . . buena vida.

Se sube a su coche y se acomoda detrás del volante, y toma la ruta agradable a casa . . . lentamente . . . con las ventanas bajadas. Poco antes de dar la última curva antes de su calle, un extraño hedor le hace toser. Un resplandor extraño y ominoso se eleva por detrás de los árboles en su barrio: una luz blanca brillante; salpicada por regulares fogonazos de rojo, azul y amarillo.

Mientras usted estaba fuera, su cocina conspiró contra usted. Una casi imposible estrafalaria combinación de lubricante común casero, toallas de papel, y un tomacorriente defectuoso. Una chispa, una pequeña llama, un incendio. Desdichadamente, sus vecinos se habían acostado temprano. Otros estaban de viaje. Y antes de que alguien sepa algo, las llamas salían por las ventanas del segundo piso. Para cuando un anciano que estaba paseando su perro dio la vuelta por la esquina, la casa estaba envuelta en llamas. La llamada del anciano al departamento de bomberos impidió que otras casas se quemen, pero la suya es una pérdida completa. Todo lo que le queda, aparte de su coche y las ropas que lleva puestas, es una losa de cemento con escombros negros; una chimenea adusta, desnuda, que se eleva hacia el aire que humea; y los escombros calcinados de todo lo que poseía, incluyendo el celular que usted dejó en casa para que no lo moleste.

Cuando los trabajadores de rescate empacan sus bártulos, una cara amable cubierta con hollín le dice: "Lamento que no pudimos hacer nada más. Me temo que usted lo perdió todo."

En realidad, no es verdad. Por lo menos espero que no lo sea para usted. El fuego no consumió dos posesiones importantes y permanentes: sus recuerdos y sus relaciones personales.

Si esta ha sido su tragedia, en realidad habría perdido todo lo que en un tiempo tuvo una etiqueta de precio: su residencia, sus muebles, su ropa, tal vez otro coche, y sus juguetes de entretenimiento. Pero, ¿qué tal los recuerdos? La risa que compartió con sus seres queridos, la familia y amigos que recibió en casa, los incontables recuerdos de sus hijos: pañales, biberones, primeros pasos y primeras palabras, cumpleaños, rodillas laceradas, juegos de fútbol, recitales, primer amor, primer corazón partido, celebraciones, tristezas, graduaciones, el día en que primero usted comprendió que su hijo o hija algún día se iría, el conteo descendente hasta el día de graduación . . .

Los recuerdos nunca perecen, y tienen el poder de transformar una casa en un hogar. El fuego puede consumir la paja, el heno y hojarasca de la vida, pero todos los recuerdos quedan, sin que se los toquen y sin que los perturben. Es decir, si usted con cuidado los hace. Los recuerdos rara vez se hacen a sí mismos. La cantidad y calidad de sus recuerdos son la medida de una vida bien vivida, y se edifican en momentos de tiempo compartido con sus seres queridos: tiempo que pasa *con* ellos, no tareas hechas *para* ellos.

¿Captó eso? Mire hacia atrás a su vida. Dedique unos momentos para hacerlo ahora mismo. Yo espero . . .

¿Qué recordó usted? ¿Momentos o tareas? ¿Logros o personas? Lo más probable es que usted reflexionó en algunas de las experiencias más significativas que usted tuvo con las personas que más ha querido y más ha atesorado. Tal vez se sintió un poco desalentado al descubrir que mucho de su vida tiene espacios en blanco en donde debería haber recuerdos, ocasiones cuando usted estaba muy atareado cumpliendo tareas. Personas en tal situación tratan de convencerse de que lo que hicieron, lo hicieron por la familia, pero suena hueco en ausencia de recuerdos significativos.

La tragedia tiene una asombrosa manera de aclarar las prioridades de uno.

Volvamos al incendio. Al contemplar los restos empapados de todo lo tangible que significaba algo para usted, una dulce paz cae sobre la escena desoladora al pensar: *Gracias, Señor, porque no había nadie en casa.* Los recuerdos son importantes porque las personas con quienes los hizo son importantes. Las relaciones no sólo sobreviven desastres como éste, sino que los ahondan. Es decir, si usted las ha mantenido en buen estado; pero, seamos francos aquí . . . a lo mejor usted no hizo eso.

QUÉ HACER DESPUÉS DE QUE LO HA ECHADO A PERDER

Siempre que hablo sobre el tema de la familia invariablemente algunos, de toda edad y situación de la vida, dicen algo como esto: "Chuck: todo esto que usted está enseñando es grandioso, pero lo estoy oyendo demasiado tarde. Ya he cometido muchos de los errores contra los que usted nos advierte. ¿Qué hago ahora que ya lo he echado todo a perder?"

Esa es, en realidad, una pregunta muy astuta. Oigo en ella la anhelante humildad del pródigo, la tristeza de un hombre o mujer que permitieron que la prioridad de la familia se deslice de tiempo en tiempo; o tal vez más a menudo que eso. Es una pregunta que puedo apreciar a nivel muy personal. ¿Qué hace uno cuando recorre los dedos por el borde de su memoria y siente un vacío respecto a cierto miembro en particular de la familia, el que más ha sufrido debido a su ausencia crónica, su indisponibilidad emocional, o peor, su tratamiento cruel? Tal vez tenga en mente un incidente singular que creó una brecha o, como la mayoría, no haber sido ni hecho lo que debía haber sido o hecho, por un período extendido, consistente. Sin que importe eso, la relación es distante o tensa, principalmente debido a usted. ¿Qué, ahora?

El deseo de recuperar una relación de entre las cenizas de ese incendio emocional se puede expresar en una sola palabra: reconciliación. La palabra *reconciliar* merece pensamiento serio. Tiene varios matices y usos en el idioma, y desde cierto punto de vista, todos ellos entran en juego en lo que se aplica a las relaciones personales. Esto es lo que dice el diccionario *Merriam-Webster's Collegiate Dictionary*, en inglés.

rec•on•cile; -cil•ing [ME, fr. MF o L; MF *reconcilier*, fr. L *reconciliare*, fr. *re-* + *conciliare* conciliar] vf (14c) 1a: restaurar la amistad o armonía, <*reconcilió las facciones*> b: resolver, arreglar <-diferencias> 2: hacer consistente o congruente, <-un ideal con la realidad> 3: hacer someter a o aceptar algo desagradable <se *reconcilió* con la adversidad> 4a. verificar (una cuenta financiera) contra otra para exactitud b. dar cuenta de -vi: llegar a reconciliarse *syn* ver ADAPTAR—rec•on•cil•abil•i•ty \ n—rec•on•cil•able \ adj—

Examine cada uso y aplíquelo al proceso de reparar la brecha en una relación personal significativa de su pasado. Deténgase lo suficiente como para meditar en algunos ejemplos.

LA REALIDAD REVISITADA

Ahora bien, me doy cuenta de que una relación personal es un puente que tiene dos extremos, y no sólo uno, y que usted sólo puede cuidar el propio. Sólo el Señor puede motivar a la otra persona para hacer su parte. Así que nuestra responsabilidad es empezar a construir el puente desde nuestro lado y evitar la tentación de lanzar mensajes al otro, deletreando lo que él o ella deberían estar haciendo. Por supuesto, esto quiere decir que usted tal vez se agote y todavía no tenga una relación para mostrarlo; pero puedo prometerle que sus esfuerzos no habrán sido en vano. Dios siempre honra la fe. Él nunca recibe un acto de gracia excepto con más gracia, de una manera u otra.

Debido a que cualquier acto de reconciliación de ninguna manera es un acto raudo, sin riesgo, tenemos que reconocer algunas realidades desagradables. Estas parecen ser obvias; con todo. Hallo tres recordatorios útiles cada vez que me atrevo a empezar el proceso de reconciliación.

Primero, *toda persona en la tierra es imperfecta.* Isaías 53:6 nos dice: "Todos nosotros nos descarriamos como ovejas, cada cual se apartó por su camino." Romanos 3:23 declara: "por cuanto todos pecaron, y están destituidos de la gloria de Dios," que es referencia al Salmo 14:3: "Todos se desviaron, a una se han corrompido; No hay quien haga lo bueno, no hay ni siquiera uno." Eso incluye a nuestros vecinos, nuestros amigos, nuestros parientes, y por cierto nosotros mismos. La verdad sea dicha, somos criaturas egoístas, orgullosas, tercas, que trabajamos para figurarnos la vida lo mejor que podemos y, en el proceso, establecemos hábitos destructivos que nos sirven bien. Debido a que nos sirven, nos sentimos seguros de que deben estar bien a pesar del dolor que causamos a otros en el camino.

Es más, nuestra renuencia a aceptar estas imperfecciones nos mantienen ardiendo en nuestro resentimiento, lo que apaga cualquier deseo de reconciliación. Cuando ignoramos el sencillo hecho de que los malos entendidos, sentimientos heridos, y egoísmo son la norma, y que las relaciones irrompibles no existen, perdemos nuestra capacidad de compasión. Hallo la confesión de Brennan Manning muy útil:

Las traiciones e infidelidades en mi vida son demasiado numerosas para contar. Todavía me aferro a la ilusión de que yo debo ser moralmente impecable, otras personas deben ser impecables, y que la persona a quien amo debe no tener ninguna debilidad humana. Pero cada vez que le permito a algo que no sea la ternura y compasión dictar la respuesta a la vida: sea cólera santurrona, moralismo, actitud defensiva, la apremiante necesidad de cambiar a otros, críticas sin motivo, frustración por la ceguera de otros, un sentido de superioridad espiritual, un acuciante hambre de venganza; me alieno de mi propio yo. Mi identidad como hijo de Abba se vuelve ambigua, tentativa y confusa.[1]

La manera más rápida de convertirse en fariseo es negar que el pecado y el egoísmo continúan siendo una parte regular de nuestra interacción regular con otros.

Un segundo recordatorio útil: *nadie puede cambiar el pasado.* ¿No le gustaría que la vida tuviera un botón "deshacer" como su computador? ¿No le gustaría tener una nueva oportunidad con su primer hijo? Piense en cuán mejor padre sería si entonces hubiera tenido el conocimiento que tiene ahora. Pero no puede desdecir lo que no debería haber dicho. No puede volver a decir mejor lo que dijo en forma pobre. No puede hacer retroceder el calendario para deshacer errores pasados. El daño ya está hecho. El dolor es palpable. El espíritu permanecerá herido. Ninguna cantidad de anhelo o lamento borrará una obra de pecado o nada sabia.

De nuevo, es obvio. Sin embargo, cuán rápido nos olvidamos esa verdad cuando recordar un pecado pasado nos da un placer tan doloroso. El lamento, aunque doloroso, sirve a un propósito importante. Nos permite mantener una distancia segura de lo que estamos seguros que será la ira incontenible de la otra persona. Con todo, debemos arriesgar la vulnerabilidad. Anhelar ilusoriamente que el pasado no hubiera sucedido no le da ningún futuro a la relación personal.

Tercero, *cada persona es responsable personalmente por sus propias cosas.* A lo mejor nosotros hicimos un terrible caos de la relación, y somos responsables por nuestra parte. O tal vez la otra persona se comportó en forma intolerable y no acepta la responsabilidad. El hecho difícil que debemos aceptar es que, independiente de quién hizo qué o quién empezó algo, no podemos arreglar a la otra persona. Nosotros no somos responsables por el desarrollo de ella. Nosotros podemos lidiar solo con nuestras propias cosas. Al mirar el proceso de restauración, le instó a que dirija su enfoque hacia adentro. Usted tal vez tenga un ex cónyuge que la dejó con una vida destrozada e hijos para criar sola. Tal vez tiene un hermano o hermana que no le habla, y mucho menos le da la posibilidad de reconstruir. Sus hijos tal vez no quieran tener nada que ver con usted. Sea cual sea la situación, por mucho o poco que usted haya contribuido a la ruptura, usted debe empezar consigo mismo. Empiece apropiándose de lo que es suyo como si la otra persona fuera enteramente inocente.

La reconciliación puede ser una oportunidad asombrosa para crecer, y, como con cualquier acto de fe, le da al Señor la oportunidad de revelarse de manera nada usual. Yo me he reconciliado con algunas personas a quienes había ofendido. Algunas eran personas que no sabían que yo las había ofendido, sino hasta después. A otros había ofendido y, francamente, no me importaba. Por último, cuando Dios empezó a obrar en mí, no halle a ninguna de esas personas llamando a mi puerta esperando reconstruir la amistad. Yo tenía que apropiarme de mis propias cosas, tragarme todo apestoso gramo de orgullo, arriesgar la confesión, y pedir perdón.

Esto es especialmente importante con nuestros hijos, incluso antes de que ellos tengan edad suficiente para entender por completo lo que estamos haciendo. John White trata de esto en su libro *Parents in Pain* (Padres en dolor):

Nosotros, los padres, somos imperfectos. Somos imperfectos no sólo al no hacer las cosas que podemos (lo que merece que se eche la culpa) sino al carecer por completo de algunas capacidades de padres. Podemos dar solamente lo que tenemos. No podemos dar lo que no tenemos. Así que nuestros hijos están sujetos a sufrir privaciones debido a que les nacen a padres imperfectos en un mundo caído.

Nunca pretenda ante sus hijos ser mejor de lo que es. Hágales saber que usted es un compañero de lucha, uno que tal vez haya conocido victorias gloriosas pero igualmente derrotas ignominiosas. . . .

No digo que usted desnude su alma ante sus hijos, o que les revele los horrores de todo abismo al que ha descendido. Pero en donde su conducta merece la culpa, sea abierto al respecto. Ellos no deben ver en usted un parangón de virtud sino un pecador redimido, uno que continúa aprendiendo y que rehúsa desalentarse por las caídas. Déles alguien a quien seguir, no alguien a quien adorar.²

Esta es la piedra angular de la autenticidad. Sin ella, los hijos ven en usted un estándar imposible. Es más, instintivamente saben que nadie es perfecto, así que al no reconocer nuestros fracasos abiertamente les enseñamos a ignorar los males personales tapándolos.

RESPUESTAS QUE EVITAR

Esto me lleva a hablar de dos respuestas que sentimos muy naturales y apropiadas pero que con toda probabilidad apagarán el proceso de la reconciliación. En mi experiencia he descubierto que ninguna es útil.

La primera es decir o pensar: *Todo es culpa mía.* Aceptar la responsabilidad completa por los fracasos propios de uno irá largo trecho para aliviar las tensiones y dar a la otra persona espacio para reflexionar en su propia contribución al conflicto. El proceso debe en verdad empezar con usted, independientemente de quién tenga la culpa de qué. Sin embargo, rara vez he visto una situación en la ruptura de una relación fue culpa sola de sólo una persona. Es más, si usted acepta la responsabilidad por la conducta calamitosa de ambas partes, usted le deja a la otra persona escasa oportunidad para aprender y crecer.

Como padre recuerde que los hijos nacen imperfectos, lo que quiere decir que de rutina no atenderán bien todas las cosas. Eso hace de la crianza de los hijos una tarea exigente y compleja. Cada vez que un niño falla, el padre siempre puede decir: *Debería haberle enseñado mejor. No le advertí lo suficiente.* Por favor, escuche de un padre a otro: *Dése usted mismo un receso.* Su hijo o hija es un individuo con voluntad, cerebro, naturaleza depravada, y la capacidad de aprender de los errores. Usted puede guiar, puede instruir, puede reprochar, pero no puede cambiar el corazón y transformar la mente. Sólo el Espíritu Santo puede hacer eso. Esté dispuesto a aceptar la responsabilidad por sus fracasos y caídas cuándo y dónde sea apropiado, pero recuérdese a sí mismo: ¡No todo es culpa suya!

Una segunda respuesta que detendrá la restauración de una relación personal es un uso simplista de versículos bíblicos, tanto consigo mismo como con otros. Los padres son particularmente susceptibles de hacer esto con respecto a versículos como el proverbio que estudiamos anteriormente:

"Instruye al niño en su camino, Y aun cuando fuere viejo no se apartará de él" (Proverbios 22:6).

Un enfoque simplista sería leer en ese versículo una promesa, y luego esperar una garantía hermética, infalible, vitalicia, de que cada hijo resultará perfecto. Esto pone las normas para criar exitosamente a los hijos a alturas irreales, imposibles, y todavía más, sugiere que el proceso de criar a un hijo no es más difícil que seguir una receta. Peor de todo, dispone al padre para una desilusión y culpa terribles cuando el hijo o hija con el tiempo lo echa todo a perder. Nuestra Biblia en efecto contiene promesas, pero debemos tener cuidado de leerlas sólo cuando Dios las hace. Los Proverbios son excelentes principios para la vida, pero vivimos en un mundo complejo y pecador en donde las cosas a menudo no salen de acuerdo a un plan preciso. Todavía más, un versículo bíblico no sustituye a la sabiduría. A las Escrituras hay que tomarlas, meditarlas, aplicarlas y ponerlas a disposición del Espíritu Santo conforme él lo transforma a usted. Conforme usted crece en sabiduría, usted desarrollará mayor capacidad para guiar a su hijo.

CINCO PASOS PARA LA RECONCILIACIÓN DESPUÉS DE QUE USTED LO HA ECHADO A PERDER

El título de la sección suena sencillo, ¿verdad? Cinco pasos, ¿y eso es todo? ¿Hemos construido el puente? ¿Hemos cerrado esa enorme brecha que hay entre nosotros? Permítame precaverle para que no confunda lo sencillo con lo fácil. Las estrategias que hallo en Isaías 58 no son complicadas, pero distan mucho de ser fáciles de poner en práctica. Al explicarlas, por favor comprométase a lo siguiente:

Primero, *evite la tentación de aplicarlas en forma simplista.* No son una receta fácil de seguir, rápida, para restaurar una relación personal. Son principios que, cuando se los aplica, le dan a su relación personal la mejor posibilidad de renovación. Sin embargo, no puedo predecir cómo va a reaccionar otra persona. Él o ella tal vez no respondan de inmediato, o ni siquiera después de que usted ha tratado varias veces. Todo lo que usted puede hacer es lo mejor que pueda. Así que, guárdese de un marco mental simplista.

Segundo, *lea estas palabras teniendo en mente alguien en particular y un plan para reconciliarse con él o ella.* Al determinar cerrar la brecha entre los dos, empiece con los pasos útiles que descubrimos.

Cómo el pueblo de Judá lo echó a perder

El profeta Isaías vivía en la región del sur de reino de Judá. En este punto de la historia hebrea el pueblo había reducido la adoración de Dios a una fórmula de memoria. Realizaban rituales repetidos y vacíos, daban sus ofrendas tanto como nosotros pagamos los impuestos, y se enorgullecían de su fidelidad. Sin embargo, sus corazones estaban fríos y duros como piedra. En este ambiente de farsa, religiosidad egocéntrica, el Señor llamó a Isaías para que haga lo que los profetas hacen mejor: consolar a los afligidos y afligir a los consolados.

En Isaías 58:1-4 Dios le instruyó a su profeta que informe al pueblo que habían roto su relación con él. Mientras que con diligencia cumplían el mandato de ayunar, dando la apariencia de buscar la mente de Dios, el Señor notó que ellos lo hacían por los motivos errados. La gente preguntaba: "¿Por qué debemos ayunar si no vas a prestar atención y no vas a cumplir con tu parte de la transacción?" a lo cual el Señor respondió:

> Pero el día en que ustedes ayunan,
> hacen negocios y explotan a sus obreros.
> Ustedes sólo ayunan para pelear y reñir,
> y darse puñetazos a mansalva (Isaías 58:3-4, NVI).

De acuerdo al pensamiento de Dios, una relación correcta con él resultará naturalmente en un amor genuino por otros. Mi amigo y colega en el Seminario Teológico de Dallas, el Dr. Jeff Bingham, ilustraba el principio de esta manera: cuando un hombre se casa con una mujer con hijos de un matrimonio anterior, sus votos no son sólo para ella. Él no puede posiblemente amar a la mujer sin amar también a las personas que ella produjo.

El Señor declaró que su pueblo lo había echado a perder al maltratarse unos a otros. Permitían que los males queden sin resolverse y que crezcan, destruyendo sus relaciones personales en el proceso. Como resultado, la adoración que ellos rendían estaba manchada por la hipocresía.

Para describir el pecado de ellos y sus resultados opresivos más específicamente, el Señor escogió usar el yugo del agricultor como una imagen verbal. Cuando estuve estacionado el Okinawa con la Marina, vi agricultores arando sus parcelas de arroz caminando detrás de grandes bestias; por lo general dos bueyes uncidos a una yunta. Una yunta es un pedazo de madera gruesa, tallado a la medida, que el agricultor pone sobre el cuello o los hombros del animal, sujetándolo con cadenas o cuerdas a fin de que tire de un arado.

En el caso de los hebreos, ellos ponían el yugo en los hombros de otra persona. Un hebreo reducía a otro hebreo al nivel de un buey; más bajo que un esclavo, ejerciendo poder o dominio sobre su hermano o hermana. Así es como el Señor identifica el yugo: "Si desechas el yugo de opresión, el dedo acusador y la lengua maliciosa" (Isaías 58:9, NVI).

La palabra hebrea que esta versión traduce "maliciosa" tiene una amplitud de significados dependiendo del contexto. Puede significar "esfuerzo," "iniquidad," o "engaño," y en este caso, probablemente todos los tres simultáneamente. El *Theological Wordbook of the Old Testament* (Léxico Teológico del Antiguo Testamento) añade este comentario: "Generalmente, los teólogos bíblicos han dado escasa atención a [este término] como contribuyente para entender el pecado. Puesto que la palabra recalca la planificación y expresión del engaño y señala a la secuela dolorosa del pecado, se debería notar más."[3]

"En el mundo antiguo señalar con el dedo acusador era parte de una acusación formal (como en las leyes de Hamurabi). La literatura de augurios le asigna al gesto el poder de una maldición."[4] Así que parece que los hebreos más ricos acusaban falsamente a sus hermanos y hermanas antes los tribunales a fin de apropiarse de su tierra y reducirlos a la esclavitud. Sus falsas acusaciones ponían un yugo en los hombros de otro.

Debido a que nadie puede amar al Señor sin también amar a las personas que él hizo, Dios exigió que restauren sus relaciones unos con otros. Isaías 58:6-12 registra sus instrucciones al pueblo de Judá, de lo cual podemos derivar por lo menos cinco pasos hacia lo que yo llamaría una reconciliación significativa y exitosa.

Pasó 1: Humíllese usted mismo

La imagen del yugo también simbolizaba lo opuesto a la humildad. El Señor quería que el hebreo opresivo destruya este implemento de servidumbre. Eso requeriría que se humille a sí mismo. Tendría que voluntariamente acercarse a aquellos a quienes había maltratado y librarlos de la carga que les había impuesto, lo que requeriría que admita su falta y diga la verdad. Lo que es más, tendría que devolver lo que había tomado y levantarlos de su lugar de servidumbre a un nivel igual o mayor que el de su propia importancia.

¿No es más bien el ayuno que yo escogí, desatar las ligaduras de impiedad, soltar las cargas de opresión, y dejar ir libres a los quebrantados, y que rompáis todo yugo? (Isaías 58:6).

De acuerdo al Señor, el primer paso para la reconciliación era que el hebreo se humille a sí mismo y corrija su pecado con su hermano o hermana. ¿Puedo ser dolorosamente específico aquí? Esto es la disposición para decir algo como lo que sigue:

Me doy cuenta de que me estuvo mal cuando yo _____. Como resultado, he permitido que se agrande la distancia entre nosotros. He estado equivocado en mi manera de pensar, y equivocado en mis palabras en cuanto a ti, y no tengo excusa para mis acciones. Lamento lo que dije y esas cosas dolorosas que hice. Haré todo lo que pueda para restaurar lo que mis acciones te quitaron, pero reconozco que nada borrará por completo el daño que te he hecho. Por favor, ¿puedes perdóname?

Los alcohólicos en recuperación dicen que la humildad es honestidad a calzón quitado. *Humíllese a sí mismo.* Expresión sencilla, ¡y sin embargo cuán increíblemente difícil! Cuando he tenido en ocasiones que hacer esto con nuestros hijos adultos (más de una vez), he hallado que cada uno de ellos recibió mi decisión de humillarme a mí mismo con aturdidora compasión y bondad. Digo esto para crédito de ellos, pero también revela el poder de la humildad para abrir el camino para la reconciliación. Les he hallado abiertos y dispuestos a oírme. Ellos no discreparon con mi admisión de la ofensa, que era doloroso aceptar pero por entero apropiado. No obstante, hallé a cada hijo o hija dispuesto a que la ofensa se eche a lo más profundo del mar de modo que podamos, de nuevo, disfrutar de nuestra relación sin ningún asunto horroroso, hostigante, opresivo, entre nosotros. Noten el resultado en el versículo 6: "desatar las ligaduras de impiedad, soltar las cargas de opresión, y *dejar ir libres a los quebrantados*" (énfasis añadido).

La ofensa que usted hizo es el quebrantamiento de ellos. Déjelos libres. Empiece humillándose usted mismo.

Paso dos: Ore

Recuerde que el pasaje empezó con el pueblo ayunando por razones egoístas. "¿Por qué, dicen, ayunamos, y no hiciste caso; humillamos nuestras almas, y no te diste por entendido?" Las preguntas revelan la ignorancia de ellos respecto a Dios. El propósito de ayunar en las religiones paganas era lograr que los dioses noten y oigan la petición de los humanos. Con el Señor, la razón por la que ayunamos es ayudar*nos a nosotros* a oírle *a él*. El propósito de la oración en las religiones falsas de Canaán era coaccionar a los dioses para que suelten bendición y protección. Para los creyentes en el único Dios verdadero, la oración es primero y primordialmente una declaración de nuestra dependencia en él. Elevamos nuestras súplicas, pero sometemos nuestros deseos a él porque confiamos en la capacidad de él de saber mucho mejor que nosotros lo que necesitamos.

En cuanto a humildad, el Señor no se impresiona por nuestra capacidad de pasarnos sin comida. Para él, la humildad es considerar a otros como más importantes que uno mismo. Y en tanto y en cuanto no nos preocupamos con cuidarnos nosotros mismos, le damos a él espacio para que lo haga por nosotros.

> Entonces nacerá tu luz como el alba, y tu salvación se dejará ver pronto; e irá tu justicia delante de ti, y la gloria de Jehová será tu retaguardia.
> Entonces invocarás, y te oirá Jehová; clamarás, y dirá él: Heme aquí (Isaías 58:8-9).

Así que antes de hacer o decir nada, debemos orar. Declaramos nuestra dependencia en el Señor. Permitimos que el Espíritu Santo cambie nuestros corazones mediante el proceso de orar para que Dios nos informe, en lugar de al revés. De nuevo, seré específico. La oración pudiera ser algo como esta:

> Señor: me siento torpe. He levantado tantas barreras entre nosotros, y él ha construido unas cuantas propias. El tiempo sólo ha profundizado la herida. Quiero restaurar esta relación, pero sin tu ayuda el momento que yo escoja puede ser errado, y tal vez diga las cosas mal. Así que pido que me ayudes a discernir el momento apropiado y expresar las palabras precisas.

Cuando decidimos obedecer los mandatos del Señor, él promete ir delante de nosotros y vigilar nuestras espaldas.

Paso 3: Quite el yugo

El yugo para el pueblo de Judá era el dedo acusador y la lengua calumniadora. El proceso de restauración depende de que quitemos ese yugo de nuestro ser querido. En un capítulo anterior mencioné esta aleccionadora cita:

> Siempre que echamos la culpa estamos buscando un chivo expiatorio para una dislocación real en la que nosotros mismos estamos implicados. Echar la culpa es un sustituto defensivo a un examen honesto de la vida que procura crecimiento personal en el fracaso y conocimiento propio en los errores.[5]

Sugiero que lea eso de nuevo, sólo que con lentitud y pensándolo.

Usted conoce el refrán "La mejor defensa es una buena ofensa." Nos protegemos cuando aplastamos a otro y nos damos a la demagogia. En tanto y en cuanto nos mantengamos señalando con el dedo y echando la culpa, podemos distraernos nosotros mismos del problema real. Nosotros somos los que lo echamos a perder.

Antes de acercarse a la persona a la que ha ofendido, abandone toda acusación. Prepárese rehusando echar ni un ápice de culpa a los pies de él o ella. A la verdad él o ella lo mejor tienen un montón de responsabilidad por la relación personal tensa, pero es al Señor a quien le corresponde resolver eso. Usted quite yugo de la culpa y vergüenza de los hombros del otro y más bien enfóquese en sí mismo.

Cuando usted se humilla a sí mismo, ora, y rompe el yugo, se asombrará de cuán bien preparado estará para el cuarto paso.

Paso 4: Preséntese disponible y vulnerable

Dios exigió que el pueblo de Judá quite yugo de los hombros de los oprimidos sólo como un principio. Él quería mucho más de ellos.

"Si te dedicas a ayudar a los hambrientos y a saciar la necesidad del desvalido" (Isaías 58:10, NVI).

Restaurar una relación después de haberlo echado a perder requiere que nos hagamos vulnerables lo suficiente para reconocer nuestro error y aceptar las consecuencias . . . en persona. En la película galardonada *Braveheart*, la acción insensata de Guillermo Wallace le costó a su suegro la vida de su hija. Sin una palabra o vacilación, Wallace se acercó al hombre, le entregó su propia espada, y se arrodilló con el cuello expuesto ante el afligido padre.

Para que la petición de disculpas sea genuina, debemos estar dispuestos a darle a la persona que hemos ofendido una oportunidad de aplicar su justicia. Podemos pedir perdón, pero no podemos exigirlo o resentirnos si la persona herida escoge la retribución. Es más, nuestra humildad tal vez exija que nos rebajemos nosotros mismos, que invirtamos los papeles con alguien sobre quien normalmente tenemos autoridad, incluyendo uno de nuestros propios hijos.

Además de hacernos vulnerables, debemos ponernos a disposición para reparar el daño que hicimos y restaurar la salud y felicidad de la persona a la que ofendimos. Esto no está siempre a nuestro alcance; sin embargo, necesitamos ofrecer hacer lo que podamos.

Antes de hablar del paso final, permítame hacerle unas cuantas preguntas incisivas en conexión con aquel familiar de quien está alienado.

- ¿Está usted disponible para ese familiar que lo necesita? ¿Lo sabe él o ella?

- ¿Dedica usted tiempo para atender a los eventos de él o ella, y atender las necesidades de él o ella?

- ¿Le ha dicho usted a esa persona que la echa de menos, y que quisiera tener una relación más estrecha?

Admito que eso lo pone a uno en una posición muy vulnerable; pero mientras usted permanezca en su postura defensiva, nunca hará ningún progreso ni empezará el proceso de restauración. En tanto y en cuanto usted se preocupe por parecer necio o débil, sus relaciones—no sólo ésta, sino todas ellas—permanecerán estancadas.

Paso 5: Considérese a sí mismo un restaurador

No todas las relaciones pueden ser restauradas. Muchas—me atrevería a decir la mayoría—pueden, pero no todas. A veces el daño es tan grande que la otra persona no puede o no quiere ver más allá de ese asunto. A veces la otra persona tiene muchos asuntos que hacen el trabajo de reconciliación demasiado difícil. Sin que importe eso, se ha ganado una victoria. Tal vez la otra persona no cambió y la relación sigue tan fría y distante como antes. Con todo, algo en efecto cambió.

En las tinieblas nacerá tu luz, y tu oscuridad será como el mediodía. Jehová te pastoreará siempre, y en las sequías saciará tu alma, y dará vigor a tus huesos; y serás como huerto de riego, y como manantial de aguas, cuyas aguas nunca faltan. Y los tuyos edificarán las ruinas antiguas; los cimientos de generación y generación levantarás, y serás llamado reparador de portillos, restaurador de calzadas para habitar (Isaías 58:10-12).

Si nos humillamos nosotros mismos, oramos, quitamos el yugo, y nos hacemos nosotros mismos vulnerables y disponibles, seremos completamente transformados. Tenemos la promesa de Dios al respecto. Note las imágenes ubérrimas que el Señor usa para describir los efectos sobre el pueblo de Judá. El pinta un desierto oscuro y abandonado de repente inundado de luz y manantiales de agua fresca. Antes de que pase mucho tiempo, la tierra que una vez estaba asolada empieza a resonar con el comercio y la vida de familia. Con el tiempo, el pueblo adquiere una reputación de héroe por construir nuevas ciudades sobre ruinas viejas.

Sea que usted pueda o no restaurar esa relación personal rota al intervenir y construir su mitad del puente, legítimamente puede considerarse "un restaurador," uno que repara la brecha.

TRES COSAS ESENCIALES EN EL
PROCESO DE RESTAURACIÓN

La experiencia me ha enseñado tres imperativos esenciales: tres "debe," que impulsan al restaurador hacia adelante. Deséchelos, y el proceso casi con certeza se atascará.

Usted debe ir con el motivo debido y en el momento debido.
Esto quiere decir que usted se acerca a la otra persona sin ningún deseo de manipular las emociones de él o ella, o lograr que sienta lástima por usted. Su único propósito es confesar el mal que usted ha hecho de modo que él o ella puedan sanar. Dedique tiempo para pensar en lo que usted ha hecho, piense en lo que ha dicho, piense en dónde empezó la tensión. Cuando tenga una compren-

sión bastante adecuada y ha pensado completamente en cómo acercarse, entonces avance.

Usted debe permanecer abierto y dispuesto a oír lo que sea que la otra persona tiene para decir. En mi experiencia, he aprendido que esto puede ser muy difícil. Tal vez usted no se dé cuenta por completo de todo el daño que ha hecho. Usted pensó que su ofensa iba sólo hasta cierta profundidad, pero puede haber sido mucho peor, lo que puede significar que usted se dispone a mucho más de lo que esperaba. En esa situación, tal vez tenga que oír y absorber mucha ira. La otra persona puede ponerse irrazonable y descargar más de una porción justa de dolor. Con paciencia aguante. Oiga todo lo que se dice por lo que se dice: ventilar, y no lógica.

Usted debe ser paciente. En el acaloramiento del momento, permanezca en calma y reciba lo que sea que la otra persona descarga y tiene para dar. Puede ser perdón inmediato o un largo período de tensión en silencio, o una erupción intensa de cólera. Cualquiera que sea la respuesta, resista la tentación de discutir o de hacerse entender. Deje a un lado la equidad en interés de permitirle a él o ella el espacio para que sea "irrazonable." Una vez que las emociones se hayan apaciguado, él o ella podrá pensar con mayor claridad. (A menudo pienso de esto como permitiendo que alguien se libre de los malos sentimientos de modo que haya espacio para sentimientos buenos).

Mientras tanto, espere. Permita que el Señor sane las heridas a su manera, y en su tiempo. Muy a menudo la tensión llevó años desarrollándose, así que no se resolverá en una sesión de una hora. Diga lo que tiene que decir, y luego callada y deliberadamente deje la situación en manos del Señor.

Como personas defectuosas, quebrantadas, usted y su cónyuge con toda probabilidad les fallarán a sus hijos, lo que significa que usted tendrá que encabezar la restauración de la relación. Ninguna familia es inmune a estos desafíos. Mis viejos amigos Ann y Ray Ortlund tuvieron que hacer esto con su hijo, Nels, hace muchos años. Ella escribe en su libro *Children Are Wet Cement (Los hijos son cemento fresco):*

> Sólo hace pocos meses Ray y yo convinimos en encontrarnos con Nels, y condujimos a las montañas desde donde se ve Newport Beach.
>
> "Nels," dijo Ray, "hice muchas trastadas como papá. Te quiero mucho, pero he dicho y hecho un montón de cosas tontas en todos tus quince años. Sé que te he lastimado y no te he ayudado muchas veces, y quiero que sepas que lo lamento."
>
> Hubo un largo silencio. Nels no sabía cómo responder.
>
> "¿Estás preparándome para algo?" preguntó.
>
> "Para nada," dijo Ray. "Sólo quería decir eso por todas las veces que hice alguna trastada, y te hice daño, y dije o hice cosas necias, para aplastarte, o hacerte la vida más difícil. En realidad lo lamento. Quería pedirte disculpas."
>
> Yo respondí desde el asiento trasero del coche. "Nels: Nosotros no hicimos cosas tontas a propósito; pero sabemos que distamos mucho de ser padres ideales. Hemos perdido los estribos; te hemos juzgado mal; no siempre te hemos atendido con sabiduría; y eso ha sido duro para ti. Nos ponemos intensos y demasiado celosos, demasiado quisquillosos en algunos asuntos, y dejamos por completo de atender otros asuntos. Somos simplemente seres humanos ordinarios y tontos. Pero nuestras trastadas han influido en la manera en que tú eras criado; eso es lo que asusta."

Ray dijo: "Pensamos que te estás criando muy bien; pero las cicatrices que tienes, son nuestra falta, y no tuya. Y pensamos que no te das cuenta de eso."

"Está bien," dijo Nels. "Yo pienso que ustedes son excelentes."

"Con certeza te queremos con locura, Nels," dije yo.

"Estamos orgullosos de ti," añadió Ray. "Eres un gran muchacho; a pesar de nosotros."

"Ustedes son padres grandiosos," dijo Nels.

En los asientos del coche hubieron palmaditas, y sonrisas, y abrazos.

Eso fue todo; muy pronto descendimos de la colina y nos fuimos a casa de nuevo.[6]

Excepto en casos muy raros, la persona a la que usted ha ofendido le querrá más que nunca por el esfuerzo que usted hace para restaurar esa relación personal rota. El proceso puede ser difícil y desagradable, pero la recompensa será algo que ningún incendio ni tragedia puede destruir.

Once

Cuando el don de Dios viene en envoltura especial

Lo que creemos en cuanto a Dios determina cómo vivimos nuestras vidas. Nuestra teología afecta todo en nosotros: nuestras decisiones, nuestras reacciones a las circunstancias de la vida, incluso nuestro comportamiento unos con otros. Esto es cierto de toda persona, incluso de los que piensan que no tienen una perspectiva teológica. Tal vez no hayan pensado en cuanto a sus creencias de una manera consciente y deliberada, pero sus actitudes subconscientes y decisiones son muchas cosas excepto al azar. Lo que creemos en cuanto a Dios impulsa todo lo que pensamos y hacemos.

Tengo que admitir que por muchos años yo creía que Dios era *casi* soberano del universo, aunque nunca lo hubiera admitido. Por supuesto, decir que Dios es casi soberano es como decir que alguien está casi casado, o que casi tiene su licencia para conducir. O bien uno está casado o no lo está, y bien sea uno tiene licencia para conducir o no. La soberanía puede tener límites en términos del campo en el cual una persona gobierna, pero dentro de su esfera, la soberanía no tiene grados. En otras palabras, el gobierno terrenal de un rey soberano dentro de su campo es absoluto; posee autoridad suprema.

Dios es omnipresente, lo que quiere decir que no existe ningún lugar en el que él no esté presente. Por consiguiente, no tiene límites o fronteras a su soberanía. Es más, el Señor es omnipotente, lo que quiere decir que nada que él escoja hacer está más allá de su capacidad. También es omnisciente, lo que quiere decir que lo sabe todo. Él no puede aprender, ni tampoco hay algo que lo pueda tomar por sorpresa.

Cuando se reúnen todas estas verdades, uno tiene que aceptar que nada ocurre que este fuera de su control, aparte de su mandato, o sin su permiso. Nada. Él gobierna sobre todos los eventos, incluyendo bendiciones y calamidades. Él gobierna sobre todo lo visible e invisible, material e inmaterial, bueno y malo. Nada puede derrotar sus propósitos ni soslayar sus planes. Desde su perspectiva no hay errores ni accidentes, incluso en lo que tiene que ver con el dolor, enfermedad y muerte.

Ahora bien, si la verdad en cuanto a Dios terminara aquí, tendríamos toda razón para asustarnos de una deidad más bien fría, calculadora y distante. Después de todo, el mundo en que vivimos incluye la existencia del mal: actos de pecado entre personas, así como también tragedias en la naturaleza. Es cierto que ningún mal ocurre sin el permiso soberano de Dios; sin embargo, debemos recordar que éste Dios todopoderoso también es amor, bondad, santidad, gracia, misericordia, compasión, paciencia y bondad. El mismo Dios que permite que el mal continúe en la tierra también se sujetó a sí mismo a su terrible y destructivo poder junto con nosotros. El segundo miembro de la Deidad se hizo hombre en la persona de Jesucristo; y el Dios-hombre selló la suerte del mal al morir nuestra muerte y resucitar para ofrecernos una vida eterna que está más allá del alcance del pecado y del dolor, la tristeza y la muerte.

En tanto que el Señor permite que el mal continúe, ha escogido hacer suyo el problema del dolor. Nadie detesta el mal más que el Señor. Junto a la verdad de la soberanía de Dios está su carácter totalmente santo y puro. Sostener lo uno sin lo otro producirá una crisis insoportable de fe cuando enfrentamos las dificultades. Ahora usted puede entender la frase inicial con que empecé este capítulo: lo que creemos en cuanto a Dios determina cómo vivimos nuestras vidas. Impulsa todo lo que pensamos y hacemos.

Antes de seguir adelante, asegurémonos de estar teológicamente en la misma página. Tal vez le sea de ayuda retroceder y volver a leer estos primeros tres párrafos.

CÓMO TOMAR PERSONALMENTE LA SOBERANÍA DE DIOS

Quisiera examinar su teología con unas cuantas preguntas. ¿Es Dios soberano si usted pierde su trabajo sin ninguna falta de parte suya? ¿Es Dios soberano cuando usted se ejercita más tiempo y con más diligencia que cualquiera, y sin embargo otro gana la competencia? ¿Es Dios soberano cuando alguien menos calificado que usted recibe la promoción por la que usted se esforzó y oró tan intensamente? ¿Es él soberano cuando un torbellino destroza su casa sin quitarle ni una sola teja a la casa de su vecino? ¿Es él soberano cuando el esposo a quien usted fue fiel y con su trabajo le pagó los estudios hasta que se graduó, se va con una colega poco después de graduarse, dejándola a usted con los hijos y las cuentas por pagar? ¿Es Dios soberano cuando un conductor borracho se estrella contra su coche, dejando a su hijo sufriendo de tetraplejía? ¿Qué tal cuando todos los otros nenes de la sala cuna del hospital reciben la calificación de "normal," mientras el suyo tiene un defecto obvio de nacimiento? ¿Es él soberano en esa situación?

Confieso que hubo un tiempo en mi ministerio cuando no hubiera podido responder que sí a todas esas preguntas. Y en donde pudiera haber respondido afirmativamente, hubiera sido lento para hablar. Felizmente, el Señor ha desarrollado mi teología mediante las pruebas de la vida real de manera que ahora puedo responder con todo entusiasmo: "¡Sí! El Señor es absoluta y completamente soberano sobre todas esas circunstancias." No puedo decir que entiendo por completo sus caminos, ni tampoco puedo explicar por qué él hace las cosas como las hace. Con todo, reconozco su derecho a gobernar como él quiere y le alabo por su carácter. Finalmente he llegado al lugar en el que puedo aceptar su gobierno soberano sin sentir la necesidad de entenderlo o explicarlo.

SOBERANO POR ENCIMA DEL CUESTIONAMIENTO

Hace siglos el Señor confrontó a la humanidad en cuanto al asunto de la soberanía. El profeta Isaías con fidelidad anotó sus palabras. Por favor, léalas con lentitud y concienzudamente.

> Yo soy Jehová, y ninguno más hay; no hay Dios fuera de mí. Yo te ceñiré, aunque tú no me conociste, para que se sepa desde el nacimiento del sol, y hasta donde se pone, que no hay más que yo; yo Jehová, y ninguno más que yo, que formo la luz y creo las tinieblas, que hago la paz y creo la adversidad. Yo Jehová soy el que hago todo esto. . . . ¡Ay del que pleitea con su Hacedor! ¡el

tiesto con los tiestos de la tierra! ¿Dirá el barro al que lo labra: ¿Qué haces?; o tu obra: ¿No tiene manos? (Isaías 45:5-7, 9).

La mayoría de nosotros no tiene problemas para aceptar las consecuencias del pecado o de nuestras propias malas decisiones. Después de todo, sólo estamos recibiendo lo que nos merecemos. Pero cuando la calamidad lo golpea a uno saliendo de la nada, y sin culpa de parte de uno, la carne nos hace levantar nuestra cara al cielo y agitar nuestro puño crispado exigiendo saber el por qué. Por supuesto, los creyentes maduros optan por un método más razonable. Presentamos nuestro caso con razonamiento frío, teológico, y si eso no resulta, regateamos con Dios.

En una ocasión hace varios meses, Cynthia y yo luchábamos con una aflicción en particular y no podíamos hallarle sentido. Después de que ella se había ido a la cama, yo me quedé levantado hasta altas horas de la noche buscando respuestas. Le recordé al Señor cuántos años le había servido fielmente en el ministerio y cómo mi conducta merecía mejor tratamiento. Caminaba de aquí para allá diciendo: "Señor: Te he servido fielmente; nunca le he sido infiel a mi esposa, nunca me he robado el dinero de la iglesia, nunca me robé el dinero del seminario (y no que no haya faltado alguien con quien enredarme, pero hablaremos de eso después), y siempre he hecho lo mejor posible para ser un buen esposo, padre, pastor y adorador. ¿Cómo puedes permitir que esto me suceda? ¡Simplemente no es justo!"

Más tarde, por supuesto, me sentí terriblemente tonto; y cuando vi Isaías 49:9 temblé un poco. "¡Ay!" es una exclamación hebrea que no es tanto una palabra sino más bien un gemido. Imita el sonido de los llorones judíos en los funerales. "¡Ay del que pleitea con su Hacedor!" La NVI traduce este versículo de esta manera: "¡Ay del que contiende con su Hacedor! ¡Ay del que no es más que un tiesto entre los tiestos de la tierra!" Simplemente estoy agradecido de que nuestro Hacedor es misericordioso.

Él es el alfarero; nosotros somos el barro. En su rueda él modela el barro, él hace la creación. Él decide qué barro será una tasa, un tazón o una jarra. El barro no grita: "¡Oye! ¡Ten cuidado! Ay, eso duele. No, no eso. ¡No!" Con el Señor, ninguna muerte es prematura, aunque nosotros la veamos de esa manera. Con el Señor, ningún diagnóstico es una sorpresa, aunque tal vez a nosotros nos aturda. Con el Señor, no hay niños no esperados ni embarazos no deseados. Dios nunca considera a un hijo como un error, ni tampoco considera a ninguno de ellos como inepto, indeseable, retardado o "defectuoso."

Nosotros, como el barro, no tenemos ningún derecho legítimo para cuestionar las manos moldeadoras del Alfarero soberano.

SOBERANO MEDIANTE CREACIÓN

Todo niño, todo niño, ha sido divinamente formado para que sea una creación singular del Padre celestial; y él no comete errores. El rey David celebraba la creación soberana del Señor en un canto que toda persona debe entonar en primera persona.

Porque tú formaste mis entrañas;
Tú me hiciste en el vientre de mi madre.
Te alabaré; porque formidables, maravillosas son tus obras;
Estoy maravillado,
Y mi alma lo sabe muy bien.
No fue encubierto de ti mi cuerpo,
Bien que en oculto fui formado,
Y entretejido en lo más profundo de la tierra.

Mi embrión vieron tus ojos,
Y en tu libro estaban escritas todas aquellas cosas
Que fueron luego formadas,
Sin faltar una de ellas
(Salmo 139:13-16).

Este himno de alabanza inspirado por Dios afirma que la creación del Señor no incluye errores. Ninguna vida es un pensamiento tardío para el Señor. Toda persona llega llevando el sello: "Hecha en el cielo por el Señor soberano," que le concede a todo niño la dignidad de significación y propósito. La Versión Popular traduce Salmo 139:16: "Tus ojos vieron mi cuerpo en formación; todo eso estaba escrito en tu libro. Habías señalado los días de mi vida cuando aún no existía ninguno de ellos."

La palabra hebrea que se traduce "señalados" en una versión, y "formadas," en la otra, viene de la misma raíz que el Señor usó en Isaías 45:9 cuando dijo: "Ay del que pleitea con su *Hacedor*." El Hacedor hace los momentos de nuestras vidas, y cada momento tiene un propósito. Nada invalida el destino para el que fuimos creados; ni género, ni nacionalidad, ni raza, y ni siquiera lo que a menudo llamamos "defectos de nacimiento."

CUANDO EL DON DEL HIJO VIENE ENVUELTO EN FORMA ESPECIAL

Qué fácil es aceptar la verdad del diseño soberano de Dios cuando contemplamos a un recién nacido que hace gorgojitos y vemos diez dedos en las manos, diez dedos en los pies, dos hermosos ojos y dos hermosas orejas, y brazos, piernas y cara perfectamente formados. Pero, ¿cuán fuerte es nuestra teología cuando ese pequeño don del cielo viene envuelto en forma especial? ¿Qué tal cuando vemos alguna deformidad obvia, la vista que parte el corazón de extremidades que faltan o están retorcidas, o rasgos distorsionados? ¿Qué sucede con nuestras nociones de diseño soberano, dignidad, propósito, y destino cuando vemos las señales indicadores del síndrome Down, espina bífida, o labio leporino? Permítame empujar esto un extremo que alrededor de una de cada mil nuevas madres enfrenta cada año. ¿Qué tal en cuanto al niño que sufre de anencefalia, un cerebro que falta o que está a medio formar? ¿Cuán rápidamente afirmamos que Dios ha ordenado los días—por pocos que sean—para este pequeño?

Vaya, ¡qué frágil nuestra confianza en el carácter de Dios! ¡Cuán rápidamente descubrimos los límites de nuestra creencia en su bondad!

Sé con certeza que Dios atesora cada vida, y podemos estar seguros de que su plan incluye aquellos que nosotros rotularíamos como "defectuosos." También sé que Dios nunca desperdicia a los padres. La mayoría de nuevas madres y padres sueñan con criar al nuevo Einstein, Mozart, o al próximo Michael Jordan, y cuando sus pequeños muestran señales tempranas de autismo, a lo mejor se ven tentados a pensar que su hijo es inferior, y que su trabajo de alguna manera es menos importante. Los niños y niñas profundamente autistas con toda probabilidad no van a cambiar el mundo en escala grandiosa (aunque han habido algunas impresionantes excepciones). Sin embargo, como usted y como yo, ellos en efecto hacen su parte de impacto.

Michelle Schreder, madre de dos niños autistas, escribe:

> Lo que necesitamos aprender cómo padres de niños con necesidades especiales es cómo disfrutar este don de la vida. Esto tal vez parezca imposible cuando estamos esperando en otra sala de

espera de algún médico, limpiando un tubo de alimentación o cambiando otro pañal en un niño que ya ha dejado atrás hace mucho los años de gatear. Pero el Dador del don no comete errores. Él es vida; y cuando apreciamos la vida que él nos ha encargado, llegamos a conocerle y a vivir en su vida mucho mejor.[1]

Los niños con necesidades especiales en efecto impactan el mundo, y sus padres tienen un trabajo mucho más importante del que se dan cuenta. Sus hijos presentan un reto a nuestro sistema más básico de valores: esas creencias que forjan nuestra comprensión de la estimación, valía y aceptación humanas. Cada encuentro con un niño discapacitado o que enfrenta un reto mental se vuelve una crisis de principios porque nos recuerda que el reino de Dios mira a las personas desde una perspectiva muy diferente. Michelle Schreder continúa:

> Nosotros, los seres humanos, constantemente basamos el valor y lo deseable de una persona en su apariencia, estatus, riqueza o logros.... Pero claramente Dios no es así. Él recibe con los brazos abiertos a todos.... y él quiere que nosotros, los que invocamos su nombre, seamos igualmente una comunidad que recibe con brazos abiertos.[2]

De una manera u otra, y en grados diferentes, todos tenemos un reto singular y todos necesitamos gracia: la dádiva de aceptación completa y valía sin calificación simplemente porque Dios nos hizo y nos valora. Qué importante es que agradezcamos a Dios por los hijos con necesidades especiales; sin ellos, este mundo obsesionado por la comparación haría de las suyas con nuestros egos. Y debemos también agradecer a Dios por los padres de estos preciosos dones, puesto que estos hombres y mujeres son ejemplos de carne y hueso del amor tierno, incondicional, inmutable de Dios para todos nosotros.

RESPUESTAS BÍBLICAS A PREGUNTAS DIFÍCILES

Una teología considerada con todo cuidado rara vez logra atar todos los cabos sueltos de la realidad; pero puede proveer respuestas realistas a preguntas difíciles. Después de todo, la teología aparte de la vida real no sirve de gran cosa. Las preguntas más comunes que oigo son variaciones de estas tres.

Primera, *¿fue el pecado de alguien lo que causó la discapacidad o anormalidad de mi hijo?* La respuesta es complicada porque incluye dos asuntos muy distintos que con frecuencia combinamos: la cuestión de consecuencias y castigo divino. Permítame decirlo con toda claridad: no son lo mismo. Dios interviene, pero no de la manera en que pensamos naturalmente.

Por un lado, Dios casi siempre permite que nuestras acciones produzcan las constancias esperadas. Antes de que actuemos, él instruye, advierte, y con frecuencia interviene. Él siempre nos pone en nuestra mejor posición para que escojamos bien y nunca nos permite ser tentados más de lo que podemos aguantar. Una vez que tomamos nuestra decisión, sin embargo, él permite que cosechemos lo que hemos sembrado. El uso de drogas ilícitas, ingerir licor, fumar, puede hacer daño al feto en desarrollo, por lo general resultando en algún tipo de complicación. Los pecados y decisiones malas por lo general producen consecuencias no deseadas que pueden parecernos como castigo. Sin embargo, estos efectos negativos no son castigo divino, sino gracia divina. El cosechar el fruto desdichado de lo que hemos sembrado nos enseña a ser administradores responsables de nuestra libertad. Dios, en su gracia, usa las consecuencias de nuestro pecado e incluso los pecados del mundo para disciplinarnos e instruirnos.

El castigo divino, por otro lado, es un producto muy real del pecado; sin embargo, no viene mediante consecuencias naturales, sino mediante ira sobrenatural. No viene indirectamente mediante el mundo, sino directamente de Dios mismo. La llegada de Jesucristo a la tierra empezó una nueva era, la era de la gracia. Cuando Cristo murió en la cruz, él llevó sobre sí nuestros pecados y soportó la ira de Dios por nosotros. Si usted ha recibido la dádiva divina de la gracia al creer en él, nunca experimentará la ira—el castigo divino—que se merece. Por gracia, Jesús lo llevó todo y no dejó *nada* para usted. Nada.

Si, no obstante, usted escoge confiar en su propia bondad o espera que sus buenas obras de alguna manera purifiquen o contrarresten su mala conducta, si usted rechaza la dádiva gratuita de Dios, la ira de Dios le espera. Cuando muera, o si el Señor vuelve antes que eso, con toda certeza usted sufrirá el castigo divino por sus pecados; pero no antes. Incluso mientras usted continúa una vida de rebelión, el Señor usa las consecuencias de sus pecados y malas decisiones para enseñarle, mientras que todo el tiempo le extiende la oferta de comunión con él.

Dios no causa el pecado ni tampoco ordena el mal; pero usará para sus propósitos los tristes resultados del pecado y de las malas decisiones. Cuando Jesús y los discípulos encontraron a un hombre que había nacido cielo, que tenía un defecto congénito, él aprovechó la oportunidad para aclarar este mismo asunto.

"Al pasar Jesús, vio a un hombre ciego de nacimiento. Y le preguntaron sus discípulos, diciendo: Rabí, ¿quién pecó, éste o sus padres, para que haya nacido ciego?" (Juan 9:1-2).

Unas pocas sectas judías enseñaban que un feto podía cometer pecados, mientras que muchos más sostenían que las discapacidades del recién nacido era resultados de la retribución divina contra los padres. Es una pregunta natural que se hace si no conocemos bien el carácter de Dios. Me encanta la respuesta de Jesús porque soslaya la cuestión del castigo y va directamente a la médula del asunto: la confianza en la soberanía y bondad de Dios.

"Respondió Jesús: No es que pecó éste, ni sus padres, sino para que las obras de Dios se manifiesten en él" (Juan 9:3).

En mi experiencia, nadie exhibe con mayor elocuencia las obras de Dios que los discapacitados, especialmente cuando son niños. Tal vez esto sea porque los niños con discapacidades no piden disculpas por su necesidad y de buen grado aceptan la intervención de Dios en sus vidas; mucho más que los adultos orgullosos, arrogantes, y físicamente capaces. Algunos padres me han dicho: "No puedo contar las veces que he aprendido algo profundo en cuanto a Dios y su obra como resultado de tener un hijo con necesidades especiales. He presenciado la paciencia de Dios, he sentido su amor y ternura. He descubierto el poder de la dependencia en él. He abrazado la fe sencilla, como de niño. Me he visto obligado a ser paciente . . . a reducir el paso y andar con un poco más de cuidado debido al tiempo que se requiere para atender las necesidades de nuestro hijo. He experimentado la vida de maneras que nunca lo hubiera hecho de otra manera."

Joni Eareckson Tada, ejemplo maravilloso para todos nosotros, escribe con honestidad de pensamiento claro:

Dios no simplemente observa [el daño] sucederse; permite que suceda. Lo que es accidental desde nuestra perspectiva fue específicamente permitido por Dios. El que mantiene unidas todas las cosas debe sostener las mismas moléculas del ladrillo o de la cabeza de hacha que salen volando contra su blanco (Colosenses 3:17).

. . . El mal puede levantar su cabeza sólo donde Dios deliberadamente retrocede; siempre por razones que son específicas, sabias y buenas, pero a menudo ocultas durante esta vida presente. . . .

. . . Dios ve el mal ya aquí y lo dirige para que sirva para sus buenos propósitos y no meramente a los perversos de Satanás. Es como si dijera: "¿Así que quieres pecar? Adelante; pero yo me aseguraré de que tú pecas de una manera que a la larga promueva mis fines aunque tú estés levantando contra mi cara tu puño crispado." Por eso es que podemos aceptar los problemas como en última instancia viniendo de Dios aun cuando la más horrorosa de las personas los entregue.[3]

Tan pronto como Jesús terminó de corregir la teología de sus discípulos, declaró: "Yo soy la luz del mundo" y luego le dio la vista al ciego. En este acto Jesús demostró su autoridad sobre las discapacidades, el pecado, la mala teología, el templo, el sabat, incluso los arrogantes fariseos que se le oponían. Él tuvo esta oportunidad porque un nene vino al mundo sin la capacidad de ver. Dios no causó la aflicción del nene; le dio a esa aflicción un propósito divino antes de que alguna cosa haya sido creada.

Una segunda pregunta que a menudo encuentro es: *¿de qué manera Dios interviene en los defectos y discapacidades de nacimiento?*

Hemos establecido que el Señor es absolutamente soberano, y sin embargo él no causa directamente que ocurran las cosas malas, tales como discapacidades físicas o mentales. Sin embargo, ellas en efecto ocurren mediante su permiso, y él en efecto directamente ordena los propósitos de ellas dentro de su plan.

En Éxodo 3—4 Moisés está ante la zarza ardiente discutiendo con Dios. Ha pasado los primeros cuarenta años de su vida afilando sus capacidades naturales en Egipto, esperando llegar a ser el salvador de Israel, tal vez dirigiendo una revuelta militar contra el faraón. Vio que un egipcio maltrataba a un hebreo y se echó sobre los hombros la tarea de libertar a su hermano asesinando al atacante. Actuó por iniciativa propia, en su propia fuerza, esperando gratitud en pago. Más bien, el Señor permaneció en silencio, el hebreo se mofó, y las autoridades egipcias buscaron su vida.

Moisés pasó los siguientes cuarenta años de su vida exiliado, contento con usar sus destrezas naturales de liderazgo en los rebaños de su suegro, resignándose al hecho de que había echado a perder su gran oportunidad de rescatar a Israel. Entonces, cuando tenía ochenta años, oyó que el Señor lo llamaba. De pie y descalzo ante el espeluznante resplandor de la presencia de Dios, oyó el mandato: "Ven, por tanto, ahora, y te enviaré a Faraón, para que saques de Egipto a mi pueblo, los hijos de Israel" (Éxodo 3:10). Así empezó la discusión, en la cual aprendemos que Moisés tenía una discapacidad.

Moisés primero presentó varias razones por las que el plan de Dios no funcionaría, que el Señor contrarrestó prometiéndole capacidades milagrosas. Después de que Moisés agotó todas las demás excusas, volvió a su primera línea de defensa. "—¡Ay, Señor! —respondió Moisés—. Yo no tengo facilidad de palabra, y esto no es solo de ayer ni de ahora que estás hablando con este siervo tuyo, sino de tiempo atrás. Siempre que hablo, se me traba la lengua" (Éxodo 4:10. VP). Sus palabras reales tal vez hayan sido: "S-s-s-s-siempre que ha-a-a-a-ablo s-s-s-se m-m-m-m-me trab-b-b-b-a la l-l-l-l-eng-g-g-gua." Nos olvidamos de ese hecho cuando pensamos de Moisés, el dirigente del Éxodo. El hombre tenía un impedimento en él habla, que él presentó como excusa para no obedecer a Dios.

¿La respuesta del Señor? Léala con todo detenimiento.

¿Quién dio la boca al hombre? ¿o quién hizo al mudo y al sordo, al que ve y al ciego? ¿No soy yo Jehová? Ahora pues, ve, y yo estaré con tu boca, y te enseñaré lo que hayas de hablar (Éxodo 4:11-12).

En otras palabras: "Moisés: tú estás hablando con el Señor de las bocas. Tu discapacidad no es sorpresa para mí, ni tampoco va a entorpecer mis planes. Es más, tú lengua tartamuda es parte de mi estrategia divina, soberana; siempre lo ha sido."

Si su hijo o hija nació ciego, fue formado de esa manera bajo la supervisión del Señor, para sus propósitos y para su gloria. No es culpa suya; es el plan soberano de Dios. Mantener esta perspectiva puede determinar toda la diferencia para usted y su hijo.

Cuando estudiaba en el Seminario Teológico de Dallas llegué a conocer a un joven muy talentoso que estaba como en primer año cuanto yo ya cursaba el tercer año. Recuerdo pensar que su capacidad en el púlpito le daría un futuro brillante del ministerio. Ya hace mucho que perdí contacto con él, pero mientras estudiábamos disfrutamos de muy buena amistad. También recuerdo que él tenía una marca de nacimiento que iba desde que el comienzo de su pelo, cruzaba por su nariz, bajaba por la mejilla, quijada y cuello. Parecía como si alguien hubiera hundido dos dedos en pintura roja brillante y la hubiera embadurnado sobre su cara. Me intrigó eso porque parecía que él no se cohibía por eso. Su presencia intrépida, confiada, revelaba una seguridad e incluso un sentido de humor que pocos poseen. Un día decidí hablarle en forma directa y preguntarle al respecto.

Sonrió y contestó: "En realidad, tengo que agradecerle a mi padre. Todo el tiempo, hasta donde puedo recordar, él solía decir: 'Hijo: poco antes de que nacieras allí fue donde un ángel te besó. Ninguno de los demás niños tienen esa marca, así que de esa manera sé que eres mío.'" Luego dijo: "¿Sabes, Chuck? Llegué al punto de sentir algo de lástima por las personas que no tienen una marca roja que les cruce la cara."

Una tercera pregunta que oigo a menudo: *Si Dios es soberano y detesta el mal, ¿por qué permitió que esto me suceda a mí, a nosotros, a mi familia? ¿Por qué Dios espera para poner fin al mal? ¿Por qué no lo hace ahora mismo?*

Hallo la doxología de Pablo en Romanos 11 muy útil. Él alza sus manos en alabanza y escribe con mucha pasión:

> ¡Oh profundidad de las riquezas de la sabiduría y de la ciencia de Dios! ¡Cuán insondables son sus juicios, e inescrutables sus caminos! Porque ¿quién entendió la mente del Señor? ¿O quién fue su consejero? ¿O quién le dio a él primero, para que le fuese recompensado? Porque de él, y por él, y para él, son todas las cosas. A él sea la gloria por los siglos. Amén (Romanos 11:33-36).

La respuesta a la tercera pregunta es: *nadie lo sabe*. Nadie sabe por qué Dios escoge como escoge y actúa como actúa. Por qué la vida de una familia está marcada por la tragedia y otra permanece al parecer libre de tragedia. Por qué la enfermedad casi destruye a una familia en tanto que otra sigue fuerte y saludable. O, por qué el Señor no viene ahora para conquistar al mundo y destruir al mal y quitar toda discapacidad para siempre.

Si pudiera contestar a esas tres preguntas con satisfacción completa, otras preguntas tomarían su lugar. En algún punto incluso las mentes teológicas más brillantes y estudiadas deben hacer a un lado sus libros y notas para alabar al Señor; y escogen alabarle por su carácter en ausencia de resoluciones nítidas. A esta última pregunta y a cientos más como ella, abiertamente admito: "No lo sé." Pero en donde mi conocimiento falla, puedo confiar en la soberanía y bondad del Señor, en última instancia, que hará todo cómo es debido.

Perspectivas

Empecé este capítulo con la afirmación audaz de que nuestra teología afecta todo en nosotros: nuestras decisiones, cómo reaccionamos a las circunstancias de la vida, e incluso como nos comportamos unos con otros. El pensamiento correcto exige acción correcta.

PARA LOS QUE TIENEN HIJOS CON NECESIDADES ESPECIALES

Quiero ejercer el mayor cuidado al escribir esto porque no soy padre de un hijo discapacitado, aunque soy abuelo de uno. Mi esposa y yo hemos observado a nuestra hija y yerno aguantar la tristeza, dolor de corazón, frustración, y total agotamiento al criar un hijo autista. Así que mi experiencia como abuelo me permite expresar simpatía con conocimiento mejor que el promedio, pero no puedo ofrecer consejo de primera mano.

Para ustedes, espero que ustedes confíen en Dios cada día para nueva fuerza. Espero que no vacilen en admitir su debilidad, permitirse la frustración y la tristeza, y pedir a menudo ayuda de otros. De muchas maneras, el trabajo requiere energía sobrehumana, paciencia sobrehumana, y diligencia y sabiduría sobrehumanas. Debido a que por lo general ustedes hacen el trabajo bastante bien, fácilmente pueden olvidarse de que ustedes son sólo humanos.

A LOS QUE NO TIENEN HIJOS CON
NECESIDADES ESPECIALES

Extendámonos, aunque no sepamos cómo, o no sepamos qué decir.

Noto que los que encuentran a discapacitados tienden bien sea a clavar la mirada sin ninguna compasión desde la distancia o ignorarlos por completo. Muy pocos hablan con los discapacitados, o con los que los ayudan, o con sus padres. Entiendo por qué. Tenemos miedo de ofender o de decir algo que nos abochornará a nosotros mismos o a la otra persona. Por ejemplo, en una iglesia en la que serví anteriormente, resultó que yo estaba cerca cuando una señora que empujaba la silla de ruedas de su esposo se acercó a un acomodador para pedirle el boletín de la iglesia. El acomodador le extendió el boletín y le dijo: "Buenos días. Esto es para usted. ¿Quiere él uno?"

Ella con toda cortesía respondió: "¿Por qué no se lo pregunta?"

Por supuesto, el abochornado acomodador, que un caballero muy bueno y sensible, se mortificó por su pregunta insensible. Después de que confirmó que el esposo quería uno y acompañó a la pareja a sus asientos, él quería meterse en algún agujero en alguna parte del lado oscuro de la luna.

Nadie quiere ofender o abochornarse, pero el encuentro fue mejor que la alternativa. Él arriesgó e hizo una trastada . . . y aprendió. En toda su torpeza, la situación involucró una interacción humana auténtica que los discapacitados a menudo anhelan. Con certeza la próxima vez el acomodador sabrá mirar directamente a los ojos y dirigirse en forma directa a la persona en la silla de ruedas.

Permítame animarle a que se abra. Intervenga. Arriésguese a hacer o decir algo equivocado. Empiece tratando al discapacitado como a cualquier otra persona, y luego observe según él o ella dirige, y haga ajustes para dar lugar a la discapacidad. Si usted hace una trastada, pida disculpas y acepte la gracia de la persona. Al juzgar por las conversaciones que he tenido, ellos prefieren mucho más esfuerzos bien intencionados a que se les ignore.

¿Puedo ser directo aquí? *Todos somos discapacitados.* Algunas discapacidades son más difíciles de esconder que otras, y la mayoría de nosotros hacemos un trabajo excelente para guardar bien escondidas nuestras discapacidades (¡lo que es un problema serio!). Pero todos tenemos necesidades especiales. Felizmente, tenemos un Salvador que nos mira directamente a cada uno de nosotros, viéndonos tal como somos y valorándonos como su propia creación valiosa.

Doce

Palabras finales para las familias de entonces y de hoy

*E*scribir el capítulo final de un libro produce emociones mixtas. Por lo general siento gratitud por todo lo que he aprendido personalmente y por la oportunidad de compartir con usted lo que he aprendido. Y, por supuesto, siento el logro de haber completado este viaje literario. Admito que también hallo alivio al terminar un proyecto tan extenso. En mi lectura encontré la descripción que Winston Churchill da del meticuloso proceso de escribir un libro:

> Escribir un libro es una aventura. El comienzo es un juguete, una
> diversión; luego se convierte en una amante, y después un amo,
> y luego un tirano y luego la última fase es que, justo cuando uno
> está a punto de reconciliarse con la esclavitud de uno, uno mata
> al monstruo.[1]

243

Al preparar este monstruo, mi mente vuelve sobre los pasos que hemos dado juntos en este camino.

Hemos descubierto de la sabiduría de Proverbios el secreto mejor guardado de la crianza sabia de hijos: "Cultiva una sed, despierta un hambre, despierta un apetito por las cosas espirituales en las vidas de los hijos de cualquier edad, mientras ellos vivan bajo tu techo, y hazlo de acuerdo a la inclinación que tienen; disciplinando la obediencia y lidiando con el mal, mientras que a la vez afirmas y alientas lo bueno, lo artístico, lo hermoso. Conforme los hijos llegan a ser adultos, sus sendas estarán dirigidas directamente hacia el Salvador, y continuarán andando en la soberanía de él."

Permitimos que las Escrituras nos muestren que los hijos se inclinan de dos maneras conflictivas. Cada niño fue creado por Dios para que sea bueno y cumpla su propósito para él o ella; sin embargo, desde el momento de la concepción, el pecado ha corrompido la naturaleza de cada niño de tal manera que rechaza el camino de Dios para seguir la necedad. La vara y la represión son las herramientas de los padres para refrenar los impulsos naturales, obstinados, rebeldes de los hijos, a fin de enseñarles dominio propio y guiarlos hacia el Salvador.

Pensamos en cómo entrenar y educar a los niños sin ser indulgentes, cómo disciplinarlos sin destrozar sus espíritus, y cómo forjar sus voluntades sin drenarles su entusiasmo por la vida. Consideramos la triste ocasión cuando los hijos ejercen su propia voluntad y escoge alejarse de los valores y principios que les enseñamos que honren. Examinamos el corazón lleno de gracia del padre en el relato de Jesús de los dos hijos rebeldes. Miramos una familia fuerte y santa para apreciar el valor de los hijos y su prioridad por sobre un avance en la carrera o satisfacción personal; y volvimos a descubrir la belleza del diseño de Dios y la seguridad de su soberanía en los hijos que vienen a nosotros en un envoltorio especial.

Ha sido toda una jornada. Este es un buen tiempo para hacer una pausa para algunas reflexiones finales.

PALABRAS FINALES PARA LAS FAMILIAS

El libro de Deuteronomio forma un capítulo final en la jornada de Moisés. Es aquí donde el líder cansado del viaje hace lo que le gusta hacer: hacer una pausa, meditar en dónde ha estado, y luego derivar algunas nociones provechosas para recordar. Frisando ya ciento veinte años, ha dirigido a los israelitas sacándolos de la cautividad en Egipto y los ha cuidado durante sus cuarenta años de peregrinaje por el desierto, y sin embargo "sus ojos nunca se oscurecieron, ni perdió su vigor" (Deuteronomio 34:7); tiene nieve en su techo, pero todavía tiene fuego en su chimenea. El venerable anciano todavía está fuerte, todavía puede enfrentarse a los retos de la vida, pero su viaje ha llegado a su fin. El Señor le dijo a su siervo que era tiempo de que se vaya a casa. Aceptando la decisión de Dios para cerrar sus libros, Moisés pronunció su última serie de mensajes a la nación hebrea en los cuales reiteró los mandamientos del Señor. Está nueva pronunciación y revisión de la ley en el libro titulado Deuteronomio es un término griego que significa "segunda ley."

Israel estaba en el umbral de la Tierra Prometida por segunda vez. La primera generación no había entrado a la tierra cuarenta años atrás debido a que tuvieron miedo de sus enemigos más de lo que confiaron en su Señor. Esta nueva generación iba a recibir la largamente esperada Tierra Prometida, y Moisés quería asegurarse de que ellos no dejarían de obedecer al Señor al apropiarse de las bendiciones que Dios había preparado para ellos. Hay que tener presente que Canaán, la tierra que iban a habitar, estaba llena de paganos que adoraban ídolos, y cuya influencia y estilo de vida saturaban todo metro cuadrado de terreno y permeaban las paredes de toda estructura.

Las últimas palabras de Moisés suenan como lo que un padre tal vez le diría a un hijo o hija que se alista para marcharse a una universidad distante. Su palabra favorita en todo Deuteronomio es "Recuerda," como si dijera: "Ahora bien, no te olvides . . . Ten esto presente . . ."

Deuteronomio 6 anota lo que es tal vez su mensaje más importante. En todos los tres milenios desde que Moisés pronunció por primera vez estas palabras hasta el día presente, los hebreos consideran este pasaje como su confesión de fe. Lo llaman la "shemá," nombre derivado del término hebreo que empieza el primer mandato: "¡Oye!" o "¡escucha!"

"Oye, Israel: Jehová nuestro Dios, Jehová uno es" (Deuteronomio 6:4).

El pueblo del único Dios verdadero entraría a una tierra de muchos dioses falsos. Vivirían en ciudades que no fundaron, vivirían en casas que no construyeron, beberían de pozos que no cavaron, comerían de huertos y viñas que no habían plantado. Toda esta afluencia inesperada e instantánea presentaría una nueva clase de peligro.

Imagínese heredar de repente una vasta fortuna o ganar una lotería de cien millones de dólares, y moverse entre la élite cultural. En toda la emoción y afluencia, habría una gran tentación a olvidarnos de nuestra dependencia del Señor y a desarrollar indiferencia hacia él. Para impedir esto, el Señor le ordenó a su pueblo por medio de Moisés:

"Y las atarás [estas palabras] como una señal en tu mano, y estarán como frontales entre tus ojos" (Deuteronomio 6:8).

En algún punto en la historia judía, los adoradores tomaron este mandamiento en forma literal, y hasta el día de hoy los judíos ortodoxos y conservadores llevan dos estuches de cuero durante sus oraciones matutinas: uno en la frente, y otro en la mano derecha. Dentro del estuche hay pedacitos de pergamino en donde están impresos pasajes importantes de las Escrituras. De modo similar, casi toda casa y negocio de Israel ha tomado Deuteronomio 6:9 igual de literal: "y las escribirás en los postes de tu casa, y en tus puertas." Los judíos de costumbre fijan un pequeño tubo llamado mezuzá (hebreo para "poste de la puerta") a los postes de las puertas de sus casas, oficinas, e incluso habitaciones de hotel, a veces poniendo dentro las sagradas palabras de las Escrituras.

Cynthia y yo compramos una mezuzá de plata cuando estuvimos en Israel, y planeamos ponerlo en el poste de la puerta del frente de la casa que hemos construido en Frisco, Texas. Esta será una manera de dar expresión tangible a nuestra devoción. También nos recordará a nosotros, como les recordaba a esa antigua generación de adoradores de Dios que enfrentaremos los retos de la prosperidad, que pertenecemos al Señor y que todo lo que somos y tenemos viene de él. Estamos viviendo en una casa que él nos permitió construir. Comemos comida de su mano, y bebemos agua que él ha provisto para nosotros. Disfrutamos de la protección y provisión del Todopoderoso. Incluso el gozo y la risa que resuena en nuestras paredes son un testimonio de su gracia inmensurable para nosotros como pareja y para nuestra familia extendida entera.

SEIS PRINCIPIOS PARA NUESTRO BIEN
Y NUESTRA SUPERVIVENCIA

Las promesas de Dios a nosotros no son condicionales. Sin embargo, "nuestro bien y nuestra supervivencia" en forma muy definitiva tiene condiciones. Una mezuzá de ninguna manera garantiza nuestra obediencia. Podemos escoger olvidarnos de él, olvidarnos de sus mandamientos, ignorar sus advertencias, y permitir que nuestra prosperidad e influencias paganas nos seduzcan y alejen de nuestra dependencia del Señor, pero hacerlo así es a nuestro propio riesgo. A los que él ha llamado, él ha salvado; y él preservará hasta el fin a los que él ha salvado. Sin embargo, él nos ha dado bastante espacio para determinar la calidad de nuestras propias vidas y de las personitas que él nos ha dado para cuidar. Él nos ha dado el poder de influir el medio ambiente en el que criamos a nuestros hijos, y de escoger el legado que les dejaremos. Por eso el Señor dirigió a Moisés a dar estos mensajes finales.

Quiero terminar nuestra jornada dirigiéndonos a que hagamos una pausa y reflexionemos en lo que muchos consideran el discurso más importante de Moisés. Hallo en Deuteronomio 6:4-25 seis principios que el Señor propuso para los israelitas—y nosotros— que sigan "para que nos vaya bien todos los días, y para que nos conserve la vida" (v. 24). Por favor, no lea al apuro este último capítulo. Dedíquele tiempo. Medite en cada principio con lentitud y cuidado puesto que son eternos y verdaderos.

Principio 1: Los padres no pueden pasar a sus hijos lo que
ellos mismos no poseen.

Oye, Israel: Jehová nuestro Dios, Jehová uno es. Y amarás a Jehová tu Dios de todo tu corazón, y de toda tu alma, y con todas tus fuerzas. Y estas palabras que yo te mando hoy, estarán sobre tu corazón (Deuteronomio 6:4-6).

Dios está suplicando pasión aquí. Él quiere que apliquemos todo nuestro corazón en nuestra relación con él. El Dr. Clyde Cook, presidente de Biola University, una vez me contó de una vista nada usual que él y su esposa, Anna Belle, vieron una vez en el parque de diversiones Sea World. Exploraron los acuarios, vieron a la ballena Shamú empapar a los espectadores, y se maravillaron por las focas y morsas jugando con una pelota. En cierto punto caminaron por una larga vereda en donde había como una docena de patos—todos en patines—deslizándose y acercándose hacia ellos. Yo le dije: "Eso debe haber sido una vista muy divertida. Patos en patines."

Me dijo: "Conforme se acercaban, era más obvio que podían hacerlo, pero yo podría decir que no lo hacían de corazón."

Cynthia y yo tenemos ahora una expresión que usamos a veces: "Es un pato en patines." Eso describe a alguien que hace el movimiento, incluso hace algo de progreso, pero uno puede decir que no ha aplicado su corazón a hacerlo.

Noto que el mandamiento no es meramente: "Cree en Dios, asiste a la iglesia, lee la Biblia, entona los cantos, y ora antes de la comida." No; debemos amar al Señor "de *todo* . . ., y de *toda* . . ., y con *todas* . . ." Los hijos pueden decir cuando estamos simplemente practicando un rito vacío, religioso. Las devociones a medias son tan obvias, e igual de no naturales, como un pato en patines. Los hijos son implacablemente perspicaces y dolorosamente francos. Ellos quieren saber lo que funciona. Ellos no quieren desperdiciar su tiempo creyendo en algo que no tiene sentido o que no ejerce un impacto significativo en sus vidas. Y si ellos le ven a usted dándole al Señor las sobras de su tiempo, de su dinero, y de su energía, ¿qué van a concluir? Sólo que en el amor al Señor se puede hacer acomodos sin consecuencia.

No podemos dar lo que no poseemos personalmente. Una fe farsante no sirve; y eso nos lleva al siguiente principio.

Principio 2: Los hijos no se benefician de lo que no es auténtico

Y las repetirás a tus hijos, y hablarás de ellas estando en tu casa, y andando por el camino, y al acostarte, y cuando te levantes (Deuteronomio 6:7).

Tome nota de dónde y cuándo debe tener lugar la instrucción. No hay ni una sola palabra en cuanto a cultos en la iglesia, nada en cuanto al sabat hebreo, o sus festivales o sacrificios. Aquí no hay nada de religión, para nada. El amor al Señor y su palabra virtualmente no tienen nada que ver con religión. El cristianismo es una relación personal, y no un cuerpo de conocimiento o un sistema de pensamiento, y no tiene absolutamente lugar para "iglesismo." No hay nada de malo con la iglesia. Yo predico sermones casi cada domingo de mi vida en una de ellas. Pero si no tenemos cuidado, podemos dejar la autenticidad en la puerta, ponernos una máscara de iglesia, vomitar vocabulario de iglesia, y perder la misma calidad que hace de Cristo tan atractivo para los pecadores . . . y para los hijos.

El término hebreo que se traduce "repetir" en Deuteronomio 6:7 viene del verbo "afilar." Cuando Moisés escribió esto, usó una forma intensiva del verbo. Esto no es sugerir que nuestra enseñanza deba ser como el servicio militar obligatorio, sino que debe ser consistente y debe tener lugar en todo segmento de nuestras vidas. Sus hijos necesitan ver su amor por el Señor en el supermercado, en la fila en la oficina de correos, y en el embotellamiento de tráfico . . . en todo aspecto ordinario de la vida. Saque la autenticidad del cristianismo, y todo lo que tiene son ritos que parecen religiosos pero sin corazón. No queda nada de valor práctico para enfrentar los retos que arruinan las vidas. Los retos que enfrentamos no vienen en forma de pruebas bíblicas de selección múltiple. Ellos prueban nuestro carácter. Prueban lo genuino de nuestra creencia, la realidad de nuestra relación con Dios y nuestros hijos están observando. Y, ¿puedo añadir algo que deja convicto? Ellos toman sus indicios de nuestros ejemplos. ¡Ellos harán tal como nosotros hemos hecho!

Poco antes de su muerte la comediante Gilda Radner escribió un penetrante librito titulado *It's Always Something (Siempre hay algo)*, en el cual relató lo siguiente:

> Cuando era pequeña, mi primo Dibby tenía una perra, de raza corriente, que estaba preñada. No sé cuánto tiempo dura la preñez de las perras, pero la perra debía tener sus cachorros en como una semana. Ella estaba en el patio un día y se cruzó en el camino de la podadora de césped, y la máquina le cortó las patas traseras. La llevaron corriendo al veterinario y él dijo: "Yo puedo remendarla, o ustedes pueden ponerla a dormir si quieren, pero los cachorros están bien. Ella podrá parir a sus cachorros."
>
> El primo Dibby dijo: "Déjela viva."
>
> Así que el veterinario le remendó la espalda, y a la siguiente semana la perra aprendió a andar. Ella no pasó tiempo preocupándose, simplemente aprendió a caminar dando dos pasos hacia adelante, y volteándose sobre el lomo, y luego dando dos pasos más y volteándose de nuevo sobre su espalda. Parió seis cachorros,

todos en perfecta salud. Ella los amamantó y después los destetó; y cuando ellos atrevieron a andar, todos andaban como ella.[2]

Los hijos tienen la asombrosa capacidad de pasar por encima de lo que decimos e incluso de lo que *pensamos* que creemos y concentrarse en lo que nuestras *acciones* modelan en cuanto lo que creemos. No se beneficiarán de un amor al Señor que no es auténtico. ¡Sean reales, padres!

Principio 3: La verdad no es un compromiso esencial si carece de convicciones valientes

Y las atarás como una señal en tu mano, y estarán como frontales entre tus ojos; y las escribirás en los postes de tu casa, y en tus puertas (Deuteronomio 6:8-9).

Llevar las palabras del Señor en nuestras manos y nuestras frentes no sólo nos recuerdan de nuestra devoción, sino que también declara a un mundo que observa que pertenecemos a Dios. A los israelitas que entraban a la Tierra Prometida él dijo, en efecto: "Cuando te apoderes de la tierra de Canaán, y disfrutes de la prosperidad que has hallado, y antes de que hayas expulsado con éxito la influencia pagana que te pido que expulses, tu fe se verá ante un reto. Quiero que ellos sepan desde el principio que tú me perteneces. Lleva mis palabras en tu cabeza, sujetas a tu mano, y escríbelas en tus puertas. Haz de mi Palabra tu declaración pública."

Digamos las cosas tal como son: la mayoría de nosotros queremos que se nos quiera más de lo que queremos andar derecho. Cuando usted se halla sola en una reunión de padres y maestros y está en juego un principio moral, es difícil levantarse y expresar la verdad de la Biblia. Cuando usted está en un empleo y su organización quiere hacer acomodos en las normas o torcer las reglas éticas, tomar el camino de la moral alta puede acortar su carrera. Decir sus convicciones es arriesgarse a que lo tilden a uno de no ser jugador de equipo. Esos momentos de verdad tienden a aclarar los compromisos básicos de uno. Los compromisos básicos genuinos no se derrumban bajo presión. De hecho, por lo general se fortalecen.

Conocí al Dr. Chuck McElhenney hace muchos años durante un viaje. Él ministraba en la iglesia First Orthodox Presbyterian Church del Distrito Sunset de San Francisco, sector conocido como hostil a los cristianos debido a homosexuales y lesbianas radicales. Su casa había sufrido atentados incendiarios, habían invadido su iglesia y le habían pintarrajeado grafitos más veces de las que podía contar, y en forma regular hacían marchas y protestas contra su ministerio. Cuando viajé para conocerlo, esperaba hallarle llevando un casco de acero, con una ametralladora al hombro, agazapado en una casa con ventanas con barrotes, rodeados por un par de perros guardianes de colmillos enormes. Me imaginaba a un individuo enzarzado en una batalla perpetua contra el mal, luchando a brazo partido aquellos a quienes les habría encantado destruirlo, o por lo menos desalentarlo. En lugar de eso, hallé a un hombre que amaba profundamente a los que los detestaban tanto. Él ministró aquí por más de veinticinco años, predicando el evangelio y amando a la gente que Dios ponía en su camino. Ahora mucho de su ministerio tiene lugar en los hospitales, atendiendo a las necesidades de los que se mueren de sida.

Aunque su ministerio no se centraba en la política, una mañana leyó en el *San Francisco Chronicle* una propuesta de la ciudad que

253

iba demasiado lejos. En lugar de quedarse sentado y con la boca cerrada, decidió asistir a la audiencia del consejo sobre la resolución. Cuando el consejo abrió el micrófono al piso, mi amigo decidió exponer un caso para un enfoque bíblico del asunto. En la manera más elocuente, llena de gracia, e inteligente, expuso los problemas de la resolución que el consejo municipal estaba a punto de aprobar. Sin mencionarlos, con cuidado entretejió las palabras de Moisés, Pablo y David en su presentación, que el panel halló contundentes. Justo cuando estaba a punto de volver a su asiento, un concejal le preguntó: "Señor: ¿fueron esas citas de su presentación sacadas de la Biblia?"

Con calma él afirmó que su razonamiento y muchas de sus palabras fueron tomadas directamente de la Biblia. Con eso, el miembro del consejo dijo: "Pues bien, si eso está en la Biblia, entonces mi voto es en contra." Cambió su voto para denegar la resolución. Esa declaración del miembro del concilio les dio a otros la valentía suficiente para concordar con él. Al final, la resolución no fue aprobada, tal como el ministro había esperado.

Este ejemplo representa más bien la excepción que la regla. Rara vez la decisión de ejercer valor produce un cambio tan dramático; pero el Señor no nos llamó a cambiar el mundo desde una enorme plataforma pública, sino sólo a ser fieles a él día tras día. Lo que sucede después de que vivimos y proclamamos la verdad es responsabilidad de él.

El Dr. John Walvoord, por muchos años presidente y rector emérito del Seminario Teológico de Dallas, presentó a los graduandos de 1963 el reto con una declaración que nunca he olvidado. Él dijo: "Me temo que tal vez estemos graduando individuos que tienen demasiadas creencias pero no suficientes convicciones."

No es suficiente que sepamos la verdad; debemos vivir en práctica la verdad con convicciones valientes por ella para que signifiquen algo para otros, incluyendo a nuestros hijos.

Principio 4: La prosperidad sin sacrificio personal a menudo conduce a indiferencia hacia Dios

> Cuando Jehová tu Dios te haya introducido en la tierra que juró a tus padres Abraham, Isaac y Jacob que te daría, en ciudades grandes y buenas que tú no edificaste, y casas llenas de todo bien, que tú no llenaste, y cisternas cavadas que tú no cavaste, viñas y olivares que no plantaste, y luego que comas y te sacies, cuídate de no olvidarte de Jehová, que te sacó de la tierra de Egipto, de casa de servidumbre (Deuteronomio 6:10-12).

Una vez oí una afirmación intrigante. No sé cuánto de verdad tenga, pero suena plausible. Si usted come tres comidas al día, tiene cinco mudas de ropa en el armario, vive en una casa que tienen cañerías internas y aire acondicionado, y tiene un automóvil, se halla en el cinco por ciento superior de los más ricos del mundo. A la luz de esa afirmación, lo más probable es que la palabra *afluente* lo describe usted. La tecnología nos ha dado lujos que nuestros abuelos sólo podían haberse imaginado.

Por favor, comprenda esto muy bien: no hay nada de malo con tener estas bendiciones. Nadie debería sentirse culpable por tener cosas lindas. Sin embargo, hay un peligro en la prosperidad que no nos ganamos: riqueza que nos vino sin sacrificio personal. El peligro inherente es indiferencia espiritual. Con demasiada facilidad podemos quitar nuestros ojos del Dador, y ponerlos en la dádiva, y por consiguiente debilitar nuestra confianza en él.

Pronto miraremos a nuestra prosperidad en busca de seguridad, identidad, y significación, todo lo cual da lugar a un espíritu de derecho.

Esto tiene pertinencia particular para nuestros hijos. Por una gran parte de sus vidas ellos viven en casas más bonitas que aquellas en las que se criaron sus padres, tienen en sus bolsillos dinero que no se han ganado, juegan en un computador que no compraron, algunos conducen coches más bonitos que los que sus padres condujeron, por los cuales no tienen que hacer pagos mensuales, y llevan ropa y comen comida que obtienen por la ganancia de sus padres. Cuando pensamos al respecto, la advertencia de Moisés tiene mucho sentido: "¡Cuidado!" Lo mismo debemos advertir a nuestros hijos.

Gary Bauer añade estas observaciones penetrantes:

> Lo que la mayoría de padres con probabilidad no aprecian es lo sofisticado y exacta que se ha vuelto la ciencia de mercadeo para los hijos. Si Dios sabe cuándo cae una golondrina y el número de cabellos en la cabeza de un hombre, los mercaderes de Hollywood y de Wall Street saben cuántas monedas tintinean en el bolsillo de un hijo . . . y cómo conseguirlas.
>
> Un artículo reciente de *American Demographics (Demografía estadounidense)*, revista mensual que rastrea la tendencia de interés en los negocios de EE.UU., hablaba de los "compradores más pequeños," y los pasos que la industria puede dar para atraer el poder de compra de los niños, tanto del dinero que ellos gastan directamente como de los gastos que los padres hacen como resultado de la influencia de los hijos. El artículo calculaba que los gastos debidos a influencia de los hijos en Estados Unidos de América sumaban $132 mil millones al año.[3]

Estas estadísticas ya tienen más de doce años, pero la tendencia no se ha reducido, hasta donde yo puedo determinar. Hace poco fui a una secundaria para llevar a una de nuestras nietas a almorzar y no hallé ningún lugar donde estacionarme. El estacionamiento parecía como lote de alguna distribuidora de automóviles. La mayoría de vehículos eran *mucho* más costosos que mi camioneta. De nuevo, no estoy sugiriendo que los padres deberían dejar de darles cosas lindas a los hijos. A Cynthia y a mí nos ha encantado darles a nuestros cuatro hijos lo mejor que pudimos darles. Queremos que disfruten de nuestra abundancia *antes* de que nosotros hayamos desaparecido. ¡Queremos ver que se benefician de las bendiciones de Dios sobre nosotros ahora! Pero nunca a costa de su relación con el Señor. Al darles a sus hijos, ayúdeles a cultivar un corazón agradecido. Siempre señale la provisión y protección del Señor, la verdadera fuente de todo lo bueno. Recuérdeles a menudo la gran gracia de Dios . . . y también su santidad.

Principio 5: Hacer acomodos en la fe al Dios verdadero es políticamente correcto pero letal espiritualmente

A Jehová tu Dios temerás, y a él solo servirás, y por su nombre jurarás. No andaréis en pos de dioses ajenos, de los dioses de los pueblos que están en vuestros contornos; porque el Dios celoso, Jehová tu Dios, en medio de ti está; para que no se inflame el furor de Jehová tu Dios contra ti, y te destruya de sobre la tierra (Deuteronomio 6:13-15).

Vivimos en un tiempo cuando todos los dioses aducen apuntar al mismo ser, cuando la sinceridad es la preocupación primordial, cuando la única creencia indigna de tolerancia es una exclusiva.

El diccionario *Merriam-Webster's Collegiate Dictionary* define *tolerancia* como "simpatía o indulgencia por creencias o prácticas que difieren o están en conflicto con las propias de uno; acto de permitir algo."[4]

La tolerancia ha sido la piedra angular de la libertad religiosa en Estados Unidos de América, y se apoya en la noción de que cada individuo debe responder a Dios por sí mismo. Sin embargo, muchos en nuestros días redefinirían la *tolerancia* para que signifique que debemos *aceptar* la creencia de otra persona como igualmente cierta como la nuestra, y no meramente *permitirle* que él o ella crean como prefieran. Como Josh McDowell recalca en su libro *The New Tolerance (La nueva tolerancia)*, el no conceder a las creencias de otros y a otros dioses igual posición con el Dios de la Biblia pueden endilgarnos el rótulo de fanáticos, de mente estrecha," o el insulto máximo: "intolerantes." Cuando la tolerancia se convierte en concesión, hemos hecho acomodos en nuestra fe y eso lleva a una ruina espiritual cierta. Nuestra cultura es extendida y persuasiva; nuestros hijos y nietos están expuestos a ella todos los días. Necesitan nuestra ayuda para aprender cómo seguir pensando como es debido en un mundo que ha perdido su rumbo.

Los canaanitas no sólo eran paganos en sus creencias, sino que eran asombrosamente incluyentes. Por lo general aceptaban a cualquier dios que pensaban que podría mejorar sus cosechas o proteger sus fronteras. El Señor, sin embargo, esperaba devoción completa, indivisa, de su pueblo. Tome nota del lenguaje excluyente que usó Moisés. Un respetado léxico dice esto en cuanto al término que se traduce "celoso":

> Este verbo expresa una emoción fuerte por la cual el sujeto
> desea alguna calidad o posesión del objeto. . . . Puede ser útil

pensar de "celo" como el sentido original del cual se derivan las nociones "celo por la propiedad de otro" = "envidia" y "celo por la propiedad de uno mismo" = "celo."[5]

Debemos tener cuidado en cómo aplicamos esto. El Señor puede ser celoso respecto a la verdad de reclamo en nuestras vidas, y él tiene el derecho de imponerlo. Como el Juez perfecto, él tiene una prerrogativa que nosotros no tenemos. Me avergüenza ver a otros creyentes condescendiendo, condenando, señalando con el dedo, y siendo por entero insociables, incluso groseros, con los que no adoran a nuestro Dios. Podemos dedicarnos nosotros mismos al único Dios verdadero, y podemos rehusar hacer acomodos en nuestra fe de maneras atractivas, atrayentes, si escogemos hacerlo. El finado Reinhold Niebuhr lo dijo muy bien:

> Usted tal vez pueda exigir que la gente mantenga ciertos estándares mínimos recalcando el deber, pero los logros morales y espirituales más altos no dependen de un empuje sino de una atracción. A la gente hay que encantarla a la justicia.[6]

Podríamos aprender una lección del apóstol Pablo. Nadie jamás acusó al apóstol de corazón firme de hacer acomodos. Si acaso, él se ganó una reputación por convicciones firmes y decir las cosas tal como son. Con todo, él recibió a los filósofos paganos de Atenas con una afirmación. Mientras esperaba que Silas y Timoteo llegaran, "su espíritu se enardecía viendo la ciudad entregada a la idolatría" (Hechos 17:16). Pronto se halló en el Areópago, rodeado de las mentes más influyentes de la ciudad: mentes brillantes, y sin embargo torcidas y oscurecidas por idolatría. Él empezó su charla con palabras de gracia: "Varones atenienses, en todo observo que sois muy religiosos" (Hechos 17:22). De allí empezó a hablarles de Jesucristo, el Dios-hombre que resucitó de los muertos. La mayoría le rechazó. Unos pocos creyeron ese día y se convirtieron en sus alumnos.

Nuestra responsabilidad no es ser populares o que nos acepten, sino decir la verdad. Sin embargo no tenemos que ser ofensivos en el proceso. Nuestro deber es adorar al único Dios verdadero en forma exclusiva y sin pedir disculpas. Sin embargo no necesitamos ser desagradables o arrogantes al respecto. Si decimos la verdad en amor y vivimos en la práctica nuestra devoción con humildad, no sólo proveeremos para los perdidos una "atracción" atractiva hacia el Señor, sino que también prepararemos a nuestros hijos para resistir la tentación inevitable a hacer acomodos en su fe. Es un equilibrio delicado, pero bien vale la pena.

Principio 6: La misericordia nos sacó, la gracia nos introduce, pero la obediencia nos permite sobrevivir.

Y nos sacó de allá [de Egipto], para traernos y darnos la tierra que juró a nuestros padres. Y nos mandó Jehová que cumplamos todos estos estatutos, y que temamos a Jehová nuestro Dios, para que nos vaya bien todos los días, y para que nos conserve la vida, como hasta hoy (Deuteronomio 6:23-24).

La conexión entre la instrucción de la familia y la obediencia Dios no podía ser más clara. Al establecer los términos de viejo pacto, el Señor asignó gran valor a la familia como medio de perpetuar la adoración y devoción a él y, así, preservar a la nación (Deuteronomio 6:20-21). La conexión funciona en ambos sentidos. Él prometió que la obediencia prolongaría los días de cada generación y que él derramaría bendición sobre bendición (Deuteronomio 7:12-13).

Hoy, en esta era de la gracia, disfrutamos de un arreglo diferente. Ya no vivimos bajo las bendiciones condicionales y maldiciones del pacto mosaico. Jesucristo satisfizo las condiciones de ese viejo pacto y lo superó con otro nuevo. Sin embargo, participamos de varias cosas en común con el pueblo hebreo antiguo.

Primero, *la gracia de Dios nos ha dado un gran don.* Los que han puesto su fe en Jesucristo han sido sacados de la esclavitud del pecado y, por gracia, han sido llevados a comunión con el Padre celestial. Esta relación personal con el Dios viviente es nuestra Tierra Prometida; nada ni nadie nos puede sacar de allí. Es la dádiva incondicional de Dios para sus hijos.

Segundo, *la afluencia y sistemas rivales de pensamiento amenazan distraernos de la devoción a propósito al Señor.* Con demasiada facilidad soslayamos nuestra completa dependencia de Dios. Como los israelitas, repito, debemos "¡tener cuidado!"

Finalmente, *nuestra relación con Dios es segura, pero nuestro adversario no quiere más otra cosa que nuestra destrucción.* Una vez que estamos en Cristo, Satanás no puede tener nuestras almas, pero sí puede hacernos la vida miserable. La obediencia al Señor es nuestra manera de participar y cooperar con el deseo del Señor de ver "nuestro bien siempre y nuestra supervivencia."

DEUTERONOMIO 6 EN TRES MOVIMIENTOS

Si damos un paso atrás de Deuteronomio 6 a fin de verlo como un todo, veo un diagrama de nuestras vidas en tres círculos concéntricos. Cada círculo puede representar la inversión de lo que sea que tenemos: nuestro tiempo, nuestro dinero, nuestras preocupaciones, nuestra energía, prioridades, pensamientos, amor . . . o lo que sea. En el centro, en el mismo núcleo de todo está *el Señor.* "Amarás a Jehová tu Dios de todo tu corazón." El Señor debe ser el primero que recibe todo lo que somos y todo lo que tenemos. Todo lo que usted invierta con él naturalmente beneficiará a otros en su vida. Como padre, esta responsabilidad primordial mantendrá su corazón suave.

El siguiente círculo, extendiéndose hacia afuera del núcleo, es la *familia.* "Las repetirás [estas palabras] a tus hijos." Cuidar bien a su familia le ayudará a mantener sus prioridades en orden. Esto exigirá autenticidad y vulnerabilidad con cada miembro, inclusive el más pequeño. En muchas ocasiones he hallado que los comentarios inocentes de un pequeño son justo la represión que necesitaba. Permita que el Señor mantenga su corazón suave, y permanezca sensible a las decisiones de su familia, y cada decisión que debe tomar será recibida en forma asombrosamente clara.

El tercer círculo representa *a los amigos, el lugar de trabajo, la iglesia y la comunidad.* "Atarás [estas palabras] como una señal." Toda persona que usted encuentra a la larga descubrirá que usted vive por la palabra de Dios; no debido a que lleva una Biblia dondequiera que va, sino porque usted está viviendo en paz y con gracia con otros. Cuando usted vive en tal armonía con otras, sus relaciones personales serán cada vez más íntimas, profundas y fuertes.

Ame al señor.

Cuide bien a su familia.

Viva en paz con otros.

Casi todo lo demás que Moisés le diría a la familia de Israel fue una exposición de estos mandatos. Qué prestemos atención.

¿Por qué? Porque es "para nuestro bien" y porque resultará en "nuestra supervivencia."

Palabras finales para las familias de entonces y de hoy

Lo digo de todo corazón cuando escribo esto: Mis oraciones y mis pensamientos son para usted, para que persista en la tarea de criar hijos. Mirando hacia atrás a muchos, muchos años, puedo asegurarle, ¡bien vale la pena *todo* el esfuerzo!

Notas

Introducción

1. "Would You Have Kids Again?" de la columna de Ann Landers, ©
   Creators Syndicate. Usado con permiso. Reservados todos los derechos.

Capítulo 1

1. Francis F. Brown, S. R. Drive y Charles A. Briggs, *The Brown-Driver-Briggs Hebrew and English Lexicon* (Peabody, MA: Hendrickson Publishers, Inc., 2000), p. 335.
2. Ibid., p. 335.
3. Ibid.
4. Don Parker, *Using Biblical Hebrew in Ministry: A Practical Guide for Pastors, Seminarians, and Bible Students* (New York: University Press of America, 1995), p. 143.
5. Biblical Studies Press, The NET Bible Notes, Pr. 22:6, nota de texto 16, Biblical Studies Press, 2003.
6. Reimpreso de *You've Got to Be Kidding.* © 2004 por Pat y Ruth Williams. Usado con permiso de WaterBrook Press, Colorado Springs, CO. Reservados todos los derechos.

Capítulo 2

1. Charlie Shedd, *Promises to Peter* (Waco, TX: Word Books, Inc. 1970), p. 7.

Notas

2. James Swanson, *Dictionary of Biblical Languages with Semantic Domains: Hebrew (Old Testament)*. Edición electrónica, HGK222. Oak Harbor: Logos Research Systems, Inc. 1997.
3. R. Laird Harris, Gleason L. Archer, Jr. y Bruce K. Waltke, eds., *Theological Wordbook of the Old Testament*, Vol. 1 (Chicago: Moody, 1999), p. 467.
4. R. Laird Harris, Gleason L. Archer, Jr. y Bruce K. Waltke, eds., *Theological Wordbook of the Old Testament*, Vol. 2 (Chicago: Moody, 1999), p. 650.
5. Biblical Studies Press, The NET Bible Notes, Salmo 51:5, Biblical Studies Press, 2003.
6. James Dobson, *Straight Talk to Men and Their Wives* (Sisters, OR: Multnomah, 1998), pp. 58-60.
7. R. Laird Harris, Gleason L. Archer, Jr. y Bruce K. Waltke, eds., *Theological Wordbook of the Old Testament*, Vol. 1 (Chicago: Moody, 1999), p. 440.

Capítulo 3

1. Charles Bridges, *A Commentary on Proverbs* (Edinburgh: Banner of Truth Trust, 1974), p. 413.
2. W. E. Vine, *Diccionario Expositivo de Palabras del Nuevo y Antiguo Testamento de Vine* (Nashville: Grupo Nelson, 1998), s.v. *paqad*, p. 69.
3. R. Laird Harris, Gleason L. Archer, Jr. y Bruce K. Waltke, eds., *Theological Wordbook of the Old Testament*, Vol. 2 (Chicago: Moody, 1999), p. 651.
4. James Dobson, *The New Strong-Willed Child: Birth through Adolescence* (Wheaton, IL: Tyndale House Publishers, 2004), p. 57 [*Como criar a un niño de voluntad firme* (Miami: Unilit, 2005)].

Capítulo 4

1. Charles Norman, *e. e. cummings: The Magic Maker* (New York: Little, Brown & Co., 1973), p. 353.
2. Charles R. Swindoll, *Come Before Winter . . . and Share My Hope* (Sisters, OR: Multnomah, 1985), p. 83.
3. Pablo Casals, "You Are a Marvel" de *Chicken Soup for the Soul*, editado por Jack Canfield y Mark Victor Hansen. © 1992 por Jack Canfield y Mark Victor Hansen. Reimpreso con permiso de Health Communications, Inc., www.hcibooks.com. [*Sopa de pollo para el alma: Relatos que conmueven el corazón y ponen fuego en el espíritu* (Deerfield Beach, FL: HCI Español, 1995).]
4. William Barclay, *The Letter to the Galatians* (Lewisville, KY: Westminster John Knox Press, 2002), pp. 211-212.
5. James Dobson, *Bringing Up Boys* (Wheaton, IL: Tyndale, 2001), pp. 35-36 [*Cómo criar a los varones* (Miami: Unilit, 2002)].

Notas

6. David Seamands, *Healing for Damaged Emotions* (Colorado Springs: Victor Books, una división de Cook Communications, 1981), p. 49 [*Curación para los traumas emocionales* (Terrassa, España: Clie, 1990)].

7. Brennan Manning, *Abba's Child* (Colorado Springs: NavPress, 2002), p. 34.

8. James Dobson, *Hide or Seek* (Grand Rapids, MI: Fleming Revell, una división de Baker Books, 2001), p. 146.

9. Tim Kimmel, *Why Christian Kids Rebel* (Nashville: Thomas Nelson, 2004), pp. 108-109. Usado con permiso de Thomas Nelson, Inc. Reservados todos los derechos.

10. Ibid., p. 133.

Capítulo 5

1. Alexander Whyte, *Bible Characters* (London: Oliphants Ltd., 1952), 1:309.

2. Ibid.

3. Cornelius Tactius, *The Life of Gnaeus Julius* (G. Dearborn, 1836), 42:15.

4. Biblical Studies Press, The NET Bible Notes, 2 Samuel 13:21, Biblical Studies Press, 2003.

5. Tim Kimmel, *Why Christian Kids Rebel* (Nashville: Thomas Nelson, 2004), p. 214. Usado con permiso de Thomas Nelson, Inc. Reservados todos los derechos.

Capítulo 6

1. Alexander Whyte, *Bible Characters* (London: Oliphants Ltd., 1952), 1:309.

2. James Dobson, *Bringing Up Boys* (Wheaton, IL: Tyndale, 2001), pp. 35-36.

3. Tomado de *Parents in Pain* por John White. © 1979 InterVarsity Christian Fellowship de EEUU. Usado con permiso de InterVarsity Press, PO Box 1400, Downers Grove, IL 60515. www.ivpress.com.

4. F. B. Meyers, *David* (Fort Washington, PA: Christian Literature Crusade, 1970). Usado con permiso.

5. Thomas Moore, *The Care of the Soul* (New York: HarperCollins, 1992), p. 166 [*El cuidado del alma* (Barcelona: Urano, 1998)].

Capítulo 7

1. *Merriam-Webster's Collegiate Dictionary*, 10ª ed., s.v. "hero."

2. Ernest Shackleton, *The Voyage of the Endurance* (New York: Carroll & Graf Publishers, 1998).

267

3. Gerhard Kittel, ed., y Geoffrey W. Bromiley, trad. y ed., *Theological Dictionary of the New Testament* (Grand Rapids, MI: Eerdmans, 1978), 1:507.

4. A. T. Robertson, *Word Pictures in the New Testament* (Nashville: Broadman and Holman, 2000), Luke 15:17.

5. Mary Bowley (Mrs. Peters), "Whom Have We, Lord, But Thee?" © 1856.

6. Samuel Davies, "Great God of Wonders," © 1769.

Capítulo 8

1. Eugene Peterson, *Traveling Light* (Colorado Springs: Helmers and Howard, 1988), p. 67. Usado con permiso.

2. Brennan Manning, *Abba's Child* (Colorado Springs: NavPress, 1994), p. 79.

3. Burke Davis, *Marine! The Life of Chesty Puller* (New York: Random, 1991).

4. James Strong, *The Exhaustive Concordance of the Bible* (Nashville: Abingdon, 1973), G1111.

5. *Merriam-Webster's Collegiate Dictionary*, 10ª ed., s.v. "prodigal."

6. Gerhard Kittel, ed. y Geoffrey W. Bromiley, trad. y ed., *Theological Dictionary of the New Testament* (Grand Rapids, MI: Eerdmans, 1978), 1:507.

7. Henri J. M. Nouwen, *The Return of the Prodigal Son: A Story of Homecoming* (New York: Image Books, una división de Random House, 1994), p. 71 [*El regreso del hijo pródigo* (Boadilla del Monte, España: Promoción Popular Cristiana, 1994)].

8. Phillip Yancey, *What's So Amazing about Grace?* (Grand Rapids, MI: Zondervan, 1997), p. 11.

Capítulo 9

1. Gary Bauer, *Our Journey Home* (Dallas: Word, 1992), pp. 22-23.

2. "Grandpa (Tell Me 'Bout The Good Old Days)" © 1985 Sony/ATV Tunes LLC. Todos los derechos adm. por Sony/ATV Music Publishing, 8 Music Sq. W., Nashville, TN 37203. Reservados todos los derechos. Usado con permiso.

3. Comentarios de la Sra. Bush en discurso de graduación del Wellesley College, 1990. Usado con permiso.

Capítulo 10

1. Brennan Manning, *Abba's Child* (Colorado Springs: NavPress, 1994), pp. 72-73.

Notas

2. Tomado de *Parents in Pain* por John White. © 1979 InterVarsity Christian Fellowship de EEUU. Usado con permiso de InterVarsity Press, PO Box 1400, Downers Grove, IL 60515. www.ivpress.com.
3. R. Laird Harris, Gleason L. Archer, Jr. y Bruce K. Waltke, eds., *Theological Wordbook of the Old Testament*, Vol. 1 (Chicago: Moody, 1999), p. 23.
4. Victor Harold Matthews, Mark W. Chavalas y John H. Walton, *The IVP Bible Background Commentary: Old Testament* (Downers Grove, IL: InterVarsity Press, 2000).
5. Thomas Moore, *The Care of the Soul* (New York: HarperCollins, 1992), p. 166.
6. Ann Ortlund, *Children Are Wet Cement* (Grand Rapids, MI: Fleming Revell, una división de Baker Books, 1981), pp. 183-184.

Capítulo 11
1. Michelle Schreder, *The Unexpected Gift* (Sisters, OR: VMI Publishers, 2004), p. 8.
2. Ibíd., p. 118.
3. Joni Eareckson Tada y Steve Estes, *When God Weeps: Why Our Sufferings Matter to the Almighty* (Grand Rapids: Zondervan Publishing House, 1997), pp. 83, 85-86 [*Cuando Dios llora* (Grand Rapids: Vida, 2000)].

Capítulo 12
1. Winston Churchill, Grosvenor House, London, al recibir el premio de literatura "The Times," 2 noviembre 1949.
2. Gilda Radner, *It's Always Something* (New York: Simon and Schuster, 2000), p. 237.
3. Gary Bauer, *Our Journey Home* (Dallas: Word, 1992), p. 132.
4. *Merriam-Webster's Collegiate Dictionary*, 10ª ed., s.v. "tolerance."
5. R. Laird Harris, Gleason L. Archer, Jr. y Bruce K. Waltke, eds., *Theological Wordbook of the Old Testament*, Vol. 2 (Chicago: Moody, 1999), p. 802.
6. Reinhold Niebuhr, "Well-Intentioned Dragons," *Christianity Today*, 1985, p. 63.

Acerca del autor

———— ⌇ ————

Charles R. Swindoll es el pastor principal de la iglesia Stone-
briar Community Church, fue rector del Seminario Teológico de
Dallas, y es el predicador del programa radial internacional *Insight
for Living* (*Visión Para Vivir*). Ha escrito más de treinta éxitos de
librería, entre los cuales están: *Pásame otro ladrillo, Desafío a servir*
y *¿Por qué, Dios?*

CHARLES R. SWINDOLL

OTRAS OBRAS DEL MISMO AUTOR

CHARLES R.
SWINDOLL

¡Si no es una cosa es otra!

CUANDO SE ATRAVIESA
TIEMPOS
DIFÍCILES

ISBN: 9780881132021

CHARLES R.
SWINDOLL

Matrimonio

REVIVIR
PERAR

SU MATRIMONIO

ISBN: 9780899225388

CHARLES R.
SWINDOLL

Matrimonio

DE SOBREVIVIR
A PROSPERAR

CUADERNO DE EJERCICIOS

ISBN: 9781602550469

GRUPO NELSON
gruponelson.com